시적
정의

시적 정의

문학적 상상력과 공적인 삶

마사 누스바움 | 박용준 옮김

Poetic Justice

궁리
KungRee

리처드 포스너에게

한 아이가 물었다, 풀잎이 뭐예요? 손안 가득 그것을 가져와 내밀면서.

내가 그 애에게 무어라 답할 수 있을까······ 그것이 무엇인지 그 애가 알지 못하듯 나도 알지 못하는데.

나는 그것이 내 기분의 깃발, 희망찬 초록 뭉치들로 직조된 깃발이 분명하다고 생각한다.

아니면 나는 그것이 하느님의 손수건이라고 생각한다,
향기로운 선물이자 일부러 떨어뜨려 추억을 떠올리게 하는,
한구석 어디엔가 그 주인의 이름을 간직하고 있어 그것을 본 우리가 누구 것이지? 하고 묻게 되는 그런 것.

아니면 나는 풀잎은 그 자체로 아이라고······ 식물로 만들어진 아이라고 생각한다.

아니면 나는 그것이 불변의 상형 문자라고 여긴다,
그리고 그것은, 넓은 곳에서든 좁은 곳에서든 똑같이 피어나며,
흑인들 사이에서, 마치 백인들 사이에서처럼,
프랑스계 캐나다인, 버지니아 사람, 하원 의원들, 아프리카 출신 미국인들 사이에서처럼 자라난다는 것, 내가 그들에게 똑같이 주고 똑같이 받는다는 것을 의미한다.

그래서 지금 그것은 내게 깎이지 않은 아름다운 죽음의 머리칼로 보인다.

나 너 둥근 풀잎을 부드러이 사용하겠다,

아마도 너는 젊은 사람들의 가슴에서 비롯되었을 것이다,

아마도 내가 그들을 알았다면 나는 그들을 사랑했을지도 모른다,

너는 나이 든 사람들과 여성들로부터, 그들 어머니들의 무릎에서 곧장 받은
후손들에게서 비롯되었을 것이다,

그리하여 너는 이곳에서 어머니들의 무릎인 것이다.

이 풀잎은 나이 든 어미들의 하얀 머리에서 비롯되어 무척 어둡다,

늙은 남자들의 무채색 수염보다도,

붉고 흐릿한 입천장 아래에서 비롯된 어두움이다.•

– 월트 휘트먼, 「나 자신의 노래」 중에서

난생처음 그는 자신을 지탱해온 감정의 정점에 올라섰고, 그러자 이제껏 단
한 번도 상상해보지 않았던 관계들이 어렴풋이 눈에 들어왔다. 이 우뚝 치솟은
증오의 산이 애당초 산이 아니라 사람들, 즉 자신이나 잰^Jan과 같은 사람들이었
다는 생각이 들자, 결코 상상하지 못했던 커다란 희망과 예전에는 감당하지 못
하리라 여겼던 깊은 절망이 그를 덮쳤다.

– 리처드 라이트, 『미국의 아들』 중에서

• 월트 휘트먼, 『풀잎』 허현숙 옮김, 열린책들, 2011, 50~52쪽.

시적 정의

차례

서문

월트 휘트먼^{Walt Whitman}은 미국 내의 정치를 논하는 글에서 문예가^{literary artist}란 정치에 깊이 참여하는 자라고 썼다. 시인은 "다양성의 중재자"이자 "자신의 시대와 영토의 형평을 맞추는 자^{equalizer}"이다. 시인의 넓은 상상력은 "남자들과 여자들 안에서 영원을 보며", "남자들과 여자들을 꿈^{dreams}이나 점^{dots}으로 보지 않는다." 공적인 시^{public poetry}의 필요성에 대한 휘트먼의 요청은 그의 시대뿐만 아니라 지금이 시대에도 적절한 것으로 보인다. 오늘날의 정치적 삶에서 우리는 서로를 "꿈이나 점" 그 이상의 온전한 인간으로 보는 능력이 부족하다. 또한 인간 행동을 모델화하는 기술적인 방법, 특히 경제적 공리주의에 근거한 방식에 지나치게 의존함으로써 인간적인 공감을 거부하는 경향은 더욱 부추겨지고 있다. 이러한 모델들은 각각의 영역에서는 가치 있을 수 있지만, 시민들 사이의 정치적 관계에 대한 지표로는 대부분 불충분한 것으로 평가된다. 휘트먼이 말했듯, 문학적 상상력의 개입 없이는 "사물들은 괴상하거나 과도해지거나 온전치 않게 된다." 오늘날 우리는 많은 정치적 논의들이 이러한 방식으로 괴상해지고 과도해지는 것을 목격하고 있다. 이 책의 목적은 휘트먼이 바라보았던 미국이 상실했다고 여겨지는 공적 담론^{public discourse}의 구성 요소들을 설명하고, 이것이 우리 사회에서 구현할 수 있는 몇몇 역할들을 보여주는 것이다. 이는 내가 휘트먼과 공유하고 있는 신념, 즉 스토리텔링과 문학적 상상이 합리적 논증에 반하는 것이 아니라, 오히려 필수적인 구성 요소를 제공해준다는 확신에서 비롯하는 것이다.

윌리엄 제임스^{William James}와 존 듀이^{John Dewey}가 살았던 시대에는 문학과 예술에 대한 철학적 논의를 포함한 강단 철학이 공적 담론의 한 부분이라는 생각은 당연한 것이었다. 하지만 최근 몇 세기에 걸쳐 미국의 강단 철학은 실천적 선택과 공적인 삶으로부터 상대적으로 멀어지게 되었다.[1] 그렇지만 최근 들어 철학자들은 다시금 윤리 및 정치 이론의 기본적 문제들뿐만 아니라, 의학, 경영, 법과 같은 보다 구체적인 문제들에 이르는 공적 논쟁에 참여하고 있다. 지난 5년간 나는 많은 철학과 동료들과 마찬가지로 점점 더 많은 시간을 전문화된 학교—내 경우에는 로스쿨—에서 외부 강연을 하거나 전문 이론가 및 실천가들과 대화를 하며 보냈다. 1994년 봄, 나는 시카고 대학 로스쿨의 방문 교수로 지내면서, 생애 처음으로 법학과 학생들을 가르치게 되었다. 이 책은 바로 그 경험에 큰 빚을 지고 있다.

시적 정의

내가 맡은 수업은 〈법과 문학〉이었고, 사실상 나의 법학 교육의 주제는 스토리텔링이었다. 법학과 학생들과 나는 소포클레스Sophocles, 플라톤Plato, 세네카Seneca, 디킨스Charles Dickens를 읽었다. 문학 작품들과의 연결고리 속에서 우리는 동정과 자비, 공적 판단에서 감정의 역할, 그리고 나와 다른 타인이 처한 상황을 상상하는 데 필요한 것 등에 대해 토론했다. 또한 다양한 종류의 텍스트가 인간 존재를 드러내는 방식들에 대해 이야기했다. 즉, 몇몇 경우에는 존엄성과 개별성을 부여받은 그 자체 목적으로서의 인간을, 또 다른 경우에는 모호하고 식별불가능한 단위로서의 인간을, 혹은 타인의 목적을 위한 단순한 수단으로서의 인간 등에 대해 논했다. 법경제학 운동law-and-economics movement*의 발생지인 시카고 대학 로스쿨에서 우리는 문학적 상상력과 경제적 추론의 상관관계에 대해 토론했던 것이다.

또한 우리는 성, 동성애, 인종 등 보다 구체적인 사회 문제들도 함께 논의했다. 강의실이 속한 건물은 대학 내의 세상과 시카고 시내 빈민가를 '경계선'을 그어 분리시켜놓은 듯한 로스쿨 주차장의 검은 철장에서 50미터도 채 안 되는 거리에 있었고, 학생 70명 중 아프리카계 미국인은 단 한 명 있었다. 이러한 수업에서 우리는 리처드 라이트Richard Wright의 『미국의 아들Native Son』**을 읽었다. 소설 속에 등장

---

* 20세기 초부터 시작된 법경제학 운동은 경제학 방법론을 법에 접목시킴으로써 과학적이고 실증적으로 검증 가능한 설명을 시도한 흐름이다. 법경제학 영역은 날로 성장하고 있으나, 정의를 추구하는 법학과 효율을 추구하는 경제학을 함께 엮는 것은 바람직하지 않다는 비판도 있다.

하는 모든 시카고의 지명은 우리가 알던 이름이었다. 그럼에도 우리 대부분은 그 장소들에 대해 "나의 집에서 10구역 떨어진 곳에 사는 사람들의 삶이 어떠한지 전혀 아는 바가 없어요"라고 주인공 비거 토마스에게 말하는 극 중 인물 메리 돌턴과 같은 입장이었다. 라이트는 소설 속에서 비거 토마스에 대해 이렇게 말한다. "그렇게 서서 그는 자신이 살인을 한 이유에 대해 결코 말할 수 없다는 것을 깨달았다. 왜 죽였는지 말하고 싶지 않아서가 아니었다. 그 이유를 해명하려면 자신의 삶 전부를 설명해야 했기 때문이다." 우리는 이 구절이 형벌 선고에서의 재량권과 자비에 관한 논의와 어떻게 관련되는지에 대해 이야기했다. 즉, 법정에서 피고를 "얼굴 없는 정체불명의 무분별한 대중의 한 사람"으로 보지 말고 "고유의 개별적인 인간 존재"로 대할 것을 권고한 연방대법원의 결정에 대해 토론했다.[2] 그렇다면 라이트의 작품과 같은 소설이 미래의 재판관과 변호사들에게 이러한 기본적인 사항들을 이해시키는 데 어떤 역할을 할 수 있는가? 사실 〈법과 문학〉이라는 강의는 내가 신설한 것이 아니고, 로스쿨 과정의 정규 과목으로 수년간 있어온 과목이었다.[3] 맨 처음 나

●● 미국의 흑인작가 리처드 라이트의 대표작으로 시카고 남부 빈민가 단칸방에서 살아가는 흑인 청년 비거 토머스의 유년기와 성정 과정을 그린 소설이다. 그는 부유한 백인 돌턴가의 운전수로 취직하게 되는데, 우발적인 계기로 돌턴의 딸 메리와 자신의 애인 베시를 살해하게 된다. 이 작품은 이러한 사건을 거치면서 드러나는 미국 사회의 구조적 모순과 도시 하층민과 소외된 흑인들의 삶을 극적으로 보여준 소설로 평가된다. 이 책의 제목은 '토박이', '흑인의 아들' 등으로 번역되며, 최근에 재출간된 개정판은 『미국의 아들』(김영희 옮김, 창비, 2012)로 소개되었다. 작품 이해에 대해서는 천승걸, 『미국 흑인문학과 그 전통』(서울대학교출판부, 2006) 참조.

는 철학과 문학의 관계에 대한 법률 전문가들의 관심이 놀라웠다. 그러다가 점차 그러한 수업으로부터 그들이 얻고자 하는 것은 보통법common-law 전통에서 강력하게 제시되었던 인간적이고 다양한 가치를 지닌 공적 합리성public rationality 개념에 대한 연구 및 이에 대한 이론적 변호임을 알게 되었다. 이 개념은 법경제학 운동이 제시한 보다 '과학적'인 개념들의 공격을 받아왔기에 변호될 필요가 있는 것이었다. 나는 틈틈이 이와 관련한 철학적 사유들에 대해 연구해왔고, 이미 그것들을 법의 문제와 연관지어 생각해오고 있었지만 강의실에서 변호사나 재판연구원이 될 학생들과 대화하며 이러한 문제를 고민해본 것은 시카고 대학이 처음이었다. 비록 법률적으로는 아마추어이며, 법의 세계 바깥에서 이러한 제안을 하는 것임에도 불구하고—법의 기술적·형식적 측면(이를 폄하하고자 하는 것이 아니라 나는 이에 대해 깊은 존경심을 갖고 있다)에 대해서는 여전히 잘 알지 못하지만—나는 서사문학에 대한 사유가 특히 법에, 더 넓게는 공적 추론에 기여할 수 있는 잠재력을 지니고 있음을 그 어떤 때보다 굳게 믿고 있다.

이 기간 동안 나는 완전히 다른 분야의 공적인 역할 또한 맡게 되었다. 1986년부터 1993년까지 경제학자 아마르티아 센Amartya Sen과 함께 헬싱키에 있는 유엔대학 부설 세계개발경제연구소WIDER의 '개발도상국의 삶의 질 평가에 대한 프로젝트' 공동기획자로서 자문을 맡게 된 것이다. 우리의 프로젝트는 문화적 상대주의와 반상대주의, 공리주의 및 그것의 장단점 등에 대한 철학적 논쟁이 한 국가의 '삶의 질$^{quality\ of\ life}$'이라는 포착하기 어려운 개념을 측정하고 비교하는 방법을 모색하는 정책 입안자들의 작업과 어떻게 연계될 수 있는지를 규명하는 것이었다. 여기서 또한 서사문학은 중요한 부분을 차지했다. 사실 센과 나는 삶의 질에 대한 평가에 있어서 환원적이면서 인간 복잡성에 대한 이해를 결여하고 있는 듯 보이는 표준화된 경제적 패러다임에 대한 비판을 심화하고, 미래 예측적이면서도 규범적인 형태의 좋은 지표를 제시하면서 그러한 평가가 보다 합리적이기 위해 포괄해야 하는 정보들의 유형을 규명하고자 찰스 디킨스의 『어려운 시절$^{Hard\ Times}$』을 활용했다.[4] 다시 말해, 나와 다른 사람들이 역경을 해결하고자 씨름하는 구체적인 방식에 대해 상상할 수 있는 능력은 우리에게 굉장히 실천적이고 공적인 가치를 지닌 것으로 생각되었다. 우리는 온전한 경제과학이 가진 필수불가결한 기술적 연구가 충분히 성공할 수 있으려면 보다 확장된 개념으로서의 삶의 질을 연구해야 한다고 주장했다. (이 논의에 대해서는 2장에서 상술하였다.)

문학적 상상력은 공적 합리성의 한 부분이지만, 그 전체는 아니다. 감정을 이입하는 상상력이 원칙을 따르는 도덕적 추론을 대체해야 한다는 주장은 극도로 위험한 것이며, 나 역시 그러한 제안을 하고자 하는 것은 아니다. 사실 내가 문학적 상상력을 옹호하는 정확한 이유는 그것이 우리와 동떨어진 삶을 살아가는 타인의 좋음^{good}에 관심을 갖도록 요청하는 윤리적 태도의 필수적인 요소로 보이기 때문이다. 그러한 윤리적 입장은 원칙 정립과 형식적인 의사 결정 과정(경제학이 제시하는 의사 결정 과정을 포함하여)에서 중요한 역할을 할 것이다. (내가 선호하는 윤리적 입장은 아리스토텔레스^{Aristotle}로부터 비롯된 것이지만, 여기서 내가 언급하는 모든 것들은 감정을 엄밀하게 구획 지어 그에 인지적 역할을 부여하고자 하는 수정된 칸트주의와 부합할 것이다.)[5] 다른 한편으로, 인간의 존엄을 동등하게 존중하는 윤리학이 상상력을 발휘하여 동떨어진 이들의 삶에 개입할 수 없다면, 우리는 진정한 인간 존재로서 서로 관계를 맺는 데 실패할 것이고, 이러한 개입과 관련된 감정을 갖는 데도 실패할 것이다. 공평성^{impartiality}에 깊은 관심을 가져온 상당수의 윤리학자들은 독자나 관찰자의 감정을 훌륭한 윤리적 판단을 하는 데 필수적인 것으로 옹호해왔다. 아마도 그중 가장 유명한 사람은 애덤 스미스^{Adam Smith}로, 그가 쓴 『도덕 감정론^{Theory of Moral Sentiments}』은 이 책의 기획에 중요한 영감을 주었다. 이후의 논의에서 주장하겠지만, 비록 이러한 감정들이 한계와 위험요소를 가지고 있고, 윤리적 추론에 있어 감정의 역할은 엄밀하게 제한되어야 함에도 불구하고, 감정들은 분명—부분적일지라도—사회 정의에 대한 강렬한 비전을 내포하고 있으며, 정의로운 행동에 대한 강력한 동기를 제공해준다고 할 수 있다.

　하지만 편견과 증오로 가득 찬 정치 풍조에서 문학적 상상력의 유용성을 호소하는 것은 무슨 도움이 될까? 『미국의 아들』의 한 장면을 보면, 주인공 비거 토마스에게 [적대의 대상인] 백인들도 제각기 자신만의 삶의 이야기를 가지고 있다는 자각은 인간 연대에 대한 희망을 가져다준다. 하지만 동시에 그것은 절망도 가져다주었는데, 이는 바로 증오와 둔감함이 희망보다 정치적으로 더욱 강력하다는 것, 오직 한 명의 진귀한 사람만이 그러한 희망의 관점에서 그를 볼 수 있었다는 것, 그에게 모든 희망은 어쨌든 그의 삶과 함께 곧 사라지게 될 것이라는 자각에서 비롯된 것이었다. 그렇다면 사람들의 일상이 온갖 형태의 배제와 억압으로 뒤덮인 이 세계에서, 이야기를 들려주는 것은 과연 무슨 이득이 있는가? (그리고 그러한 억압 속에서 이야기 자체는 어떤 지점에서 자신의 역할을 할 수 있는가?) 〈법과 문학〉 강의의 기말시험에서 익명의 한 학생—시카고 대학에서는 이름 대신 번호가 적힌 시험지를 보고 채점한다—은 문학의 역할에 대한 나의 낙관적인 견해를 비판하면서 수업 시간에 읽은 포스터[E. M. Forster]에 대해 이렇게 썼다.

『모리스Maurice』*와 같은 작품을 읽는 것이 한 개인의 생각, 아마 재판관 한 명의 생각을 바꿀 수는 있을 것이다. 하지만 나는 그것이 대부분의 경우에는 그렇지 않을 거라 생각한다. 아마도 그와 같은 많은 작품들이 동성애를 혐오하는 사람들에게 그 혐오의 이유에 대해 스스로 되묻게 할 수는 있을 것이다. 하지만 그것은 편견과 증오의 폭풍에 대항하는 아주

• 20세기 초 영국을 대표하는 작가 E. M. 포스터의 소설로 1971년 작가가 사망한 후에 발표되었다. '더 행복한 나날들에 바친다'라는 헌사로 시작하는 이 작품은 동성애가 법적으로 금기시되던 시대에 영국 중산층의 한 평범한 젊은이가 자신의 성적 정체성과 행복을 찾아가는 과정을 그린 소설이다.

시적 정의

미약한 희망의 보호벽으로밖에 보이지 않는다.

1180번 학생의 생각은 옳다.[6] 문학적 상상력은 많은 사람들과 집단의 뿌리 깊은 편견에 맞서 싸워야 하고, 그 투쟁에서 언제나 승리하지만은 않을 것이다. 멋진 이야기를 들려주는 많은 사람들 중에서 흑인에 관한 개별적인 공감의 이야기를 말하지 못하는 인종주의자들은 많다. 인종 문제에 깊이 공감하는 많은 사람들 중에서 동성애자를 자기 자신 혹은 자신이 사랑하는 이들 중 한 명으로 상상하게끔 하는 포스터의 요청을 거부하는 경우도 많다. 우리 사회는 서로를 공감과 동정의 시선으로 바라보는 것을 거부하는 분위기이고, 이러한 거부로부터 어느 누구도 자유롭지 못하다. 우리가 서로에게 건네는 많은 이야기들은 동정에 대한 거부를 부추기며, 그렇기에 문학적 상상력 그 자체도 이 비난으로부터 자유롭지 못할 것이다. 나아가 공유할 만한 좋은 이야기를 찾았다 하더라도, 우리는 '공상fancy'에 호소하는 것으로만 수년간 고착화된 혐오와 차별이 바뀌기를 희망해서는 안 된다. 왜냐하면 공상은 그것이 적절하게 실현되었다 할지라도, 온갖 고난으로 가득 찬 세상에서 하나의 미약한 힘에 불과하기 때문이다. 이러한 문제들이 현실 정치의 영역에서 다루어지는 방식을 고려해볼 때, 위 학생의 비판에 공감할 이유는 충분하다. 더구나 우리 앞에 놓인 현실 정치는 타인의 이야기가 갖는 주장을 거부하면서 대개 논쟁이나 동정 따위에는 전혀 영향을 받지 않는 것처럼 보이는 것이 사실이다.

다른 한편으로, 사람들의 이러한 거부에서 볼 수 있는 것은 내가 여기서 옹호하게 될 '공상'이라는 형태가 갖는 결함이 아니라, 오히려 이러한 유형의 공상을 충분히 발휘하지 못하고, 불평등하고 협소하게 인간적 공감을 익힌 사람들의 결함이라 할 수 있다. 이러한 결함에 대한 해결책은 공상의 부인^{否認}에 있는 것이 아니라, 그것의 지속적이고 인간적인 함양에 있으며, 비인간적인 제도적 구조를 상상력으로 대체하는 데 있는 것이 아니라 제도를 새롭게 구축하는 데 있고, 나아가 공감 어린 상상력의 통찰을 보다 완벽하게 체화한 제도와 (제도적 견고함의 보호를 통해) 제도적 주체의 정립에 있다. 우리는 개개인의 상상에만 의존할 필요도 없고 또 그래서도 안 된다. 제도 그 자체는 '공상'의 통찰력으로 인도되어야 하는 것이다.

그래서 나는 1180번 학생에게 묻고 싶다. 시민으로서 우리가 만약 희망을 갖고 또 스스로를 존중하고 싶다면 다른 무엇을 할 수 있는지. 헨리 제임스^{Henry James}가 말했듯, 공적인 삶에 있어서 문학적 상상력의 과제는 "그 어떠한 것보다 더 나은 기쁨이 없을 때, 최상의 것을 **창조**하는 것이다. 한마디로 말해, 고귀하고, 구현 가능한 경우를 상상하는 것이다."7 우리는 이 최상의 것이 보편적으로 수용되지 않더라도 그것이 유지되길 희망하고, 추한 것 옆에 아름다운 것이 있듯, 조악함과 둔감함 옆에 있음으로써 이것이 그 자체 목적으로서의 인간의 가치를 증명할 수 있기를 바란다. 이런 식으로 상상력을 함양하지 않는다면, 우리는 사회정의로 이어지는 필수적인 가교를 잃게 될 것이다. '공상'을 포기하는 것은 스스로를 포기하는 것이다.

시적 정의

이 책은 현재 내가 관여하고 있는 보다 전문적인 몇몇 철학 프로젝트와 연계 선상에 놓여 있다. 아직 완성되지는 않았지만, 이 작업은 삶의 질 평가에 대한 틀을 세우는 작업을 암시적으로 보여줄 것이다. 그리고 현재 진전 중인 법적 합리성과 법에서의 감정과 상상력의 역할에 관한 연구에 대해서도 언급하게 될 것이다. 마지막으로 현재 진행 중에 있는—문학적 상상력이 동정과 자비 모두와 맺는 관련성에 주목하여—감정들 자체의 구조와 감정 내에서의 믿음과 사유의 역할에 대한 보다 면밀한 탐구 또한 보게 될 것이다. 이 책의 목표는 이러한 프로젝트들을 속속들이 다 살펴보고자 함은 아니다. 대신 유사과학적[pseudo-scientific]인 것이 아니라 인문주의적인 공적 추론[public reasoning]이라는 생생한 개념을 제시하고, 특정한 종류의 서사문학이 어떻게 그러한 개념을 표현하고 발전시키는지를 보여주며, 공적 영역에서 그러한 개념이 제시할 수 있는 몇몇 이득을 보여주고자 함이다. 연방대법관이었던 올리버 웬델 홈스[Oliver Wendell Holmes]는 아리스토텔레스에 대한 연구가 "삶이란 총합을 계산하는 것이 아니라 한 폭의 그림을 그리는 것"[8]이라는 점을 일깨워줄 수 있다고 쓴 적이 있다. 이 책의 목적은 이러한 생각을 보다 정교하게 다듬고, 그 같은 정신에 담긴 공적 추론이 어떤 모습일지를 보여주는 것에 있다.

1

문학적
상상력

경제학자이자 공직자이면서 교육자이기도 한 그래드그라인드 씨^{Mr.} Gradgrind[•]가 자신의 자녀들에게 발달한 이상하고 불미스러운 상상력과 무익한 정서의 풍성함을—간단히 말해, 사적 삶과 공적 삶 모두가 잘 관리될 때 의존하는 과학적 합리성의 결핍을—문제 삼으며 그 원인에 대해 말하길:

"선생이나 하인 중에서 뭔가 암시를 준 작자가 있었을까?" 그래드그

• 찰스 디킨즈의 소설 『어려운 시절』에 등장하는 악명 높은 교장선생님으로 사실과 계산만을 중시하고, 감정과 상상력 따위는 쓸모없는 것이라 생각하는 인물. 디킨즈는 『어려운 시절』에서 당시 19세기 영국을 지배했던 공리주의 사상이 지닌 부조리와 그것이 간과한 인간적 가치의 중요성을 역설했다.

라인드 씨는 동굴처럼 움푹 들어간 두 눈을 난롯불에 고정하고 주머니에 양손을 찌른 채 생각에 잠겨 말했다. "루이자나 토머스가 그런 유의 글을 읽은 걸까? 극도로 조심했지만 쓸데없는 이야기책이 집 안으로 들어온 걸까? 어릴 때부터 규정대로 정확하게 실제적인 교육만 받은 아이가 이런 일에 관심을 갖다니, 이상하고도 이해할 수 없는 일이야."[1]

그래드그라인드 씨는 이야기책이 단순히 장식용이거나 재미를 위한 것만이 아님을 알고 있었다. 하지만 이것만으로도 그로 하여금 이야기책의 효용을 의심하게 만들기에는 충분했다. 그가 보기에 문학은 전복적이다. 그래드그라인드 씨가 알고 있듯이, 문학은 인간 삶의 복잡성을 "도표 형식"으로 나타내고자 애쓰면서 모든 것을 아우르고자 하는 과학적 기획인 정치경제학의 적이다. 문학은 그 구조와 화법에 있어 정치경제학의 텍스트들 속에 담긴 세계관과는 양립할 수 없는 삶의 의미를 표현하며, 어떤 면에서는 합리성의 과학적 기준을 전복시키는 욕망과 상상력을 형성하는 데 기여한다. 그래드그라인드 씨가 제대로 된 교육을 받지 못한 곡예단의 소녀 씨씨 주프Sissy Jupe에게 그녀가 아버지를 위해 사랑스럽게 읽어주던 이야기책은 "잘못된 책"이라고, 그래서 그것에 대해 적게 알수록 좋은 것이라고 가르치는 것은 그의 관점에서 볼 때 충분한 이유가 있다. 또한 그가 코크타운의 공립 도서관에 모여들어 "유클리드 대신에 디포Daniel Defoe[18세기 영국의 소설가]를 사랑하고, 대체로 코커Edward Cocker[17세기 영국의 수학자]보다 골드스미스Oliver Goldsmith[18세기 영국의

시적 정의

시인 겸 소설가]에게 더 위안을 받는" 시민들을 보면서 나라의 미래를 걱정하며 우울에 잠기는 것도 충분한 이유가 있다. 쓸데없는 이야기책이 집 안에 들어오면 정치경제학은 위험에 빠진다. 세상은 새롭게 보이기 시작하고, 공상하고 느끼는 비경제학적인 활동이 기승을 부릴 것이며, 더 나쁘게는 그것이 실제로 발현되기까지 할 것이기 때문이다.

그래드그라인드 씨는 옳다. 분명 문학과 문학적 상상력은 전복적이다. 이제 우리는 문학을 선택적인 것으로 생각하는 데 익숙하다. 즉, 문학은 위대하고 소중하고 흥미롭고 훌륭하지만, 대학의 학과 중 하나로 정치·경제·법적 사유와는 동떨어진 분야로 생각하거나, 또 그것들과 동등한 것이라기보다는 부수적인 것으로 여기는 경우가 많다. 근대 학문이 분화의 길을 걷고 문학의 가치에 대한 편협한 쾌락주의적 이론이 자리 잡으면서 우리는 그래드그라인드 씨가 굳건히 붙들고 있었던 통찰을 잃어버리고 말았다. 그가 주목한 점은 다음과 같았다. 즉, 소설(지금부터는 소설 작품들에 주목할 것이기에)은 고유한 형태와 스타일 그리고 독자와의 소통 방식을 통해 삶의 규범적 의미를 표현함으로써 도덕적 문제를 제기하는 형식을 띤다.[2] 그리고 독자들에게 참과 거짓을 분별할 수 있게 해주며, 한 방식이 아닌 다른 특정한 방식으로 행동하도록 만든다. 또한 독자들을 특정한 정신과 마음 자세를 갖도록 이끈다. 그리고 그래드그라인드 씨가 아주 분명하게 인지하고 있었듯이, 좁은 의미의 경제적 합리성―그의 견해에서는 이것이 공적 사유와 사적 사유 모두의 규범이 된다―의 관점에서 볼 때 이러한 마음가짐들은 잘못된 것이며 매우 위험한 태도에 해당한다.

하지만 그래드그라인드식 경제학의 시각에서 볼 때, 만약 문학이 위험하고 통제되어야 마땅한 것이라면, 이는 또한 문학이 더 이상 단순한 장식에 불과한 것이 아니라는 것, 그래서 우리의 공적인 삶에 두드러진 기여를 할 잠재성을 가지고 있다는 것을 의미한다. 그리고 만약 누군가 그래드그라인드 씨가 소중하게 생각하는 책들에 대해―그것이 인류의 비전이나 사회적 삶에 대한 온전한 의미를 나타내는 데 적합한지를 따져서―의문을 품어본다면, 그래드그라인드 씨가 강력히 거부하면서도 쓸데없는 이야기책들의 의미를 설명하기 위해 이를 집으로 가져오는 이유를 알 수 있다. 만약 이야기책들이 갖는 의미를 변호하는 데 성공한다면, 우리는 책들이 집에 머물러도 되는 강력한 이유를 가지게 될 것이다. 즉, 아이들의 지각을 형성하는 집과 학교뿐만 아니라, 공공정책과 사회발전을 연구하는 대학에서도, 정부와 법정에서도, 심지어 로스쿨에서도―공적 상상력public imagination이 형성되고 길러지는 곳 어디에서든―이야기책은 공적 합리성 교육에 필수적인 부분으로 자리매김할 것이다.

그래서 나는 공적 상상력으로서 문학적 상상력의 특징들에 주목하고자 한다. 이 상상력은 재판관들이 판결을 내리고, 입법자들이 법을 제정하며, 정책 입안자들이 다양한 인간의 삶의 질을 측정하는 데 길잡이 역할을 할 것이다. 공적 영역에서 이 상상력을 옹호하기는 쉽지 않다. 왜냐하면 문학이 개인적 삶과 사적인 상상력의 작용에 눈뜨게 만들어준다고 생각하는 많은 사람은 국가나 계층의 큰 사안들이 문제시될 때에 상상력은 쓸모없고 별 도움이 되지 않는다고 믿기 때문이다. 여기서 우리에게는 과학적으로 더욱 신뢰할 만하고, 보다 객관적이며, 합리적으로 견고한 무언가가 필요하다. 하지만 이 지점에 있어 나는 문학적 형식들이 그 무엇보다 고유한 기여를 할 수 있다고 주장하고자 한다. 세상을 상상하는 다른 방식들에 대한 소설의 우위를 드러내고, 동시에 이를 실제로 보여주는 소설에 주목함으로써 논의를 풀어갈 것이다. 이를 시작함에 있어 도덕적 · 정치적 삶에 대한 소설의 기여라는 명시적인 주제를 갖는 디킨스의 『어려운 시절』을 우선 살펴볼 것이다. 이 장을 포함한 나머지 논의에서 나는 '문학적 상상력'에 대한 일반적인 결론과 관련하여 나의 이러한 선택의 이유와 그 함의를 논하고자 한다. 많은 부류의 경제 사상가들을 포함하는 '정치경제학' 또한 광범위한 범주에 해당한다. 그렇기에 논쟁의 상대편에 놓이게 될 것들은 잘 다듬어진 철학적 형태의 공리주의가 아니며, 18세기의 애덤 스미스와 현대의 아마르티아 센과 같은 저명한 철학적 경제학자들의 경제학도 아니다. 이와 반대로 공공정책 결정의 많은 분야에서 실제로 사용되거나, 많은 사람들에게 규범적인 것으로 빈번히 권장되는 비용편익 분석이나 경제적 공리주의와 같은 통상적인 형태들이 그에 해당한다. 사실상 나의 제안은 스미스와 센의 통찰에 의거하여 '정치경제학'의 보다 광범위한 개념을 제안하기 위함이다. 공적 삶에서 그동안 펼쳐온 서로 다른 두 분야의 경험과 연계 속에서, 나는 두 가지 실질적인 질문에 주목하고자 한다. 첫째는 사람들의 행복을 측정하는 문제이며, 둘째는 훌륭한 재판관 혹은 법률가의 합리적 추론 과정의 특성을 파악하는 문제이다. 첫 번째 문제는 명백히 『어려운 시절』의 중심 주제이고, 두 번째 문제는 소설 전체가 강력하게 전개하고 있는 함축적 주제이다. 이 둘은 모두 경제적인 것과 문학적인 것의 작용이 갖는 대비를 잘 보여주는 지점이다. 나는 인간의 어떠한 활동이, 즉 어떤 사유나 정서, 그리고 지각 방식이 이러한 두 가지 공적 과제에 최선의 것인지를 묻고자 한다. 그러면서 자연스럽게 어떤 텍스트가 이러한 소기의 활동들을 재현하고 또 이를 가능하게 하는지 살펴볼 것이다.

사실 나의 질문은 어떤 소설이 이를 재현하는지, 또 소설 속에서 어떤 일이 벌어지는지에 관한 것만은 아니다. 이것이 나의 기획에서 중요한 부분이기는 하나, 오히려 나는 소설의 형식 자체가 어떠한 생의 감각을 구현하는지를 묻고자 한다. 즉, 소설 속 인물들이 어떻게 느끼고 상상하는지에 대한 것뿐만 아니라, 어떤 종류의 느낌과 상상력이 이야기의 전개 자체에서, 또 문장의 형태와 짜임새에서, 이야기의 전개 방식에서, 텍스트 전체에 생기를 불어넣는 삶의 감각에서 실현되고 있는지를 살펴볼 것이다. 또한 당연히 어떤 종류의 느낌과 상상이 텍스트의 형태—가상의 독자들에게 말을 건네는 듯한—에 의해 구현되는지, 어떤 종류의 독서 활동이 형식에 내재되어 있는지 등을 물을 것이다.

문학적 상상력과 그에 대비되는 가치들의 경합에 대해서는 공적 정책 결정이 문제시될 때 일반적으로 '공상'에 대해 제기되는 세 가지 반박으로부터 시작하는 것이 좋을 듯하다. 그래드그라인드 씨도 이러한 반론에 대해 잘 알고 있었다. 첫째, 문학적 상상력은 비과학적이고 사회에 대한 과학적 사유에 대해 전복적이라는 점이다. 둘째, 문학적 상상력은 그것이 감정에 몰두하기 때문에 비합리적이라는 것이다. 셋째, 문학적 상상력은 우리가 법적이고 공적인 판단에 결부시키는 공평성 및 보편성과는 아무런 관련이 없다는 것이다. 나는 각각의 반론들에 대해 하나의 장을 할애할 것이다. 2장에서는 첫 번째 반론을 분석하면서, 그래드그라인드 씨가—그가 유감스럽게 생각하는—'공상'이라고 부른 활동, 즉 존재하지 않는 가능성에 대해 상상하고, 하나의 사물을 다른 것으로 볼 줄 알고, 다른 것 안에서 그것을 발견하며, 인식된 형태에 복잡한 삶을 투영할 수 있는 이 능력에 대해 소설이 이를 어떠한 방식으로 구현하고 또 발전시키고 있는지 주목하고자 한다. 3장에서는 감정들에 주목하고, 그것들이 왜 합리성에 대한 위협으로 간주되었는지 다양한 이유를 검토할 것이다. 나는 이러한 이유 중 어떤 것도 공적 추론으로부터 감정을 배제해야 하는 이유가 되지 못한다고 생각하며, 적절히 제한되고 걸러진 감정들은 이러한 추론에서 그 무엇으로도 대신할 수 없는 나침반 역할을 할 것이라 주장하고자 한다. 나아가 문학 작품을 읽는 독자의 존재는 공적 감정에 대한 강력한 정화 장치를 제공해준다고 볼 수 있을 것이다. 마지막으로 4장에서는 문학적 상상력과 공적 공평성의 관계를 특히 법의 영역에서 다룰 것이다. 문예가는 "자신의 시대와 영토의 형평을 맞추는 자"라는 월트 휘트먼의 말을 해석하면서, 나는

'공상'과 민주적 평등 사이의 긴밀한 관계를 제안하고자 한다.

　이 기획은 많은 질문을 제기하고 그중 몇몇은 필히 다루어야 할 것이지만, 이 지점에서 예상되는 두 가지 질문은 다음과 같다. '왜 소설인가?' 그리고 '어떤 소설인가?'.

　'왜'에 대한 질문은 다양한 지점에서 제기될 수 있다. 왜 논문(특히 경제학적 논문들)이 아닌 소설인가라는 질문은 2장의 핵심 주제이다. 하지만 독자는 왜 역사나 전기 같은 다른 이야기 형식의 글이 아닌 소설인지, 왜 음악이나 영화가 아니라 소설인지, 그리고 마지막으로—비록 우리가 소설과 같은 문학 작품들에 우월한 위치를 부여한다고 해도—왜 비극이나 희극 혹은 서정시가 아닌 소설인지에 대해 알고 싶을 것이다.[3] '무엇'에 대해 말하기 전에, 다름 아닌 문학 작품이 만들어내는 기여에 대해 말하기 전에 '왜'에 대해 언급하는 것은 사실 어려운 문제다. 그럼에도 몇몇 일반적인 지적들은 논의를 이끌어가는 데 좋은 출발점이 될 것이다.

　'왜 역사나 전기가 아닌 소설인가?' 나의 중심 주제는 나 자신이 될 수도 있고, 내가 사랑하는 사람 중 한 사람이 될 수도 있는—주어진 환경이 다르다는 것을 고려하여—타인의 삶을 산다는 것이 어떤 것인지를 상상할 수 있는 능력에 해당한다. 그렇기에 왜 역사가 아닌가에 대한 나의 답변은 아리스토텔레스로부터 쉽게 도출될 수 있다. 아리스토텔레스가 말하길, 문학과 예술은 역사보다 "더 철학적"이다. 왜냐하면 역사는 단순히 "일어난 일들"을 보여주는 반면,

문예 작품은 인간 삶에서 "일어날 법한 일들"을 보여주기 때문이다.[4] 다시 말해서 역사는, 인간 삶의 일반적 가능성을 재현하든 아니든, 실제로 일어난 사실을 단순히 기록한다. 반면 문학은 독자가 스스로에게 의문을 갖도록 요청하면서 일어날 법한 일들에 주목한다. 그런 의미에서 아리스토텔레스는 옳다. 대부분의 역사적 글과는 달리, 문학 작품은 일반적으로 독자로 하여금 다양한 종류의 사람들의 입장에 서게 하고, 또 그들의 경험과 마주하게 한다. 문학 작품은 가상의 독자들에게 이야기를 건네는 고유한 방식 속에서 작품 속 인물들과 독자 자신이—최소한 매우 일반적인 수준에서—연결될 수 있다는 느낌을 전달한다. 그 결과 독자의 감정과 상상력은 매우 왕성해진다. 바로 이러한 활동의 특징과 그것이 공적 사유와 맺는 관련성이 나의 관심사다. 물론 역사적이고 전기적인 작품들은 훌륭한 선택을 하는 데 꼭 필요한 경험적 정보를 제공한다. 사실상 이것들 또한—매력적인 서사 형식으로 쓰였을 경우—관련된 형태의 창의적인 상상 활동을 불러일으킨다. 그리고 독자에게 동일시와 공감을 불러일으키는 한, 그것들은 문학 작품과 닮아 있다. 특히 역사나 전기가 인간의 감정 및 내적 세계에 대한 영향력을 보여준다면 더욱 그러하다. 이후에 논의하겠지만, 바로 이것이 문학이 기여하는 가장 중요한 부분이라 할 수 있다.

이러한 점을 설명하는 또 다른 방식은 좋은 문학이란 대부분의 역사 및 사회과학적 글쓰기가 갖지 않는 혼란을 가져다준다는 점이다. 좋은 문학은 우리에게 격렬한 감정을 불러일으키고, 불안을 야기하며, 당혹스럽게 만든다. 이는 전통적인 경건함에 대한 불신을 조장하고, 자신의 생각과 의향을 자주 맞닥뜨리게 되는 고통을 가져다준다. 우리 각각은 자신이 속한 사회의 사람들에 대해 많은 것들을 듣게 되고, 그렇게 배운 지식을 거리를 두고 바라보게 된다. 심리적 동일시와 감정적 반응을 촉진하는 문학 작품들은 직면하기 어려운 많은 것들을 보게 하고 또 그에 반응하기를 요구하면서 자기방어적 계략을 깨부순다. 그리고 문학 작품들은 그렇게 맞닥뜨리는 행위 속에서 우리에게 즐거움을 선사하면서 이 과정을 즐길 만한 것으로 만들어준다.[5]

'음악, 춤, 영화와 같은 다른 매체의 작품이 아닌 왜 문학 작품인가'라는 질문은 심오하면서도 매력적인 것이다. 사실 다른 매체의 작품들은 흔히 서사적 속성과 감정적 표현의 형식을 띠고 있고, 이는 내가 논의하게 될 문학 작품의 특징들과 유사한 것이다. 대부분의 심오한 음악 작품들은 강렬한 정서적 내용을 갖는다. 비록 이러한 서사의 그 어떤 언어적 재현도 기껏해야 단절된 해석일 뿐이라는 점을 인정한다고 해도, 어떤 경우든 (예를 들어, 구스타프 말러[Gustav Mahler]의 교향곡) 그 내용이 서사적 형식으로 전개된다고 생각하는 것은 자연스럽다.[6] 재즈 음악에 대해서도 유사한 분석이 가능하다. (이 모든 것은 디킨스와 관련이 있다. 왜냐하면 『어려운 시절』에서 음악은 감각적 이미지들의 주된 원천이자 곡마단의 세계를 그리는 놀이이기 때문이다.) 다른 한편, 음악의 기여는 본성상 마치 꿈과 같으며 정확히 가늠하기 어렵다. 그래서 공적인 숙고 과정에서 음악의 역할은 제한되는 측면이 있다. 영화의 경우, 최근의 몇몇 비평은 영화가 소설과 유사한 기여를 만들어낼 수 있는 잠재성을 지닌다는 점을 설득력 있게 보여주었다.[7] 그리고 누군가는 우리 문화에서 영화가 어느 정도는 소설이 갖는 도덕적으로 심오하면서도 대중적으로 인기를 끄는 내러티브의 매체로서 그 특징을 대신한다고 충분히 주장할 수 있다. 그렇지만 내가 보기에 이러한 주장은 소설의 영속적인 힘을 과소평가하는 것이며, 나는 살아 있는 형태로서의 소설에 대해 완고하게 계속 논의를 이끌어 나가고자 한다. 그렇지만 영화 또한 문학과 유사한 방식으로 공적인 삶에 기여한다는 점을 부인하고자 하는 것은 아니다.

'왜 다른 문학 장르가 아니고 소설인가'라는 질문에 대한 나의 답변의 핵심은 이렇다. 소설은 살아 있는 형태를 지니며, 사실상 여전히 그 중심은 도덕적으로 심오하면서, 우리 문화에서 대중적으로 인기를 끄는 허구 형식이라는 것이다. 내가 여기서 소설에 대해 말하고자 하는 바와 밀접한 관련이 있는 고대 비극과 엘리자베스 시대의 비극 작품에 관해서는 무수히 많은 설명이 가능하다. (소포클레스의 『필록테테스Philoctetes*』와 같은 작품은 불행 그리고 동정의 사회적 이득에 관한 본질적인 통찰을 제공한다.) 하지만 현대의 공적인 삶에 대해, 그리고 구체적인 상황이 인간의 감정과 염원을 형성하는 방식에 대해 말하고자 한다면—매우 생산적이면서 우리의 숙고와 관련된 구체적인

• 고대 비극의 '가장 고독한 주인공'의 한 명인 필록테테스가 겪는 고통을 통해 한계상황에 처한 인간의 비극적인 실존의 조건과 운명을 이야기하는 작품이다.

상황이 묘사되어 있는—장르에 주목하는 것이 현명한 방법이다.[8] 그렇다고 이것이 후에 논의하게 될 서정시에 대한 언급을 가로막지는 않을 것이다. 월트 휘트먼을 이야기하면서 나는 내러티브와 삶의 다양한 방식에 대한 구체적인 묘사 모두에 충실함으로써 자신을 소설과 밀접한 관계 속에 놓는 시인에 주목하고자 한다.

이는 장르에 대한 보다 일반적인 지점들을 시사한다. 즉, 소설은 다른 서사 장르와는 비교도 되지 않을 정도로 구체적이라는 것이다. 우리는 소설이 인간의 일반적인 염원과 그러한 염원을 가능하게 하거나 지연시키는 사회적 삶의 특정한 형태들 사이의 상호연관을— 그 과정에서 이를 군건하게 형성하면서—그 주제로 삼는다고 말할 수 있다. 소설(최소한 내가 다루고자 하는 사실주의 소설의 부류)은 특정한 사회적 상황에서 구현된 인간의 필요와 욕망의 끈질긴 형태를 보여준다. 이러한 상황은 종종, 아니 대부분, 독자에 따라 상당히 달라진다. 일반적으로 소설은 이러한 점을 인정하면서 잠재적인 독자들을 구성하고 또 그들에게 말을 건넨다. 독자들은 소설 속 주인공들과 희망이나 두려움 그리고 일반적인 관심사를 공유하고, 또 그러한 이유로 그들과 동일시하고 공감하면서 유대를 형성할 수 있다. 하지만 동시에 독자는 그들과 다른 상황에 처해 있으면서 등장인물들의 구체적인 상황에 대해 정보를 습득해야만 한다. 이러한 방식으로, 텍스트와 가상 독자 사이의 상호작용이 갖는 고유한 구조는 독자로 하여금 사회와 환경의 변화무쌍한 특성이 어떻게 공유된 희망과 욕망의 실현에 관계를 맺는지를—또한 그 구조 자체와도 어떻게 관련

시적 정의

되는지를—볼 수 있게 한다.

이는 디킨스의 『어려운 시절』 결말에 아름답게 그려져 있다. 소설의 화자는 독자에게 이렇게 외친다. "독자 여러분! 여러분과 나의 인생에서 유사한 일이 벌어질지 안 벌어질지는 여러분과 나에게 달렸습니다." 따라서 우리는 최소한 세 개의 사회적 세계를 갖는다. 소설 속에서 작동하는 세계, 저자의 목소리가 담긴 세계, 그리고 독자의 세계(이것은 결국 그 자체로 다수의 성격을 갖는데, 왜냐하면 소설은 하나의 장소와 시간에 국한된 독자에 한정하여 말을 건네는 것은 아니기 때문에)가 그것이다. (많은 사람들 중 한 사람으로서, 그리고 나만의 구체적 공간에 한정된) 독자로서 나는 코크타운 노동자들의 삶과 내가 속한 사회의 공장 노동자들의 삶이 어떤 면에서 서로 다르다는 것을 안다. 하지만 또 다른 한편으로 이 둘은 내가 생각하는 만큼 다르지 않다는 것도 안다. 나는 이러한 조건들을—나의 연민 어린 반응과, 무엇이 삶에 중대한 해를 끼치는지 아닌지에 대한 판단에 새겨진—인간 번영에 대한 몇몇의 아주 일반적인 기준들을 참고하여 평가하고자 한다. 예를 들어 우리 사회에서 이혼은 스티븐 블랙풀[Stephen Blackpool]*의 시대보다는 훨씬 쉽고 또 덜 계급 분화적이지만, 결혼과 가족에 관련된 남성과 여성의 관계 및 문제들은 아직도 바뀐 것이 별로 없고, 어떤 면에서는 더욱 복잡해졌다. 또한 우리 사회의 몇몇

• 『어려운 시절』의 등장인물 중 하나. 오직 성실함만을 지닌 스티븐 블랙풀은 공리주의에 희생당하는 노동자 계급의 비극을 압축적으로 보여주는 인물이다.

커플들은 아직도 결혼을 통해 이익을 얻고자 하면서 전혀 결혼을 못하고 있다. 다시 말해, 나는 이 모든 것들을 보편적 중요성—최소한 아주 높은 수준의 일반성—을 지닌다고 여겨지는 인간의 자유와 기능functioning*에 관한 견해들을 통해 평가하고자 한다. 그러한 시각들을 검토하지 않고는 내밀한 독자가 될 수 없다. 왜냐하면 이 시각들은 내가 반응하는 바로 그 감정들에 내포되어 있기 때문이다.

책을 읽어나가면서 나는 그래드그라인드 경제학이 디킨스의 주인 공들 혹은 소설 속 화자의 목소리에 비친 사회보다 지금 사회의 정치적이고 지적인 삶에 더 큰 영향을 미치고 있음을 발견했다. 또한 경제학에서 선호하는 비용편익 분석cost-benefit analysis 유형이 공적 정책 결정에 훨씬 더 친숙한 것으로서 당연시된다는 것도 알 수 있었고, 동시에 공직에 종사하는 사람들이 인간 삶에 대한 복합적인 시각을 발견할 수 있는 문학 작품을 점점 더 읽지 않는다는 것도 알게 되었다. 나는 이러한 변화들에 의문을 품게 되었고, 이를 염려하는 한 시민으로서 그것이 나의 작업과 어떻게 관련되는지를 생각했다. 많은 방법 속에서 나는 인간의 기능에 대해 생각하게 되었고, 나와 "비슷한 남녀들"(작품 속 주인공들이 소설을 읽을 때 만나게 되는 사람들을 디

• 누스바움에 따르면 이 용어는 아리스토텔레스의 기능ergon 개념에서 착안한 것이다. 즉, 여기에서의 기능이란 기본적인 욕구에서부터 도덕적·정치적 역량capability에 이르기까지, 다양한 자원에 대해 인간이 갖는 상태being나 행동doing을 의미한다. 이러한 맥락에서 센은 주류 개발경제학의 모델에 반대하여 이 역량을 향상시키는 것이 곧 자유를 제고하는 것이고, 이를 진정한 의미에서의 발전이자 사회정의라고 보았다.

　　　　　　　　　시적 정의

킨스는 이렇게 묘사했다)이 지금 내가 살고 있는 방식과 어떻게 다른 삶을 살았는지 혹은 보다 다르게 살 수는 없었는지에 대해 살펴보게 되었다.

일반적인 것과 구체적인 것 사이를 왔다 갔다 하는 이 놀이는 독자들에게 말을 건네는 방식으로서 장르의 구조 자체에 내재된 것이다. 이러한 방식으로 소설은 상대주의적이지 않으면서, 맥락 의존적이고 윤리적인 추론의 한 양식에 대한 패러다임을 구축한다. 이는 우리가 상상력을 통해 진입하는 구체적인 상황과 관련된 인간 번영에 대한 일반적인 관념을 제시함으로써, 잠재적으로 보편화 가능한 구체적인 처방을 얻을 수 있는 지점이다. 즉, 단일한 문화 내에서 혹은 문화의 경계를 넘어서는 공적 추론의 소중한 형태라 할 수 있을 것이다. 대부분의 경우 장르는 고대 비극이나 단편 혹은 서사시보다 이를 훨씬 더 넓은 범위로 확대시킨다.

나는 독자가 구체적인 상황에 놓여 있다고 상상했다. 물론 다른 독자들은 각자 다른 구체적 상황들이 있다고 생각했다. 각각의 독자들은 한 소설을 다양한 방식으로 해석하고 평가하면서 각각 다른 것들을 응당 발견할 것이다. 이런 사실은 소설 읽기로서의 공적 추론이라는 개념을 보다 심도 있게 개진해나기를 자연스럽게 요구한다. 즉 거기에 포함된 추론은 맥락 의존적일 뿐 아니라, 그것이 잘 이루어진다면, 나의 이해에 이의를 제기하거나 보충해주는 다른 독자와의 대화를 통해서 진화하면서 비교 가능한 것이 된다. 이것이 바로 웨인 부스^{Wayne Booth}가 명저 『소설의 윤리』^{The Company We Keep: An Ethics of}

Fiction』에서 상술한 "공동-추론co-duction"* 이라는 개념이다.[9] 부스에 따르면, 독서 행위와 읽은 내용에 대한 평가가 윤리적으로 중요한 의미를 갖는 이유는 그것이 몰입과 비판적 대화 모두를 필요로 하며, 자신만의 경험 및 다른 독자들의 반응과 논쟁 모두를 통해 읽은 내용을 비교해보는 태도 안에서 형성되기 때문이다. 만약 우리가 독서를 이러한 방식, 즉 자신만의 몰입된 상상을 더욱 객관적인 (그리고 상호적인) 비판적 고찰과 결합하는 식으로 생각한다면, 왜 우리가 그 속에서 민주주의 사회 내의 공적 추론에 아주 적합한 활동을 발견할 수 있는지를 이미 간파하는 것이다.

소설 읽기에서 우선적으로 인정되어야 하는 또 하나의 특징이 있다. 평범한 것에 대한 소설의 관심이 그것이다. 『어려운 시절』의 독자로서 우리는 교실, 중산층 계급의 가정, 곡마단, 노동자 계급의 집, 관리자의 사무실, 노동자들이 고생하며 일하는 공장, 많은 노동자들이 죽음을 맞이했던 버려진 탄광 등을 방문하게 된다. 이러한 곳 중 어느 하나도 아이스퀼로스Aeschylus와 소포클레스, 혹은 코르네유Corneille 와 라신Racine의 비극들에 적합한 장소는 없다.[10] 심지어 정치적 역사와 전기에서도 대체로 하찮은 이들의 삶은 오직 계급이나 통계 수치로 나타나는데, 이는 그래드그라인드 씨가 추천하는 책들에 나타

• 부스에 따르면 이 용어('함께co'와 '도출하다ducere'를 합친 단어)는 '개인적' 계산보다는 '공동' 작업이라는 의미를 내포하며, 지속적인 대화와 비교, 풍부한 맥락 검토 등을 통해 세상과 사람에 대한 내러티브 속에서 가치를 발견하는 경험을 의미한다. 웨인 부스, 『소설의 윤리*The Company We Keep: An Ethics of Fiction*』, 70~72쪽 참고.

난 것과 별반 다르지 않은 방식이다. 하지만 디킨스의 이야기를 읽어나가면, 우리는 평범한 것들을 껴안게 된다. 이들은 우리의 강렬한 관심과 공감의 대상이 되는 것이다. 우리는 그곳에서 일어나는 일들에 관심을 갖는 관련된 친구로서 이 장소들을 방문하게 된다. 이것은 처음부터—특히 영국에서—소설이라는 장르의 두드러진 특징이었고, 민주주의의 태동과 큰 연관이 있었다.[11] 우리는 장르 발전의 각 단계에서 이러한 특징을 독자에게 암시하는 자기 지시적인self-referential 순간을 발견한다. 『어려운 시절』 중간 부분에 루이자가 스티븐 블랙풀을 방문하는 장면에서 디킨스는 루이자가 공장 노동자들의 존재를 오직 추상적인 통계 수치들로만 배워서 알고 있었을 뿐, 그들의 삶에 대해 그 어떤 구체적인 것도 알지 못한다는 사실을 강조한다. 이를 읽는 사람들은 소설의 독자로서 자신들의 경험이 그녀와 매우 달랐다는 것을 발견하게 된다. 이와 유사하게, 리처드 라이트의 소설에 등장하는 선한 자유주의자 메리 돌턴이 자신의 집에서 10구역 떨어진 곳에 사는 사람들의 삶에 대해 아는 것이 없다고 말할 때, 라이트의 독자들은 자신들의 경험이 비거 토마스의 단칸방에서 시작되었다는 것을 떠올리게 된다. 30센티미터 쥐에게 가했던 토마스의 공격적인 행동의 목격자로서 말이다. 또한 포스터의 『모리스』에서 등장인물들은 동성애자를 모든 면에서 자신들과 다른 변태적이고 무분별한 존재로 묘사한다. 포스터의 독자들은 모리스가 그의 성적 환상은 사랑하는 친구를 향해 있을 뿐, 거의 모든 면에서 지루하리만치 평범한 중산층의 증권 중개인이라는 것을 알게 된다. 이렇게 소설은 독자들에게 이런 문제들이 평범하면서 또 늘 가까이에 있지만, 이상하다는 이유로 흔히 엄청난 무지와 정서적 거부의 대상이 되기도 한다는 점을 분명하게 전달한다.

이러한 문제의식은 우리를 '어떤 소설인가?'라는 질문으로 이끈다. 나는 대체로 장르 자체가 그 구조의 일반적인 특성들로 인해 시민의식과 밀접한 관련이 있는 공감과 연민을 형성한다고 생각한다. 애덤 스미스가 독서의 경험으로부터 분별 있는 관찰자$^{judicious\ spectator}$•의 태도와 감정의 형식을 발견한 것은 타당한 분석이었다. 하지만 물론 '장르 자체'라는 것은 없다. 오직 소설들만이 있을 뿐이다. 말하자면 서로 겹치는 유사점들의 망에 의해 연결되어 있었지만 수세기 동안 그 핵심 특징들을 공유하지 못한 작품들만이 있을 뿐이다. 내가 보기에 질적인 구분과 개별성, 연민, 심지어 자비까지 없애고자 하는 장르의 전통적인 핵심 특징들(장르의 그 어떤 요소 못지않게 '필수적인' 등장인물의 심리와 역사를 면밀히 따져보는 태도를 제거하는 것)을 뒤엎을 필요가 있다는 주장은 중요하다. 이 지점에 대해서는 4장에서 리처드 라이트의 『미국의 아들』을 논하면서 다시금 다

• 이 용어는 책 전체에서 가장 핵심적인 개념 중 하나에 해당한다. "분별 있는 관찰자"란 자신의 눈앞에 벌어진 사태를 객관적인 시각으로 바라보는 능력과 함께 사건에 연루된 당사자들에 대한 깊은 공감 능력을 동시에 가진 제삼자를 뜻한다. 데이비드 흄으로부터 유래된 이 개념은 애덤 스미스의 『도덕 감정론』에서 중요한 개념으로 등장하며, 이후 존 롤스, 아마르티아 센, 마사 누스바움 등의 윤리학에서 논의의 핵심적 기반이 되는 개념이다. 이 용어에 대한 기존 번역어로는 "공평무사한 관망자", "사리에 밝은 관찰자", "사려 깊은 관찰자", "공명정대한 방관자" 등이 사용되었는데, 여기서는 보다 일반적으로 이해가능한 번역어인 "분별 있는 관찰자"를 택했다.

시적 정의

루고자 한다. 그렇지만 장르의 여러 특징들을 공통적으로 갖고 있는 모든 작품들이 시민의식 형성을 위해 똑같이 의미 있는 것은 분명 아니다. 웨인 부스의 분석은 우리가 알고 있는 것을 명확하게 보여준다. 즉, 많은 유명한 작품들은 인간의 비인간화^{dehumanization}를 내포하기도 하는 환상을 유발하거나 원초적인 정서들을 자극함으로써 독자들을 유혹한다는 것이다.[12] 그러므로 소설의 기여가 정치적으로 결실을 맺으려면, 다른 독자와의 대화가 요구되며, 도덕 및 정치 이론의 여러 입장을 반영한 소통을 통해 소설 자체를 윤리적으로 평가하는 작업 역시 필요하다. 대체로 우리는 스스로 숙고한 도덕적·정치적 견해와 독서를 통해 얻은 통찰 사이에서 최선의 조화를 찾고자 한다. 독서는 우리가 갖고 있던 견해를 바꾸기도 하지만, 또한 이러한 견해들은 독서의 경험을 기이하거나 유해한 것으로 거부하게 만드는 것도 사실이다.[13]

나는 영미 사실주의 소설, 특히 사회·정치적 주제를 갖는 일련의 소설들에 주목하고자 한다. 2장에서는 『어려운 시절』에 주목하고자 한다. 이는 이 작품이 문학적 상상력 및 경제적 가치들과의 상응 관계, 그리고 '공상'의 역할에 대한 면밀한 탐구를 다루고 있기 때문이다. 디킨스가 그리는 사회의 모습에 대해서는 비판의 여지가 충분히 있지만, 나는 그의 소설이(그것의 형식에 있어서나 소설 속에 담긴 표현들 속에서) 정치 영역에서 상상력이 갖는 힘에 대한 귀중한 통찰을—소설에 담긴 풍성한 비유와 다채로운 표현과 무관하지 않은—담고 있다고 믿는다.

하지만 물론 그러한 많은 통찰이 얼마나 보편적으로 적용될 수 있든지 간에, 다른 시대와 장소에서 쓰인 작품들을 읽는 것만으로 시민으로서 익혀야 하는 모든 것들을 배울 수는 없다. 디킨스를 읽는 것은 동정에 관한 많은 것을 보여주지만, 우리 사회가 어떤 특정한 방식으로 서로 다른 인종, 성, 섹슈얼리티에 대한 동정을 품고 있는지는 보여주지 않는다. 또한 사회적 불평등과 증오가 경멸을 받는 자들의 감정적 삶을 어떻게 형성하고 또 파괴하는지에 대해서도 말해주는 바가 없다. 그러므로 사회적 평등에 대한 논의를 진행하면서 4장에서는 라이트와 포스터의 작품을 통해 이러한 문제들을 다루고자한다.

이쯤에서 두 가지를 지적해야 할 것이다. 첫째, 나는 『어려운 시절』이 취하는 경제학에 대한 비판적 입장을 강조하겠지만, 나의 문학적 분석이 반(反)과학적이거나 경제학에 대한 부정을 요구하는 것은 아니다. 그것은 터무니없는 제안일 것이다. 물론 이는 디킨스가 제안했던 것도 아니다. 그는 "공상이라는 부드러운 빛을 통해" 우리가 "이성reason"(그에게 있어 형식적인 과학적 추론을 의미)과 조우해야 한다고 말했던 것이지, 스스로를 "공상" 속에 가두거나 곡마단 속에서만 살아야 한다고 말한 것이 아니기 때문이다. 게다가 실제로 디킨스는 경제학에 대해 필요 이상으로 총체적인 회의를 갖고 있었다. 정형화된 수학적 모델링에 대한 디킨스의 적대적 입장은 그가 개인적 관용에서 해결책을 찾고자 했던 문제들이 사실상 공적인 제도로 해결될 수 있었다는 점을 간과하게 만들기도 했다.

　나의 제안은 보다 온건한 것이다. 경제학은 디킨스의 작품과 같은 소설이 상상력을 통해 보여주는 인간에 대한 지식에 기반을 두어야 한다는 것, 그리고 경제학은 보다 복합적이면서 철학적으로 타당한 토대들을 모색해야 한다는 것이다. 2장에서 다루는 삶의 질에 관한 최근의 나의 경제-철학적 논의에서 알 수 있듯이, 내가 문학에서 찾을 수 있다고 주장하는 통찰력의 형태를 포괄하는 접근 방식이 경제학에서 사용되는 다른 형태보다 더욱 풍성한 모델과 예측을 가능케 하고, 정책 수립에 보다 나은 지침을 제공해줄 수 있다고 생각하는 것은 충분히 타당하다. 하지만 물론 그러한 통찰들이 경제학의 작업을 대체해서는 안 된다. 경제학은 개인의 상상력이 그러한 형식적 모델 없이는 할 수 없는 많은 것들을 할 수 있게 하며, 특히 상상력이 우리에게 제시하는 특정한 목적들, 이를테면 실업률을 낮추고, 물가를 안정시키고, 넓게는 삶의 질 전반을 향상시키는 것 따위를 달성하는 데에 실천적인 가능성을 제시해주기 때문이다.

　둘째, 문학적 상상력에 대한 강조는 그것이 도덕 및 정치 이론을 대신하거나, 원칙에 입각한 논의들을 감정으로 대체하고자 함이 아니다. 나의 제안에 대한 그런 해석은 본래의 의도와 정신에 완전히 반대되는 것이다. 3장에서 살펴보겠지만, 사실상 독자의 감정이란 함축적으로는 가치 평가적이며, 결국 좋음^{good}에 대한 이론에 근거하고 있다. 내가 부스의 논의를 통해 앞서 제안하였듯이, 이 이론은 철학이 제안한 도덕 및 정치 이론들을 상대로—독자 각자의 내면적 성

찰, 그리고 다른 독자와의 대화 모두를 통해—검증되어야 한다. 그
것 자체로는 불완전하며, 잘못된 방향을 제시할 수도 있기 때문이
다. 이러한 과정 속에서 독자들의 반응은 이미 특정한 정치 이론의
방향을 향해 있을 수 있다. 즉, 공리주의와 입장을 같이하는 것은 확
실히 어려우며, 인간 존재에 관한 칸트주의나 아리스토텔레스주의
적 입장들을 훨씬 더 친숙하게 느낄지 모른다. 하지만 이 이론들 사
이의 미묘한 차이들은 철학적 논증을 통해 철저히 검토되어야 한다.
소설 읽기가 그 자체로서 이러한 논증들—몇몇 지점에서는 우리가
독서 자체를 통해 얻은 통찰들을 과감히 버리도록 하는—을 제공해
주지는 않을 것이기 때문이다.

그래서 나는 독자의 경험을 위해 두 가지 제안을 하고자 한다. 첫
째, 소설 읽기가 타당한 도덕 및 정치 이론을 정립하는 데 중요한 역
할(무비판적 근거로서가 아니라)을 하는 통찰들을 제공해줄 것이라는
점이다. 둘째, 소설 읽기가 도덕 및 정치 이론의 규범적 결론으로부
터—그것이 얼마나 완벽하든 간에—시민들이 현실을 구성하는 데
필수적인 도덕적 능력들을 발달시켜준다는 것이다(이것 없이는 현실
구성에 실패할 것이다). 서문에서 언급하였듯이, 소설 읽기가 사회정
의에 관한 모든 이야기를 들려주지는 않을 것이다. 하지만 소설 읽
기는 정의의 미래와 그 전망의 사회적 입법 사이에 다리를 놓아줄
수는 있을 것이다.

2

공상

"비쩌," 토머스 그래드그라인드가 말했다. "말에 대해 정의해보아라."

"네발짐승. 초식동물. 이빨은 마흔 개로 어금니 스물네 개, 송곳니 네 개, 그리고 앞니 열두 개. 봄철에 털갈이를 하고 습지에서는 발굽갈이도 함. 발굽은 단단하지만 편자를 대어붙여야 함. 나이는 입 안쪽의 표시로 알 수 있음." 비쩌는 이런 식으로 (그리고 더 많이 보태서) 말을 정의했다.

"자, 20번 여학생," 그래드그라인드 씨가 말했다. "이제 말이 어떤 동물인지 알았지."

아버지들은 모두 구르는 통 위에서 춤을 추고, 병 위에 올라서고, 칼과 공을 받고, 세숫대야를 빙빙 돌리고, 아무것이나 올라타고, 무엇이든 뛰어넘고, 무슨 일이든 망설이지 않고 해낼 수 있었다. 어머니들은 모두 느슨한 철사와 팽팽한 밧줄 위에서 춤을 추고, 안장 없는 말 위에서 재빠른 동작을 할 수 있었고 또 그렇게 했다. 아무도 자신의 다리를 내보이는 일에 대해서 까다롭게 굴지 않았다. 그중 한 명은 새로운 마을에 도착할 때마다 혼자서 여섯 필의 말이 끄는 그리스식 마차를 몰고 다녔다.

— 찰스 디킨스, 『어려운 시절』 중에서

오직 사실만을

디킨스의 『어려운 시절』은 과학적 정치경제학과 정치적 상상력에 대한 규범적 시각을 담고 있다. 소설은 분명 그러한 규범을 신랄한 풍자 대상으로 그리고 있다. 그러나 소설은 통찰력을 가지고—이 공격은 아주 심원한 것이다—풍자의 대상을 묘사하면서, 동시에 오늘날까지도 여전히 공공정책 결정, 사회학 및 정치과학, 복지 및 개발경제학 등에서 규범적인 것이라고 가르치고 있는 것의 보다 깊은 의미를 보여준다. 심지어 최근에는 법의 영역에서도 법경제학 운동이 미래의 변호사와 판사들의 교육에 점점 더 많은 영향을 미치고 있는 것을 알 수 있다.

현재 통용되고 있는 공리주의적 합리적 선택 모델들$^{rational-choice\ models}$은 이후 논하게 될 중요한 몇 가지 차이점에도 불구하고 궁극적으로 그래드그라인드 씨가 알고 있는 공리주의에서 유래한 것이다. 이 중 가장 일반적인 모델은 통약가능성^{commensurability}, 집합성^{aggregation}, 극대화^{maximizing}, 그리고 외생 선호$^{exogenous\ preferences}$라는 네 가지 요소를 갖는다.

첫째, **통약가능성**이란 합리적 선택은 이러한 모델들에서 모든 가치 있는 것들을 그 자체로 오직 양적인 차이—질적인 차이가 아니라—를 드러내는 단일한 단위에 근거하여 측정 가능한 것으로 고려하는 것을 뜻한다. 이는 아마도 19세기 고전적 공리주의와 같이 일원론적 가치 이론(모든 가치 있는 것들이 가치 있는 이유는 그것이 오직 양적인 측면에서 다른 것과 차이가 나는 특징들을 갖고 있기 때문이라는 입장)을 명백히 지지하기 때문이거나, 가치의 다원성에도 불구하고 단일한 측정 방식이 무엇이 가치 있는 것인지를 적절하게 포착할 수 있다는 논거 때문일 것이다.[1] (또한—이론가들은 비록 단일한 측정 방식이 진정 가치 있는 것이 무엇인지를 포착할 수 있다고 믿지 않지만—예측의 목적을 위한 선택의 모델링에 있어 충분한 기반을 제공하는 것으로 보인다는 이유 때문이다. 통약가능성에 있어 이러한 역할은 내가 언급하게 될 비판들을 피해가는데, 이에 대해서는 끝에서 다시 언급하겠다.)

둘째, **집합성**이란 사회적 결과가 개별적인 삶들 사이의 경계를—특히 선택의 목적에 있어—핵심적인 것으로 고려하지 않고, 삶에 대

시적 정의

한 정보 및 삶으로부터 도출된 데이터를 집계함으로써 얻어진다는 것을 의미한다.[2]

셋째, **극대화**에 대한 몰두란, 개별적 이성과 사회적 합리성 모두를 이를테면 재산, 선호 및 욕망의 만족, 쾌락 혹은 규정하기 어려운 개념인 효용^{utility} 면에서 가능한 많은 양을 얻는 것을 목표로 여기는 것으로 보고자 하는 적극적 의지를 뜻한다.

마지막으로, 이 이론은 사람들의 선호를 [외재적 원인을 갖는] **외생적**인 것으로 간주한다. 다시 말해, 경제적 목적을 위해서 그것들은 주어진 것으로 취급될 수 있다는 것이다. 늘 그런 것은 아니지만 이는 흔히 인간의 선호가 단순히 개인적 혹은 사회적 선택을 위해 필요한 원재료이지, 그 자체로 사회적 선택의 산물은 아니라는 시각과 맥락을 같이한다.[3]

이러한 가정들은 인간에 대한 공리주의적 시각의 특징을 부여한다. 아마르티아 센과 버나드 윌리엄스$^{Bernard\ Williams}$가 명쾌하게 지적하였듯이, "본질적으로 공리주의는 인간을 각각의 효용이 자리하는 곳으로 본다. 즉, 무엇을 욕망하거나 쾌락과 고통을 수반하는 활동들이 발생하는 장소로 보는 것이다. 개인의 효용에 대한 정보가 얻어지면, 공리주의는 인간에 관한 그 어떤 정보에도 직접적인 관심을 두지 않는다. (…) 국가 석유 소비량을 분석하는 과정에서 개별 석유 탱크들을 세지 않는 것처럼 여기서 개인들은 개별적인 존재자로 인정되지 않는다."[4] 다시 말해, 개인들 간의 질적인 구분(그들이 만들어내는 단순한 효용의 양을 넘어서서), 혹은 본질적으로 개인들 사이의 경계(그들은 모두 단지 효용의 담지자들이거나 효용이 실현되는 장소이기에), 그리고 선택의 자유(효용은 행위자에게 중요한 의미를 부여하지 않는 방식으로 늘 정의되기 때문에) 등은 공리주의적 관점에서 볼 때 중요한 것이 아니다.

공리주의적 합리적 선택 모델들은 다양한 목적을 위해 사용된다. 이 중 몇몇은 **설명적/예측적** 목적을 갖는다. 즉, 경제학자들은 이 모델을 활용하여, 만약 특정한 행위를 선택했다면 특정한 결과가 따라나올 것이라고 주장한다. 또 다른 목적은 **규범적**인 사용이다. 즉, 이 모델에 부합하지 않는 행동은 바로 그러한 이유로 비합리적이거나 수준 이하의 것으로 비판받으며, 이 모델은 공공정책 결정에 지침이 된다는 것이다. 이후에 다시 다루겠지만, 이러한 두 구분과 관련하여, 효용은 극대화되어야 하고 따라서 이는 구체적이면서 검증 가능한 것이라고 주장하며 효용과 같은 항목에 실체적인 의미를 부여하는 이론가들의 한 축과, 실질적 행동은 선호를 드러내는 것이라고 단순히 가정하고 그리하여 선호-만족을 극대화하는 데 있어 행동의 역할을 검증하는 것은 극도로 어렵다고 주장하는 이론가들의 다른 한 축을 가로지르는 것은 또 다른 문제다.

고전적 공리주의와 현대의 합리적 선택 모델은 뚜렷하게 구별된다. 제레미 벤담Jeremy Bentham과 헨리 시지윅Henry Sidgwick의 고전적 이론은 효용의 설명적 사용보다는 규범적 사용에 주목하며, 이러한 규범적 기획 내에서 개인적 선택 및 사회적 선택 모두의 적합한 목적은—쾌락 혹은 만족으로 이해되는—인간 행복의 총합(혹은 인간 행복의 평균)을 극대화하는 것이라는 극단적 사유에 초점을 맞춘다. 이러한 입장은 지극히 요구하는 바가 많은 수정주의 도덕 이론임을 쉽게 알 수 있다. 이는 모든 선택에 있어 우리가 인간 삶 전체를 위해 최선인 선택을 선호해야 한다고 주장한다. 만약 내가 넉넉한 중산층의 사람이라면, 이 이론은 다른 친숙한 도덕 이론들보다 우리에게 더 많은 이타주의와 자기희생을 요구하려 할 것이다. 또한 나로 하여금 스스로를 세상의 많은 인간 존재들 중 하나로 여기도록 요청하며, 나아가 나의 친구들과 가족, 나만의 목표와 계획을 우선시 여기지 않도록 요구한다. 물론 고전적 공리주의자들은 대부분의 사람들이 이러한 방식으로 행동한다고 주장하지는 않는다. 사람들이 그렇지 않다는 것을 알기 때문이다. 그렇지만 개인의 동등한 가치에 대한 강조는 고전적 공리주의의 이상이 갖는 매우 가치 있는 측면이라고 생각한다. 나중에 보겠지만, 이는 디킨스의 소설이 상당 부분 지지하는 특징이기도 하다.

반면, 현대의 합리적 선택 이론가들은 규범적 주장보다는 설명적/예측적 입장에 주목한다. 그들은 이 같은 모델이 우리가 행동으로 옮겨야 하는 변화의 방향을 제시하는 것이 아니라, 우리의 행동을 예측할 수 있게 해준다고 본다. 그들의 기술적^{descriptive} 이론은 이타주의에 주목하기보다는 개인의 합리적 선택의 목표는 언제나 개인의 이익에 대한 만족의 극대화라고 주장하는 것이다. 이타주의는 오직 그것이 도구적으로 이해될 때에만 이러한 행동 가설들에 부합할 수 있다. 다시 말해 다른 사람을 위한 선행은 어떤 식으로든 나의 효용

혹은 선호의 만족을 극대화하는 데 도움이 된다는 식으로 말이다.[5] 그렇다면 현대의 합리적 선택 이론은 고전주의 이론이 (규범적으로) 합리적인 것의 전형으로 주장해왔던 이타주의적 선택의 유형을 비합리적인 것으로 평가하는 입장이라 할 수 있다.

여기에는 보다 많은 진실이 담겨 있다. 그리고 『어려운 시절』이 때로는 고전적 이론의 규범적인 사회 목표들에 주목하기도 하고, 때로는 현대의 이론과 유사한 행동 가설들에 주목하기도 하면서 두 이론의 공통된 전제에 도전하고자 애쓰고 있기에, 현대의 독자들에게는 어느 정도 소설이 분리된 대상을 갖는 것으로 보여질 수 있다. 하지만 두 이론은 사실상 이러한 설명이 나타내는 것보다 서로 훨씬 가깝다. 왜냐하면 고전적 이론은—선택에 대한 규범적인 설명과 더불어—사람들이 대부분의 경우 실제로 선택하는 방식들에 대한 기술적인 설명을 필요로 하기 때문이다. 이 이론은 대부분의 사람들이 모든 선택을 하는 데 규범적 공리주의자들처럼 생각해야 한다고 기대하지도 바라지도 않는다. 그렇기 때문에 잘 알려진 어려움들은 그들이 실제로 그렇다는 가정으로부터 도출된 것이다.[6] 그래서 이 이론은—많은 요구를 하는 규범에 덧붙여—대부분의 사람들이 일상 속에서 어떻게 선택하는지에 대한 설명을 필요로 한다. 그렇기에 개인의 이익과 선호의 만족을 극대화하는 모델이 곧 그래드그라인드식 경제학이 끈질기게 전개했던 것이라는 디킨스의 주장은 틀린 것이 아니다. 사실 이는 고전적 이론의 창시자인 제레미 벤담이 인간에 대한 진실로 가정했던 것과 같은 것이다. 반면 현대의 합리적 선택 이론은 자신만의 규범적 측면을 갖는다. 예를 들어, 법경제학 운동에 속한 학자들은 합리적인 사회적 선택의 목적은 사회의 부를 극대화시키는 것이라고 주장한다. 이 목표는 흔히 기술적으로 합리적인 행위자의 자기 이익을 도모하는 선택에 의해 촉발된 것으로 이해된다. 부를 극대화하고자 하는 목표는—물론 늘 명확하게 규명되는 것은 아니지만—규범적인 목적이다. 그러므로 선택들은 이 목표를 고취하지 않는 한 잘못된 것으로 비판받으며, 또 비판받아 마땅하다.[7] 벤담이나 시지윅과 같은 고전적 공리주의자들의 목표와 정확히 같지는 않지만(왜냐하면 공리주의자조차 부^{wealth}가 행복과 동일하지 않다는 것을 받아들일 것이기 때문에), 이는 그들의 목표와 긴밀한 관계를 맺고 있는 목적이자, 개인들에게 비슷한 요구를 하는 (혹은 그러한 것처럼 보이는) 목적이다. 이처럼 현대적 모델들은 다른 많은 방식으로 사회적 선택과 공적 정책의 방향을 결정하기 위한 규범을 제안하고 있다.

인간 존재와 합리성에 대한 공리주의자의 묘사는 이론적으로 충분히 익숙하다. 디킨스의 소설을 읽는 독자에게 공리주의적 규범이 그토록 이상한 것으로 보이는 까닭은 말하자면 그것이 처음부터 끝까지 진지하게 다루어지기 때문이다. 즉, 단지 보고서를 쓰는 방식이 아니라 일상적으로 마주치는 사람들을 대하는 방식으로, 또 경제학을 하는 방식이 아니라 말^{馬}에 대한 정의를 내리거나 자녀에게 이야기를 하는 방식으로, 그리고 직업적으로 존경받을 만한 것으로 보이는 방식이 아니라 한 사람의 개인적 및 사회적 삶의 내용 전체를 결정하는 충실성으로서 규범을 이해한다는 것이다. 하지만 이 규범은 유용한 전문적 도구가 아니라 사실상 합리성의 기준이 되기에, 그리고—만약 이것이 진정한 규범이라면—사람들로 하여금 이를 지속적으로 따르도록 요구하는 것이 타당하다고 보여지기에, 이 규범이 권고하는 방식으로—실제로 그리고 전적으로—세상을 보는 사람들은 어떠한 사람들인지 그리고 그러한 시각은 완전한 것인지 등에 대해 의문을 제기하는 것 또한 절대적으로 타당해 보인다. 그리고 헌신적인 사회과학자들의 행동과 개인적 시각이 최소한 어느 정도는 실제로 그들의 학문이 지지하는 규범적 내용에 의해, 즉 그것이 권장하는 지각과 인식의 습관적 형식들에 의해 영향을 받았다고 가정하는 것도 합당해 보인다. 따라서 공리주의를 살펴보는 데 있어 우리는 이를 규범으로 받아들임으로써 우리가 사람들을 어떻게 대하는지, 또 그렇게 함으로써 우리가 사람들로부터 무엇을 기대할 수 있는지에 대한 것들을 알고 싶은 것이다.[8]

게다가 경제학과 거리가 먼 독자들이라면 특히 비시장적 행동에 관한 급증하는 경제학 문헌들에서 그래드그라인드 학교의 교수법만큼 기이하게 보이는 분석들을 점점 더 많이 발견하게 된다. 그 예로 "크리스마스 자중손실The Deadweight Loss of Christmas"*이라는 최근에 발표

• 미국의 경제학자 조엘 월드포겔Joel Waldfogel에 따르면 현금이 아닌 물건으로 크리스마스 선물을 받은 사람은 그 가치를 실제 물건의 가격보다 10~33% 낮은 것으로 평가한다. 이로부터 가치의 손실이 발생하고, 실제로 크리스마스 때 주고받은 선물들 중 1/3이 가치가 손실된 선물이라는 통계가 도출된다. 경제학 용어인 자중손실은 사중손실/비용, 후생손실/비용 등과 같은 의미로, 재화나 서비스의 균형이 파레토 최적이 아닐 때 발생하는 경제적 효용의 순손실을 뜻한다.

된 아주 중요한 논문을 살펴보자. 이 글은 현금이 아닌 선물의 경우 현금으로 주는 선물보다 효용이 떨어지며, 실제로 선물을 주는 행위는 연간 40억 달러의 "자중손실"을 초래한다고 말하고 있다.[9] 또한 많이 논의된 바 있는 리처드 포스너의 『성과 이성*Sex and Reason*』에 나타난 성적 선택에 대한 그레드그라인드식 설명을 살펴보자.

> 이제는 섹스에 관련된 다양한 형태들의 비용과, 그 비용을 유발하는 주요 요인들을 알아볼 차례이다. 그중 하나는 탐색에 드는 비용이다. 이는 자위행위에 있어서는 0이다. 자위행위는 혼자 하는 행위이기 때문에 성행위 중 가장 저렴한 것이다. (여기서는 기준이 중요하다. '상호적인 자위행위'는 이성애나 동성애에 관계없이 질외 성교의 한 형태이며 이에 따르는 비용 역시 존재한다.) (…) 남성들은 콜걸을 부르기 위해 상당한 탐색 비용을 지불할 것이다. 물론 애인이나 부인을 탐색할 때에는 더 높은 비용을 지불한다. 하지만 낮은 품질의 성 서비스에 대해서는 거의 지불하지 않거나 아예 지불하지 않는다. 그래서 이런 서비스는 탐색비가 0인 거리의 매춘부들에게서 제공되는 것이다. 유사하게 저부가가치 상품은 보통 집에서 사용되지, 배송되는 경우가 거의 없다.[10]*

이렇게 이상한 방식으로 말하는 것도 충분히 옹호될 수 있다. 나는 후에 합리적 선택 모델식 접근법은 사람들이 실제로 생각하고 행

• 리처드 포스너, 『성과 이성』 이민아 외 옮김, 말글빛냄, 2007, 184~187쪽.

동하는 방식을 만들고자 함이 아니라, 오직 선택을 예견하기 위해 "마치 ~처럼^{as if}"의 모델을 제공할 뿐이라는 타당한 반론에 대해 고찰하고자 한다. 그러나 부분적으로만 타당한 이 반론은 『어려운 시절』과 같은 소설이 제공하는 비판 지점을 훼손하지 않을 뿐더러 사실상 배가시킨다고 볼 수 있다. 우선 우리는 소설과 함께 인간 존재에 대해 이야기하는 이러한 방식이 갖는 이상한 지점을 살펴보고, 왜 그것이 그토록 이상한 것인지 알아보자.

여기서 내가 말하고자 하는 바는 일견 명백해 보인다. 왜냐하면 이는 소설이 기획하고 있는 부분이기 때문이다. 즉, 일상의 면면에 걸쳐 드러나는 경제학적 사고방식은 극히 이상한 것으로 그려지며 그 반대의 것은 자연스러운 것으로 그려진다. 하지만 디킨스가 대결하고 있는 경제적 모델은 막강한 상대이다. 이는 소설에서 묘사된 형태와 크게 다르지 않은 모습으로 현재에 이르기까지 우리의 공적인 삶의 많은 부분을 지배하고 있는 사고방식이기 때문이다. 만약 도덕 철학에서 도출 가능한 공리주의의 복잡한 수정 버전들을 고려한다면, 『어려운 시절』의 풍자는 그 날카로움이 부족해 보일 수 있다.[11] 하지만 공리주의적 합리적 선택 이론의 경제학적 설명은 대체로 이러한 철학적 예리함을 내포하고 있고, 철학적 설명들보다 훨씬 영향력이 크다. 이는 경제학적 사유와 실천을 지배할 뿐만 아니라—사회과학 내에서 경제학이 갖는 특권적 위치를 고려할 때—'합리적 선택 이론'이 신고전주의 경제학에서 시행된 공리주의적 합리적 선택 이론과 동등하다고 여기는 다른 수많은 사회과학적 글에서도 지배적이다. 공공정책을 만드는 사람들은 의사 결정에 있어 원칙에 입각한 질서정연한 방식을 찾기 위해 이러한 규범들에 의존한다. 심지어 경제학적 접근 방식은 첫눈에 보기에도 매우 비경제학적인, 예를 들면 가족이나 섹슈얼리티에 대한 분석 등의 영역으로까지 광범위하게 영향을 끼쳐왔다.[12] 그리고 이 이론의 명쾌한 단순함이 갖는 매력은 아주 강렬해서, 많은 법적 전통이 보다 복잡한 형태의 실천적 추론—이는 이 장에서 옹호하고자 하는 것과 긴밀히 관련이 있다—을 지지해왔음에도, 심지어 법의 영역에까지 그 영향력을 확대하고 있다. 최근 들어 이러한 이론은 심지어 문학의 영역에까지 침투하고 있다. 이는 신고전주의 경제학의 특권적 입지(시카고 학파의 방식)가 인간 삶 전반에 대한 행동주의 이론의 광범위한 적용을 옹호하면서 발생했다.[13] 이에 반대하는 입장에 친숙함을 느끼지 않는 독자는 인간에 대해 이야기하는 방식을 보다 완전히 이해하기 위해서, 게리 베커 Gary Becker의 가족에 관한 글이나 리처드 포스너Richard Posner가 쓴 다양한 주제의 글로 방향을 선회할 수도 있다. 포스너와 베커의 시각은 극단적이지만, 이는 그들이 이 소설과 같이 경제학적 태도가 합리적 선택 일반에 적용가능하다고 여기는 이론을 전반에 걸쳐 적용한다는 의미에서만 그러하다. 만약 그 이론이 사실상 합리성에 대한 설명으로 적합하다면, 그들의 주장은 옳은 것이고, 우리가 그들의 작업을 이론의 비전에 대한 시험으로 평가하는 것 역시 타당하다.[14] 이러한 경제학적 접근법에 대한 지지자들은 아주 포괄적인 주장을 내세워왔다. 즉, "경제학은 응용 합리성"이자, 심지어 "인간의 모든 숙고된 미래

지향적 행동은 경제학의 원리를 따른다"는 것이다.[15] 이러한 주장들은 분명 철저하게 검토되어야 한다. 면밀한 검토를 시작하기 위해 그래드그라인드 씨로 돌아가보자. 그는 같은 시대 상황에 처한 대부분의 사촌들과는 달리 소설의 마지막에는 최소한 후회의 감정을 표현했고, 그 과정에서 인간의 복잡성을 드러냈다.

독자들은 나의 비판(소설의 비판과 같이)이 처음부터 특정한 경제학의 개념을 향하고 있다는 사실에 유념해야 한다. 즉, 나의 비판은 경제학적 사유 자체를 향해 있는 것이 아니며, 또한 과학적 형태의 추상적 이론이 공적인 삶의 좋은 결과를 생산하는 데 결정적이라는 주장을 향해 있는 것도 아니다. 점점 명백해지겠지만, 나의 비판은 경제학 및 경제적 합리성의 대안적 개념과 관련이 있다. 이들은 그 자체로 철저히 과학적인 것으로, 사실상 더욱 참되고 정확하다는 의미에서 더 과학적이라고 주장되는 것이며, 이는 경제학적 공리주의가 철학적 공리주의 이론과 관계를 맺는 식으로 철학적 이론화 작업과도 관련이 있다. 비록 선호하는 철학자들은 벤담이나 시지윅이 아니라, 칸트, 롤스, 밀, 스미스, 듀이, 아리스토텔레스 등이지만 말이다.

"이 세상은 사실만을 원하오, 선생. 사실만을!"『어려운 시절』의 첫 번째 장("단 한 가지 필요한 것"이라는 제목의 장)에 나오는 그래드그라인드의 교실에서 공표된 이 유명한 요구는 그래드그라인드 철학의 본질을 말해준다. 그리고 소설은 그래드그라인드 씨의 생각의 특징을 적절하게 표현해주는 강하고 직설적인 대립적 문장들을 통해 짧게 묘사하고 있다.

　　토머스 그래드그라인드입니다, 여러분. 현실적인 인간. 사실과 계산
의 인간. 둘 더하기 둘은 넷이지 그 이상도 이하도 아니라는 원칙에 따라
살아가는 인간이며, 넷 이외의 다른 숫자를 생각하도록 설득될 수 없는
인간. 토머스 그래드그라인드입니다, 여러분. 누가 뭐라 하건, 토머스,
토머스 그래드그라인드. 자와 저울, 구구표를 주머니에 항상 가지고 다
니면서 인간성의 어떤 쪼가리라도 무게를 달고 치수를 재고 그 결과를
여러분에게 정확히 알려줍니다. 그건 그저 숫자의 문제이고 간단한 산
술의 문젭니다.

　　그래드그라인드 경제학은 과학을 표방한다. 이는 어리석은 공상
대신에 사실을, 단순한 주관적 인상 대신에 객관성을, 질적 구분의
다루기 힘든 난해함 대신에 수학적 계산의 정확함을 제공하고자 한
다. 그가 자신의 친구 바운더비에게 말하듯, "이성이야말로(자네도
잘 알겠지만), 교육이 다루어야 하는 유일한 능력이다." 그래드그라
인드 경제학은 감정이 아닌 이성을 통해, 질적인 형태의 추론적 숙
고가 아닌 객관적인 수학적 지성의 이론적이고 계산적인 힘을 통해
세상을 바라보는 것을 자랑스럽게 주장한다. 그래드그라인드식 지
성은 인간 존재를 포함한 세상의 여러 이질적인 요소들을 계량되고
측정되어야 하는 많은 껍데기들이자 "쪼가리들^{parcels}"로 여긴다.
　　이 짧은 묘사에서 우리는 경제적 공리주의의 사유가 갖는 네 가지

측면을 간단하게 요약하여 볼 수 있다.[16] 첫째, 이는 질적인 차이들을 양적인 차이들로 축소시킨다. 루이자, 톰, 스티븐, 레이첼 등 각각의 질적인 다양성과 개인사의 특수성 대신, 우리는 단순히 계량화 가능한 이러저러한 "인간 본성들의 쪼가리들"을 가질 뿐이다. 이러한 질적인 차이의 소멸은 수학 공식으로 쉽게 수렴될 수 없는 사람들의 특성들로부터 추상화 과정을 거쳐 발생한다는 것을 알 수 있다. 그리하여 이러한 방식의 사유는 가치 측정을 위해 오직 추상적이고 지극히 일반적인 인간 존재의 유형만을 다룬다. 즉, 소설이 처음부터 우리로 하여금 직면하게 했던 다양한 구체성, 예를 들면 씨씨 주프의 어둡고 빛나는 눈동자와 비쩌의 차갑고 창백한 작은 눈, "자두 파이의 껍질처럼" 반짝이는 맥초우컴차일드 선생의 대머리, "해가 자신을 비출 때 그로부터 더 진하고 빛나는 혈색을 흡수하는" 여학생 씨씨의 짙은 머리카락 등은 사유의 대상이 되지 못한다.[17] 우리는 이러한 수학적 추상화의 사고가 작동하는 것을 그래드그라인드 씨의 학교에서 학생들을 이름이 아닌 번호로("20번 여학생") 부르는 것에서 볼 수 있다. 그리고 "무지막지한 양의 사실들이 가득 채워질 때까지 자신들에게 쏟아부어지기를 기다리며 바로 그 순간 그곳에 경사면을 이루어 정렬해 있는 작은 그릇들"로 아이들을 훑어보는 시선 등에서 찾아볼 수 있다.[18] 또한 코크타운 노동자들을 대하는 방식에도 이것이 작동하고 있음을 알 수 있다. 즉, 그들을 하등동물처럼 "손과 위장"으로 이루어진 아무개들로 간주한다거나, 슬레이트 석판 위에서 운명이 결정되는 "바글바글 들끓는 존재들"로 여기는 것이 그것이다. 그들의 질적인 차이는 "떼를 지어서 둥지에서 출근했다 둥지로 퇴근"하는 "개미나 딱정벌레"의 차이와 같이 무의미한 것이다.

둘째, 계산만을 따지는 그래드그라인드식 사고는 개별적인 삶에 대한 정보나 그로부터 얻어진 데이터들을 합하여, 개인적인 단독성뿐만 아니라 질적인 차이들을 없앤 총합 혹은 평균 효용이라는 결론으로 귀결된다. 개별 존재들은 수를 셀 수 있는 곤충보다도 못한 개별성을 갖는다. 그래드그라인드 씨의 계산법에서 개별 인간은 단순히 사회적 단위를 하나의 큰 구조—여기서 모든 개별 존재들의 취향이나 만족도는 섞이고 혼합된다—로 다루는 복잡한 수학 연산의 입력 수치 정도로 전락한다. 따라서, 루이자의 교육에서 노동자 계급은 아래와 같은 존재가 된다.

얼마만큼 일하고 얼마만큼 보수를 받으면 거기서 끝인 존재, 수요공급의 법칙에 의해 틀림없이 결정되는 존재, 이 법칙에 걸려서 머뭇거리다가 곤란에 빠지는 존재, 밀이 비쌀 때는 약간 쪼들리다가 밀이 쌀 때는 과식하는 존재, 일정 비율로 숫자가 늘어나면 또한 일정 비율로 범죄를 낳고 또다시 일정 비율로 빈곤을 낳는 존재, 도매로 취급되며 그로부터 막대한 재산을 벌 수 있는 존재, 때때로 바다같이 일어났다가 (주로 자신에게) 해악과 손해를 입히고는 다시 가라앉는 존재, 루이자는 코크타운의 일손들이 바로 이런 존재라고 알고 있었다. 그러나 바다를 각각의 물방울로 나눌 생각은 하지 않았던 것과 마찬가지로 그들을 각각의 단위로 나누어볼 생각은 하지 않았던 것이다.

우리의 삶은 경계가 없는 바다의 물방울과 같다. 그리고 '이 집단은 어떤 집단인가?'라는 질문은 그 집단의 경제적 해결책이 한 개인의 불행과 다른 이의 만족 사이에 놓인 메울 수 없는 분리성을 없애야 하는 문제와 일맥상통한다.[19] 이러한 이유로, 이 질문은 행위 주체와 그의 자유를 지엽적인 것으로 다루게 한다. 왜냐하면 개인은 그저 만족을 담는 그릇으로 여겨지기 때문이다. 자신의 선택 자체가 만족의 원천이지 않는 한, 그의 능동적 선택은 이론과는 무관한 것이다.[20]

그래드그라인드 씨가 자신의 학교에서 개별성과 행위 주체를 완벽하게 지워버린 것은 아니었다. 학생들은 각자의 학습 수준과 독립된 선택의 주체로서 생각하고 말하는 능력이 있었고 질적인 차이도 있었다. 여기서 반드시 주시해야 하는 것은, 그가 이 목표를 자신과의 관계에서는 완벽하게 달성하지 못했다는 점이다. 앞서 인용한 구절에 드러난 그의 속마음을 보면 그는 자신의 마음과 다른 이들의 마음 사이의 질적인 차이와 개별성을 주장하고 있기 때문이다. "조지 그래드그라인드나 오거스터스 그래드그라인드, 존 그래드그라인드나 조지프 그래드그라인드라면(모두 가상적이고 존재하지 않는 인물들이죠) 다른 어떤 말도 안 되는 생각을 주입시킬 수 있을지 몰라도, 토머스 그래드그라인드에게는 어림없는 이야깁니다, 여러분!" 이는 소설에서 아주 미묘한 지점이다. 즉, 그래드그라인드 씨가 스스로

시적 정의

주장하고자 하는 개인적 자율성과 자기 존중이 그 자신의 계산에서는 부정되었던 개별성이라는 잣대로 자신을 판단하도록 요구한다는 것이다. 심지어는 극히 보기 드문 (아무리 투박한 것이라도) 허구의 이야기를 지어내도록 했다.

하지만 직계 가족 내에서 그는 이런 모순 없이 더욱 잘해낸다. 즉, 거의 대부분 자신의 이론이 권장하는 방식으로 자신의 자녀들을 대하고자 애쓰기 때문이다.[21] 루이자가 바운더비 씨와의 임박한 결혼에 대해 내적 고뇌에 사로잡혀, "아버지, 인생이 아주 짧다는 생각이 자주 들었어요"라고 갑자기 눈물을 터뜨리듯 말하자, 당황한 아버지는 이렇게 답한다.

> "애야, 인생은 정말 짧은 거란다. 그러나 최근엔 평균수명이 증가했음이 입증되었단다. 잘못될 리가 없는 계산 중에서도 여러 생명보험회사와 연금회사의 계산이 그 사실을 입증하고 있다."
> "아버지, 저는 제 인생에 대해 얘기하는 거예요."
> "오, 그래?" 그래드그라인드 씨가 말했다. "하지만 루이자, 그것 역시 수명을 전체적으로 지배하는 법칙에 의해 지배받는다는 사실은 지적할 필요도 없는 게 아니냐."[22]

그리고 소설 속 가장 오싹하고 기발한 장면에서 우리는 그래드그라인드식 이론의 시선으로 누군가를 보는 것이 어떤 것인지를 분명히 알 수 있다. 곧 죽음을 맞이하게 될 그래드그라인드 부인이 침대에 누워 있다. 그녀는 순종적이었고, 자신의 특징과는 다른 경계, 즉 개별적 주체에 대해 늘 헷갈려했다. "많이 아프세요, 어머니?"라며 루이자가 물었다. "방 안 어딘가에 아픔이 있긴 하지만 내가 아프다고는 단언할 수 없구나"라고 그래드그라인드 부인이 답했다. 정치경제학은 오직 고통과 만족, 그리고 그것들의 일반적인 배치를 볼 뿐이다. 즉, 이는 사람들을 개별적인 만족의 중심들로 보지 않고, 자신들의 적극적인 계획이 앞으로 성취하게 될 어떤 만족의 인간다움에 있어 필수적인 행위자들로 볼 뿐이다. 그래드그라인드 부인은 자신의 가르침을 잘 습득한 것이다.

이제 앞서 언급한 그래드그라인드 씨에 대한 묘사를 통해, 그래드그라인드식 경제적 사유의 세 번째 특징을 알 수 있다. 즉, 어떠한 인간 문제도 '합계원리$^{\text{sum-ranking}}$' 혹은 극대화 방식을 통해 명확하고 정확한 해결책을 찾고자 하는 방식이다.[23] 주지하듯이, 그래드그라인드 씨는 "인간성의 어떤 쪼가리라도 무게를 달고 치수를 재고 그 결과를 정확히 알려줄" 준비가 된 사람이다. 그리고 그의 사유는 "가장 복잡한 사회 문제가 계산되고 정확한 합계가 나오며 최종적으로 해결"되는 "마술에 걸린 방"으로 묘사된다. 왜냐하면 이는 처음부터 인간에 대한 자료를 "도표 형식"에 맞추어 넣었기 때문이다. 경제적 사유는 인간 존재의 삶을 정해진 해답이 있는 (상대적으로 간단한) 수학 문제로 쉽게 간주한다. 삶의 선택에 있어서 곤혹과 고통, 뒤얽힌 사랑, 죽음이라는 기이하고 끔찍한 사실과의 씨름 등 각각의 삶에 스민 신비와 복잡함은 무시하면서 말이다.[24] 발랄한 사실 계산법에 근거한 사유는 마치 이러한 것들을 들여다볼 필요가 없는 듯이, 아니면 마치 "운명을 석판 위에서 결정지을 수 있다는 듯이" 삶의 표면을 따라 부유한다.

"간단한 산술"로 모든 인간 문제를 해결할 수 있다는 생각은 그래드그라인드식 교육에 지배적인 영향을 끼쳤다. 그래드그라인드의 아이들은 아주 어려서부터 신비나 경탄의 느낌 없이 자연 세계를 접하도록 가르침을 받았다. "훌륭한 학생" 비쩌의 말에 대한 정의를 보라. 동물의 표면적 특징에 대한 지극히 건조하고 추상적인 설명이 있을 뿐, 그것의 복잡한 삶의 형태 혹은 동물을 사랑하고 아끼는 인간 삶에서의 의미 등은 전혀 고려하지 않는다. 이는 인간 삶에 대한 시각에도 마찬가지로 적용된다. 그래드그라인드 씨는 심지어 자신의 자녀 루이자가 빨간 불똥이 난로에 떨어져 하얗게 꺼져가는 것을 보다가 인생이 얼마나 짧은지 생각하게 되었다며 쏟아내는 눈물의 의미도 이해하지 못했다. 그렇다면 그가 코크타운 공장에서 일하는, 자신과 동떨어진 인간 존재들 앞에 그 어떤 경이로움을 느낄 수 있겠는가. 소설 속에서 갑자기 등장하는 1인칭 화자의 목소리로 디킨스는 이러한 사유 방식을 비판적으로 묘사한다.

이 공장에는 수많은 일손과 수많은 동력이 있다. 엔진이 할 수 있는 일은 1파운드의 힘까지 잘 알려져 있지만, 국채를 계산하는 사람들이라도 모두가 침착한 얼굴로 규율 잡힌 행동을 하는 이들, 그 엔진의 조용한 하인들의 영혼에서 단 한순간이라도 선이나 악의 능력, 사랑이나 증오의 능력, 애국이나 불만의 능력, 미덕의 악덕으로의 부패 혹은 그 역의 능력이 어떠한지를 내게 말해줄 수는 없다. 엔진에는 신비가 없지만 일손들은 가장 보잘것없는 사람에게도 헤아릴 수 없는 신비가 존재한다, 영원히.―만약 우리가 계산을 물질적 대상을 위해서 떼어놓고 이 끔찍한 미지의 다수는 다른 방법으로 다룬다면 말이다!

경제 정책을 결정하는 과정에서 개별 인간 존재의 내적인 도덕적 삶이 갖는 복잡성―투쟁과 곤경, 복잡한 감정들, 이해를 위한 노력과 두려움 등―을 고려하지 않고, 인간의 삶과 기계 사이를 명확히 구분하지 않는다면, 그들이 나라를 다스린다는 주장에 대해 의심을 갖고 봐야만 한다. 또한 우리는 스스로 물어보아야 한다. 무생물과 별반 다를 바 없는 존재로 우리를 간주하는 이 정책 결정이 과연 그러한 둔감함으로 우리를 어떻게 잘 대할 수 있는지에 대해서 말이다.

이러한 이야기는 곧 소설이 말하고자 하는 경제적 합리성의 네 번째 특징으로 이어진다. 인간을 수학 게임에서의 숫자 정도로 보고, 신비로운 내적 세계는 보려 하지 않는 그래드그라인드의 철학은 계산 게임에 잘 들어맞는 고상하고 단순한 인간 행동 동기에 대한 이론은 수용할 수 있을지 모르나, 인간 존재의 내적 세계를 지배하는 보다 복잡한 원리와의 관계에 대해서는 회의적인 시선을 거두기 어렵다. 스스로를 세상 물정에 밝은 현실적인 인간이자 냉혈한이면서 비현실적인 공상보다는 명백한 사실의 인간으로 묘사하는 그래드그라인드에 따르면, 이론이란 한편 재미있으면서도 한편으로는 공

시적 정의

허한 허구들을 벗겨내는 냉철한 사실주의적 특색을 갖는다. 이 같은 차가운 관점이 가르쳐주는 것은 모든 인간 존재는 자신의 이해관계에 따른 행동 동기를 갖는다는 것이다.[25] 그래드그라인드에게 너무나도 완벽한 학생 비쩌는 소설의 끝부분에서 자신을 길러준 교육 원칙을 밝힌다. 잘못을 깨달은 그래드그라인드 씨가 그의 감사와 사랑에 항변하려 하자, 비쩌가 끼어들며 말한다.

"말씀을 가로막아서 죄송합니다, 선생님." 비쩌가 대꾸했다. "그러나 사회체계 전체가 이해관계의 문제라는 것은 잘 아시리라 확신합니다. 선생님은 항상 개인의 이해관계에 호소해야 하는 겁니다. 선생님이 잡을 것은 그것뿐입니다. 우리는 그렇게 만들어진 겁니다. 선생님도 아시다시피 저는 아주 어릴 때부터 그런 문답을 하며 자랐지요."

비쩌는 현재의 그래드그라인드 씨의 마음을 사로잡은 사랑과 이타주의라는 마지막 남은 동기조차도 인정하기를 거부한다. 자기 이해에 따른 행동이 그를 길러준 철학인 것이다. 그리고 이 철학은 이상하고도 믿기 어려운 세계에 대한 해석으로 그를 이끌었다.

소설의 앞부분에서 늙은 서커스 광대인 씨씨 주프의 아버지가 그녀를 떠났을 때, 씨씨는 아버지가 공장주인 바운더비 씨는 결코 갖지 못할 이타적인 동기에 의해, 즉 그녀를 위해 떠난 것이라고 생각했다. 하지만 바운더비 씨가 말했듯이, 씨씨는 그녀가 처한 냉혹한 현실을 알 필요가 있었다. 다시 말해 자신은 아버지로부터 버려졌고, 씨씨의 아버지는 오직 스스로를 위해 도망쳤다고 말이다. 그러나 소설은 이 상황을 정확히 해명하지 않은 채로 둔다. 우리는 씨씨의 아버지가 관객들을 웃기는 데에 실패해서 씨씨가 우울해했다는 것과 아버지가 딸을 대단히 아끼고 사랑했다는 것은 알고 있지만, 가족을 떠나는 그의 결단에 어떤 동기가 작용했는지는 결코 알지 못한다. 바로 이 이유 때문에, 씨씨의 상황은 이를 해석하고자 하는 이들로 하여금 행동에 대한 다양한 추측을 하게 하고, 세계에 대한 다양한 이해를 가능하게 한다. 소설은 독자(그리고 그래드그라인드 씨)에게 온전히 이타적이면서 타인을 위하는 행동이 가능하다는 것을 부인한 그래드그라인드의 생각이 틀렸다는 것을 확인시켜준다. 하지만 이러한 다른 가능성이 존재한다면, 바운더비는 씨씨의 상황을 성급하고도 옹졸하게 해석한 것이다. 이는 모든 것을 계산으로 환원하는 경제학자의 습관이―인간 행동에 대한 극도로 단순한 이론에 대한 요청과 함께―헌신과 공감보다는 모든 것을 계산으로 생각하는 경향을 낳는다는 것을 시사한다. "태어나서 죽을 때까지 사람살이의 모든 면면은 계산대 위로 주고받는 거래여야 했다"[26]는 식의 경향은 조악한 분석을 이끌어내기 쉽고, 종종 오류를 범하기 마련이다. 설령 오류를 범하지 않는다 하여도, 이는 우리를 인간과 사건에 대한 비인간적인 인식으로 이끈다. 그리고 무엇보다 최악인 것은 이것이 어린 시절에 배운 대로 생각이 굳어져버린 학생들을 양산한다는 것이다.

행동 이론에 있어 또 다른 측면을 강조할 필요가 있겠다. 그래드그라인드식 경제학은 유사한 현대 이론들과 마찬가지로 개인의 관심과 선호를 그 자체로 사회적 합의에 의해 형성될 수 있는 가변적 특성으로 보기보다는, 사회적 선택 이론에서의 투입^{input}과 같이 단순히 주어진 것으로 간주한다. 따라서 공장주인 바운더비는 자신이 원하는 것과 같이 그의 노동자들도 호화스러운 삶을 원할 것이라고 쉬이 단정한다. 그는 노동자들이 기본적인 자유와 생필품을 얼마나 박탈당했는지 상상하지 못한다. 그들에게는 "황금수저로 자라수프와 사슴고기를 먹는 것"은 행복한 상상조차 되지 않으며, 이는 하물며 삶의 소박한 목표조차 되지 않는다. 삶의 역경이 희망에 어떤 영향을 미치는지 또 심지어 강렬한 불만을 어떻게 억누르는지 등에 대해서 그는 전혀 궁금해하지 않는다. 결국 바운더비는 도덕 교육의 다양성이 서로 다른 선호들을 만들어내는 방식은 생각하지 않고, 씨씨의 아버지가 떠난 이유를 가족을 버린 이기심에서 찾는다. 자신의 권력을 향한 출세욕에서 비롯한 일이라고 말이다. 이와 반대로 디킨스의 소설은 경제적 합리성에 대한 최근의 아주 흥미로운 몇몇 비판들이 강력히 요구하는 대로 욕망의 사회적 기원, 형성, 변형 등을 끊임없이 추적한다.[27] 다시 말해, 때때로 경제학자들이 이러한 사실들을 무시하는 데는 충분한 이유가 있을지도 모르지만, 우리는 되려 그것의 깊이와 지배력을 인정함으로써 논의를 시작해야 할 것이다.

요컨대, 만약 우리가 "사실"을 "진리"로 받아들일 경우, 인간의 삶에 대한 사실들—모든 사실들 그리고 오직 사실만을—을 보이고자 하는 그래드그라인드식 경제학은 의심의 눈으로 다시 볼 필요가 있다. 또한 만약 우리가 "이성"을 자기 비판적이고 진리에 헌신하는 능력으로 받아들일 경우, "이성"을 옹호하는 입장도 회의주의의 시선으로 보아야 한다. 왜냐하면 정치경제학에서 말하는 "사실"은 사실상 환원주의적이고 불완전한 인식이고, "이성"은 빈번히 불완전하고 신뢰할 수 없는 것으로 보이는 지성의 독단적 작동이기 때문이다. 사실을 찾고자 하는 지성은 적합한 지각 자료를 얻지 못한 채, 대상의 표면을 겉돌 뿐이다. 그래드그라인드 씨의 사유는 창문 없는 천체관측소로 비유될 수 있다. 여기서 천문학자는 별이 총총한 우주를 "오직 펜과 잉크와 종이만으로" 배열한다. 이는 인간과 상황에 대해 경제학적 계산으로 쉽게 환원되는 추상적인 특징들만을 인식하는 것과 같다. 물론 그 자체의 관점에서 보면, 그래드그라인드식 사유는 과정상 긍정적 동기를 갖는다. 감상적이지 않고 현실적이고자 하며, 정확하고자 애쓰는 것이 그것이다. 또한 가까운 것들에 대해서조차 편향적이지 않으려 한다는 장점도 있다. (그러므로 그래드그라인드 씨는 루이자를 "이렇게 키우지 않았더라면 (…) 옹고집쟁이가 되었을 것"이라고 생각하는 것이다.) 소설은 이러한 긍정적인 목표들을 보여주고 있다. 소설 속 문장들은—직설적이고 건조하면서 구문론적으로 단순하며 딱딱한 음성과 리듬을 통해서—객관적이고, 현실적이며, 편향되지 않고자 하는 의도를 충분히 전달한다. (하지만 우리는 소설이 그래드그라인드의 상상력을 드러내는 구절에서는 대부분의 그래드그라인드식 경제학자들에 의해 사용되는 생동감 없고, 표현력이 떨어지고, 전문 용어들로 가득 찬 구절보다는, 훨씬 표현력이 풍부하고, 더 간명

시적 정의

하고 운율적이면서, 기이한 건조함이 오히려 즐거움을 주는 식으로 서술되어 있다는 점을 지적할 필요가 있다. 디킨스는 이런 식으로 그래드그라인드 씨를 다르게 표현함으로써 흥미로운 소설 속 살아 있는 인물로 만들 수 있었던 것이다.)

하지만 소설이 보여주듯 오직 공리주의적 계산에 해당하는 것만 보려는 경제학적 사유는 맹목적이다. 이러한 태도는 인식 가능한 세계의 질적인 풍성함, 인간 존재의 개별성과 그들의 내면적 깊이, 그리고 희망, 사랑, 두려움 따위는 보지 못한다. 또한 인간으로서 삶을 산다는 것이 어떤 것인지, 의미 있는 삶은 어떤 것인지 등을 알지 못한다. 무엇보다 인간의 삶이라는 것이 신비하고도 지극히 복잡한 어떤 것이라는 점, 그리고 그 복잡함을 표현하는 데 적합한 언어들과 사유의 능력을 통해 접근해야만 한다는 점을 보지 못하는 것이다. 과학이라는 이름 하에 깊은 사유를 촉발하고 비추는 경이로움은 폐기된 것이다.[28] 개별 인간의 고통을 중요하게 다룬다는 명목—이는 공리주의 탄생의 가장 숭고한 이유다—하에 우리는 개인의 고통을 고립된 것으로 파악할 뿐 사회 맥락 속에서 적절히 헤아리지 못하게 되었다. 만약 과학의 목적이 모든 관련한 사실들을 기록하고 또 해결하려는 것이라면, 그래드그라인드식 이론은 수많은 관련 사실들을 인식조차 하지 못하기에 이는 부적절한 과학이라 할 수 있을 것이다.

인간에 관한 단순한 이야기들

이제 디킨스의 소설이 "도표로 만들어진 보고서"를 통해 사회복지를 측정하는 공리주의적 텍스트들과 어떻게 다른지를 살펴보자. 디킨스의 소설은 어떻게 독자의 욕망과 기대를 형성하는가?[29] 세계의 어떤 측면을 핵심적인 것으로 파악하는가? 독서 행위 속에서 독자는 인간 존재와 삶에 대해 어떤 시각을 취하는가? 이러한 질문들에 답하기 위해 우리는 가장 명백한 사실들로부터 시작해야 할 것이다. 즉, 우리가 특정 장르의 작품을 읽고 있다는 사실을 당연하게 여길 것이 아니라, 장르 자체의 특징들에 의문을 던지고, 또 그것이 어떻게 독자의 상상력을 형성하는지 알아보는 것이다.

먼저 우리가 이야기를 읽고 있다는 점을 지적하자. 이 이야기는 어떤 식으로든 우리 자신과 비슷한 남녀 주인공들을 우리 앞에 보여준다. 그리고 이러한 등장인물들 각각을 우리가 구별할 수 있도록 각각 다른 신체적·도덕적 특징들을 부여함으로써 서로 확연히 차이가 나는 인물들로 나타낸다. 우리는 그들의 몸짓과 말하는 방식, 신체적 특징, 얼굴 표정, 감수성 등에 주의를 기울이게 된다. 그들 각각의 내적인 삶은 심리적 깊이와 복잡성을 갖는 것으로 그려진다. 그리고 우리는 그들이 인간 존재로서 공통된 문제와 희망을 공유하고 있음을 보게 된다. 그렇지만 또한 그들 각각은 자신만의 방식으로, 즉 자신만의 삶의 경험으로부터 얻은 지혜를 갖고 구체적인 상황 속에서 이러한 것들을 마주한다. 심지어 공리주의자인 바운더비와 그래드그라인드도 철저하게 인간적인 인물들이다. 왜냐하면 앞서 보았듯이 그들의 추상적인 철학도 늘 조화롭지만은 않은 내적 세계로부터 도출된 것이기 때문이다. 그렇다면 소설의 추상적인 성찰도 각각의 구체적 삶으로부터 나온 것이고, 그러한 삶의 내적 풍부함의 한 부분을 표현한 것으로 볼 수 있는 것이다. 또한 비록 우리가 주인공들의 내면세계에 매번 광범위하고 명확한 접근을 할 수 있는 것은 아니지만, 우리는 늘 그것에 대해 궁금해한다. 즉 바운더비로 하여금 자신의 출신을 부인하게 만들고, 스파짓 부인으로 하여금 루이자를 뒤쫓게 만든 동기는 무엇이었는지, 그리고 회한에 젖은 겸허한 표현을 통해 자신의 철학이 무너졌음을 인정한 그래드그라인드의 가슴속에 일어난 혼란은 어떤 것인지 등을 따뜻한 공감의 시선으로 상상하면서 말이다. 우리는 그들의 행동을 어떻게 해석해야 하는지 궁금해한다. 그리고 우리가 마치 실제 삶에서 사람들을 대하는 태도가 제각기 다르듯이 독자마다 으레 다른 공감과 비판의 시선으로 그들에 대해 궁금해한다. (따라서 우리는 소설 속의 요소들에 대한 옳은 해석은 무엇인지, 그리고 우리를 독자로서 한데 모으는 근본적인 관심을 잃지 않으면서도 우리의 공감은 어떻게 하여 타당한 것이 되는지 등에 대해 논할 수 있다.)

소설은 독자에게 말을 건네는 고유한 방식으로 이 모든 것들을 핵심적이고, 우리가 관심을 갖고 주목할 만한 것으로 감싸 안는다. 소설을 읽는 것이 무엇인지 아는 한, 우리는 이를 당연한 것으로 받아들인다. 하지만 이를 무조건적으로 당연하게 여겨서는 안 된다. 왜냐하면 우리는 매순간 우리의 관심과 욕망의 방향이 어떻게 결정되는지, 또 이로부터 후생경제학에 관한 논문을 읽을 때와는 다른 방향성이 어떻게 결정되는지 등을 인식하고 있어야 하기 때문이다. 이러한 맥락에서 볼 때, 질적인 차이는 본질적인 것이 되는 것이다.[30]

주인공들이 살고 있는 세계는 그 자체로 질적으로 풍부한 세계이다. 그곳엔 "아무런 장식도 없이 수수하고 단조로우며 천장이 둥근 교실"이 있고, 나부끼는 깃발이 있고, "종과 북을 치며 요란한 소리를 내는 곡마단 소속 악대"가 있다. 또한 "티롤 지방에서 하는 우아한 승마술의 꽃 같은 묘기"가 있고, "악취를 풍기는 염료 때문에 자줏빛으로 흐르는 강"이 있으며, "우울한 광증에 사로잡힌 코끼리의 머리 같은 증기기관의 피스톤"은 말할 것도 없다. 주인공들에게 기회를 제공하면서 장벽이 되기도 하는 이러한 세계가 그들을 에워싸고 있다. 공장 노동자들의 일상을 보면, 사회적 선택에 의해 변하는 환경이 어떻게 효용뿐만 아니라 사유와 선택의 능력까지도, 쾌락뿐만 아니라 자유까지도 영향을 미치는지를 생생하게 볼 수 있다.

경제적 공리주의는 인간을 단순히 만족의 담지자 혹은 만족이 위치하는 자리 정도로 간주한다. 이와 반대로 소설은 한 인간과 다른 인간 사이의 경계를 세계의 가장 핵심적인 사실 중 하나로 본다. 공장 노동자 스티븐 블랙풀의 피로와 소외는 바운더비가 잘 먹고 만족하며 잘 산다는 사실에 의해 조금도 완화되지 않는다. 또한 아버지가 딸 루이자의 결혼에 대해 아무리 만족한다 해도 결혼 생활에서의 그녀의 불행은 줄어들지 않는다. 고통과 행복은 각각의 개별적 개인들에게 귀속된 것으로 보인다. 개인은 이것들을 홀로 감내해야 하며, 각각 행복을 추구하는 개별적 삶을 살아내야 하는 것이다.

개별적 삶의 주체로서 각자 자신의 삶의 방식을 선택하는 개인의 능력은 그 자체로 매우 중요하다. 스티븐이 겪는 삶의 많은 고난 중 그 어떤 것도 사실 삶의 흐름을 바꾸지 못하는 그의 무능보다 큰 것은 없다. 이를테면 법적 시스템이나 고용주들과의 공정한 거래 계약에 대한 접근성 부족 등은 그에게 무엇보다 큰 결핍이다. 소설은 인간 존재에게 선택의 자유야말로 심오하고도 결정적인 중요성을 갖는 것으로 그리고 있다. 이는 즐거움으로 환원될 수 있는 것이 아니며, 그 어떠한 즐거움도 선택의 자유가 있어야 진정 인간적인 즐거움이 될 수 있다. 이러한 식으로 소설은 코크타운 노동자들이 경제적인 박탈에 의해서만 고통받는 것이 아님을 보여준다. 설령 그들이 잘 먹고 안전한 삶을 산다고 하여도, 자유의 측면에서 보자면 인간 이하의 삶을 산다고 할 수 있기 때문이다. 사실상 소설 속에서 가장 비인간적인 삶은 아마도 그래드그라인드 부인의 삶인지도 모른다. 아무리 온화한 그녀라 해도 자신을 지배하는 권력에 자기 삶의 영역과 주체성을 내어주었기 때문이다.

또한 우리는—여기뿐만 아니라 다른 곳에서도—소설이 각각의 개인 선호[기호]들을 개별적인 삶 바깥으로부터 주어진 것이 아니라고 여긴다는 점을 알 수 있다. 노동자들이 오직 빈곤한 삶만을 알고 있기에 낮은 희망을 품는 것과 같이, 진정한 인간으로 존립하지 못한 그래드그라인드 부인의 선호 역시 그녀의 삶 전체를 지배했던 파괴적인 힘들의 산물로 보아야 할 것이다.

　다시 강조하지만 이러한 특징들은 장르의 요소들이며, 이는 독자로 하여금 소설 속 사회 배경의 영향 하에서 주인공들을 바라보게 하고 그들의 삶을 궁금하게 만드는 방법이기도 하다. 내가 보기에 이는 복잡한 행동주의 이론에서도 마찬가지인데, 다만 행동 동기의 속성의 차원에서 볼 때, 자기 이익을 극대화하고자 하는 공리주의 이론과는 매우 다른 것이다. 『어려운 시절』의 등장인물들은 모두 다양한 방식으로 자신의 선호를 만족시키고자 노력한다. 또한 단순한 유용성을 뛰어넘는 공감과 헌신을 보여준다. 곡마단은 상호협력과 관심의 원칙에 기반을 두고 세워진 공동체이며, 여기서 개인들은 자신의 삶의 목표를 타인의 행복—진정한 희생을 수반하기도 하는 방식으로—이라는 측면에서 정의 내린다. 소설 속의 다른 등장인물들 또한 삶의 작은 부분이나마 곡마단과 관련을 맺고 있다. 하지만 여기에도 예외가 있다. 그래드그라인드 부인이 주체성과 관련하여 인간성의 경계에 서 있는 것과 같이, 공리주의 시스템이 만들어낸 괴물 비쩌는 이타주의의 측면에서 이 경계에 서 있다. 그는 소설 전반에 걸쳐 세계를 조작한다. 심지어 비쩌가 공리주의적 정서를 의식적으로 앵무새처럼 받아 옮기는 것은 선생님의 대가를 치러서라도 자신이 원하는 것을 얻고자 하는 그의 섬뜩한 방식인 것이다. 그는 사랑과 감사가 무엇인지 이해하지 못한다. 그에게 심장은 쓸모 있는 펌프 그 이상도 이하도 아니다. 소설이 보여주듯, 비쩌는 등골이 오싹할 정도로 기이하고, 그다지 인간의 모습을 하고 있지 않다. 그의

"차가운 두 눈"과 "병적일 정도로 자연색이 부족한" 피부를 언뜻 보면, 마치 괴물을 상대하고 있는 듯하다. 비쩌의 괴물성은—자신의 목적을 위해 타인을 이용하는 것 너머에 있는—그 어떤 공감이나 헌신도 느끼지 못하는 무능력에 있다. 이는 장르적 특성, 바로 사실주의 소설들이 상상력을 촉발하고 함양하는 방식에서 비롯된 것이다. 즉, 이러한 인물을 통해 우리의 공감과 동일시를 차단하는 것이다. 심지어 그와 같은 인물이 되는 것은 어떨지 상상하는 것조차 어렵기 때문에, 그를 외계인처럼 보이게 만드는 것이다.

만약 우리가 소설과 그래드그라인드식 공리주의 논문 사이의 모든 차이점들을 압축적으로 보여주고자 한다면, 독자로서의 우리 자신과 그래드그라인드 씨와의 관계에 초점을 맞추면 될 것이다. 만일 그래드그라인드 씨가 경제학 저서를 썼다고 가정하고, 스스로를 자신이 만든 시스템에 순종적인 인물로 그린다면, 그래드그라인드라는 등장인물의 특징 중 재미있고 핵심적인 것은 무엇이 되겠는가? 또 그것이 어떻게 독자의 상상력을 이끌어낼 것인가? 분명 삶 전체를 장악한 법칙들에 의해 그의 삶이 지배되었다는 사실과 소위 경제적 흥정꾼의 합리성을 그가 몸소 구현했다는 사실을 통해 가능할 것이다. 또한 오직 이러한 묘사에 의해서만 그래드그라인드 씨는 책에 등장할 수 있을 것이다. 그러한 책의 '이야기'는 거래에 대한 이야기가 될 것이다. 그리고 이 책의 독자는 사랑이나 공포 때문이 아니라, 지적 쾌락과 합리적인 자기 이해가 뒤섞인 이유로 이야기에 빠져들 것이다. 바로 이것이 그래드그라인드식 장르—만약 이것이 장르라면―의 도덕적 내용들이라 할 수 있다.

그래드그라인드 씨와 맺는 우리들의 관계는 서로 얼마나 다른가. 사실 비쩌나 바운더비와는 달리, 그래드그라인드 씨가 독자들의 시선을 사로잡고 궁극적으로는 깊은 감동을 주는 흥미로운 등장인물로 받아들여지는 까닭은 무엇인가? 이는 분명 그가 자신의 공리주의 이론이 표방하는 종류의 인간이 되는 것에 실패했기 때문일 것이다. 비쩌는 그저 기이할 뿐이다. 우리는 그와 동일시하지도 못할 뿐더러 궁금해하지도 않는다. 왜냐하면 우리는 그 속이 비어 있다는 것을 감지할 수 있기 때문이다. 여러 명의 비쩌들로 가득 찬 소설은 공상 과학 소설과도 같은 것이 될 것이고, 독자와의 공감과 동일시의 끈에 의존하는 전통적인 소설의 특징으로 볼 때, 이는 독자를 사로잡지 못할 것이다. 하지만 이와는 달리 그래드그라인드 씨에게는 독자들이 공감의 관심을 보인다. 비록 그를 비판하면서도 그에 대해 궁금해하고, 그에게 닥친 일들에 관심을 갖는다. 요컨대, 눈을 뗄 수 없는 소설 속의 흥미롭고도 중요한 인물로 그를 경험하고자 하는 것이다. 이는 특정한 형태의 욕망이 우리의 심미적 경험 속에 형성되어 있기 때문이라 할 수 있다.

그래드그라인드 씨의 무엇이 이런 욕망을 유발했는가? 우리는 그가 애초에 자신의 이론적 생각의 구조와 일치하지 않는 사람이라는 것을 알고 있었다. 즉, 그는 자신의 이론이 포착하지 못하는 인간의 질적인 차이와 개별성을 인지하고 있었고, 인간 행동에 대한 그의 이론에서는 찾아볼 수 없는 표현들, 즉 사랑, 헌신, 품위 등에 근

시적 정의

거하여 행동했다. 우리는 씨씨의 아버지를 잔인하게 해고하는 바운 더비를 그가 어떻게 반대했는지도 알고 있다. 공상보다는 이성을 선호하는 그의 성향에서 우리는 고매한 인도주의적 동기—이 동기는 잘못된 방향으로 이용되었지만 그 자체로는 훌륭한 것이다—를 감지할 수 있다. 무엇보다도 그래드그라인드의 부성애를 엿볼 수 있는 장면, 즉 딸에 대한 자신의 계획을 이행할 때 그가 보여준 머뭇거림은 우리로 하여금 그가 최소한 영혼을 가진 사람이라는 생각을 갖게 한다. 이렇듯 복잡한 주체로서 그래드그라인드의 시각(영혼에 대한 존중)은 장르 자체에, 다름 아닌 독자에게 말을 건네는 방식에 내장되어 있는 것이라 하겠다. 우리가 관계 맺을 수 있는 적절한 수의 등장인물 없이는 흥미를 잃게 되고, 소설을 읽는 즐거움은 멈추어 버릴 것이다. 하지만 이러한 관계를 맺을 경우, 우리는 그래드그라인드식 경제학이 권하는 관점과는 아주 다른 시각으로 세계를 보게 될 것이다.

이 소설은 하나의 이야기를 들려준다. 그러면서 소설은 독자들로 하여금 등장인물과 관계를 맺고, 그들의 계획, 희망, 공포 등을 걱정하고 신경 쓰면서, 삶의 신비와 복잡한 일들을 풀고자 애쓰는 그들의 노력에 함께하도록 만든다. 독자의 이러한 참여는 이야기 흐름의 많은 지점에서 명확해진다. 그리고 이는 설령 독자 자신이 실제로 처한 상황과 많이 다르다 하여도, 그들 스스로 장악해야 하는 인간적 삶과 선택의 가능성을 보여주면서, 이러한 이야기가 많은 점에서 자신들의 이야기이기도 하다는 것을 절실히 느끼게 한다. 그러므로 이야기를 해석하고 평가하고자 하는 노력은 애정 어리면서도 비판적이어야 하는 것이다. 왜냐하면 텍스트는 그들을 당대의 세계와 비슷하거나 아니면 다른 새로운 세계를 만드는 데 책임을 지닌 사회적 주체들로 그리기 때문이다. 이들은 각자 삶에서 노동자 계급 문제와 지배자나 리더의 행동에 대해 반드시 감정적이고 실천적인 관계를 맺는 사람들이다. 실제로 존재하지 않는 것들을 상상하는 데 소설은 자체로 '무용'하지 않다. 왜냐하면 소설은 독자들에게 그들의 세계를 인식하게 하고, 그 안에서 보다 성찰적 선택을 할 수 있도록 도와주기 때문이다.

요컨대, 이 소설을 읽는 것은 놀랄 것도 없이 소설 읽기의 경험이 갖는 속성을 그대로 갖추고 있다. 이는 코크타운 사람들이 정부의 통계 정보보다 소설 읽기를 더 좋아하는 경향을 (그래드그라인드 씨의 어리둥절한 눈을 통해) 묘사한 장면을 보면 알 수 있다. "그들은 인간의 본성과 인간의 정열, 인간의 희망과 공포 그리고 평범한 보통 사람들의 투쟁과 승리와 패배, 걱정과 기쁨과 슬픔, 삶과 죽음에 대해 궁금해했다! 그들은 때때로 열다섯 시간을 일한 뒤에도 자기네와 비슷한 남녀들, 그리고 자기 자식들과 비슷한 아이들에 대한 단순한 이야기들을 앉아서 읽었다. 그들은 유클리드 대신에 디포[18세기 영국의 소설가]를 사랑했고, 대체로 코커[17세기 영국의 수학자]보다는 골드스미스[18세기 영국의 시인 겸 소설가]에게 더 위안을 받는 듯했다." 그래드그라인드 씨가 이 "납득할 수 없는 사실"에 대해 의아해했듯, 우리 또한 우리의 선호와 활동에 대한 묘사에서 이러한 느낌

시적 정의

을 받을 수 있다.

이제까지 우리는 소설이 다른 많은 서사 장르와 공유하고 있는 특징들을 살펴보았다. 즉, 인간의 개별성에 대한 존중과 질적인 것으로부터 양적인 것으로의 환원불가능성에 대한 인정, 세계에서 개인에게 일어나는 일들은 모두 매우 중요하다는 인식, 그리고 삶에서 일어나는 사건들을 마치 개미나 기계 부품의 움직임이나 동작같이 객관적인 외부의 관점에서 보는 것이 아니라, 인간 존재가 자신의 삶에 다층적인 의미를 부여하듯 삶 속에서 우러나오는 시선으로 바라보는 묘사 등이 그것이다. 소설은 다른 많은 서사 장르들보다 내적 세계의 풍부함을 훨씬 더 탁월하게 다루며, 수많은 구체적인 맥락 속의 모든 모험을 통해 삶이 주는 도덕적 의미까지도 구현한다. 이와 같이 소설은 다른 장르에 비해 환원적으로 세상을 바라보는 경제학적 방식에 철저히 반대하며, 질적인 차이들에 더 주목한다.

하지만 코크타운 노동자 계급의 특이한 도서관 사용 습관에 대한 그래드그라인드 씨의 사색과 더불어, 우리는 특별히 눈에 띄는 장르적 특징을 볼 수 있다. 말하자면, 평범한 것들에 대한 관심, 일상적인 삶과 보통의 남자, 그리고 여자들의 투쟁에 대해 관심을 갖는 것 말이다. 가까운 친구가 되어 공장 노동자들의 집으로 한 걸음 가까이 감으로써, 독자는 그들의 삶을 살펴보게 되고 또 껴안게 된다. 이는 곧 독자가 이미 도덕적 경험을 하게 되는 것을 의미한다. 이 도덕적 경험이란 루이자가 스티븐 블랙풀의 집을 방문했을 때, 자신이 그저 "일손"이라고 생각했던 그들이 이름, 얼굴, 평범한 일상과 복잡한 영혼 그리고 삶의 역사를 가지고 있다는 인식으로부터 모든 계산적 사유를 내려놓게 된 것과 같은 경험이다.

루이자는 코크타운 일손의 집에 들어온 것이 생전 처음이었다. 일손 일개인과 직접 대면한 것도 생전 처음이었다. 그녀는 일손들의 존재를 수백 명, 수천 명 단위로 알고 있었다. 그녀는 일정한 수의 일손들이 일정한 시간에 공장에서 어떠한 성과를 생산해내는지 알고 있었다. 또한 그들이 개미나 딱정벌레같이 떼를 지어서 둥지에서 출근했다 둥지로 퇴근하는 것을 알고 있었다. 그러나 루이자는 열심히 일하는 이들 일손들의 습관보다 열심히 일하는 곤충들의 습관을 책을 읽어서 더 잘 알았다.

이는 소설에 나타난 여러 강렬한 자기 지시적 구절들 중 하나이다. 스티븐 블랙풀의 삶에 대한 소설의 자세한 설명을 따라가다 보면, 독자인 우리의 교육과 경험이 그래드그라인드 씨의 자녀가 받은 경제 교육과는 많이 달랐고, 또 여전히 다르다는 점을 떠올리게 된다. 경제 교과서만으로 길러진 인간은 노동자들(사실상 그 어떤 타인들까지도)을 자신만의 삶의 이야기를 가진 온전한 인간 존재로 생각하도록 고취된 적이 없었다.

이것이 전적으로 반(反)공리주의적 입장인 것은 아니다. 왜냐하면 각각의 시민이 정당하게 자신만의 복잡한 삶의 역사와 이야기를 갖고 있다고 간주하는 것은 '모든 사람을 하나로 고려하며 누구도 하나 이상으로 고려하지 않는다'는 벤담의 제1원칙의 핵심을 정교하게 하는 좋은 방법 중 하나이기 때문이다. 이 지점에서 소설은 고통이 갖는 중요한 의미, 그리고 이타주의의 핵심적 중요성과 더불어 특정 종류의 공리주의에 대한—이를 전적으로 부인하는 것은 아니다—예리한 내적 비판을 제기한다. 즉, (특히 현대 경제학을 비롯하여) 이론 자체의 정교함이 이론의 정수를 충분히 드러내지 못했다는 것이다. 이는 곧 벤담주의 자체의 깊은 통찰을 위해 인간에 대한 보다 충실한 다른 시각이 필요하다는 지적이다.

노동자 계급의 삶에 대한 소설의 묘사에는 몇몇 중대한 결함이 있다. 감정 과잉^{sentimentality}이 그중 하나이다. 『어려운 시절』에는 기본적인 문학적 기법의 측면에서 이상한 결함이 있는데, 조합에 가입하는 것을 가로막은 레이첼에게 스티븐이 했던 이해하기 힘든 약속에 대해 그 어떤 설명도 없다는 점이다. 그러면서도 이는 소설의 구성에 결정적인 역할을 한다. 다시 말해, 디킨스는 모든 집단행동에 의심을 품었는데, 그 시기에 쓴 소설 이외의 다른 글에서도 드러나듯 노동조합 활동은 어떤 식으로든 명백히 부당한 것으로 그려진다.[31] 그래서 디킨스에 대한 조지 오웰의 비판에 공감할 이유는 충분하다. 조지 오웰은 디킨스가 인간 개인에 대한 분석에서 정치적 행동과 제도적 변화 가능성의 관계를 충분히 고려하지 못했고, 그러한 변화들을 상상하는 데 실패함으로써 가난한 사람들에게 조금의 안정과 여가 시간을 주면 된다는 관점에 너무 쉽게 만족했다고 지적한 바 있다.[32]

그럼에도 불구하고 그의 소설은 이러한 명백한 정치적 권고의 결함만으로는 훼손되지 않는 정치적 메시지를 던진다. 루이자와 스티븐의 구절에 드러난 핵심은 이것이다. 즉, 이러한 소설을 읽는 것은 내가 속한 사회적 계급의 구성원만이 아닌 다른 동등한 인간 존재를 인식할 수 있게 해주며, 노동자들도 복잡한 사랑의 감정과 소망 그리고 풍부한 내적 세계를 가진 사려 깊은 존재들이라는 것을 받아들일 수 있게 해준다는 것이다. 그리고 그들의 가난과 억압적 노동 조건을 그러한 감정과 소망에 연관지어 볼 수 있게 한다. 개인적 삶들이 갖는 복잡한 특징을 강조하고 개인들 간의 차이를 부각하는 방법은 단순히 유토피아적인 정치적 해결 방식을 지양하고, 자유를 강조하면서 다양성을 존중하는 접근 방식을 제시한다.[33] 하지만 자유는 명백히 물질적인 조건들을 가지며, 물질적 불평등에 의해 저해되기도 한다. 그렇기 때문에 이러한 사실들에 대한 지속적인 강조를 통해 우리에게 동정심과 정의를 향한 열정을 불러일으키는 것이다.[34]

그래서 그래드그라인드의 관점에서 볼 때 소설이 수학적 치밀함을 결여하고 있는 형편없는 경제학이라면, 소설의 관점에서 볼 때 그래드그라인드식의 정교한 경제학은 형편없는 소설이 된다. 재현과 서술의 힘에 있어서는 조잡하고, 다른 인간 존재의 상황에 대해 그릇된 객관성을 갖고 있으며, 그것이 인식하고 촉발하는 정서의 범위는 빈약하기 때문이다. 또한 공리주의적 주인공들이 스스로에 대해 말하는 이야기들을 살펴보자. 그리고 이것이 얼마나 조악한 허구인지를 보라. 예를 들어, 토머스 그래드그라인드가 조지프[Joseph]와 조지[George]를 비롯한 다른 가상적 그래드그라인드에 대한 자신의 승리를 앞뒤 맥락 없이 주장하는 부분이나, "어떻게 착한 어른아이는 반드시 저축은행에 가는지, 어떻게 못된 어른아이는 반드시 추방되는지"를 보여주는 "무거운 소책자"에 대한 부분이 이에 해당한다. 소설이 주장하듯, 그래드그라인드식 상상력의 실패는 정치적으로 무관한 문제가 아니다. 왜냐하면 개미나 딱정벌레에게 행할 수 있는 것은 인간됨의 존엄과 신비를 품고 있다고 여기는 존재에게 행할 수 있는 것과는 도덕적으로 완전히 다르기 때문이다. 공장에서 행해진 사회적 잔혹 행위들—길고 단조로운 노동 시간, 건강을 해치는 위험한 노동 조건—은 공리주의적 교육에 따라 길러진 인간을 향한 시각, 즉 인간을 사실상 일을 하는 손과 먹고 마시는 위장을 가진 단순한 신체적 부분 그 이상도 그 이하도 아닌 존재들로 간주하는 통칭 "일손들"로 보는 시각과 무관하지 않다. 생각 속에서 노동자들을 비인간화하는 것, 그리고 그들로부터 인간 삶이 불러일으키는 경이로움을 부인하는 것은 훨씬 쉬운 일이다.

불쌍하게도 수업 내내 혼나기만 했던 씨씨 주프에 따르면, 경제학의 제1원리는 "남에게 대접받고자 하는 대로 남을 대접하라"이다. (이를 관찰하던 그래드그라인드 씨는 "도리질을 하며, 이 모든 것이 아주 나쁘다고 말했다. 또한 이것은 체계, 시간표, 정부보고서, 의회조사서, 그리고 처음부터 끝까지 도표로 작성한 보고서에 따라 지식공장에서 계속 갈아대야 할 필요성을 보여주는 것이라 말했다.")[35] 씨씨 주프의 제1원리는 소설 속에 그저 표면적으로 드러나 있는 것이 아니라, 소설 전체의 구조 속에 지표가 되는 원리로 함축되어 있다고 볼 수 있다. 왜냐하면 우리 스스로를 친구로서의 공감과 감정을 이입하는 동일시를 통해 등장인물들과 관계 맺음으로써 그들의 운명을 나의 운명과 같은 것으로 생각하도록 만들기 때문이다. 그리고 나서 이에 대해 우리가 무엇을 해야 하는지를 생각하게 될 때, 만약 소설을 주의 깊게 읽었다면, 우리의 자연스러운 반응은 내가 대접받고자 하는 대로 다른 사람들을 대하는 것이다. 이는 가난한 자들을 마치 나도 그렇게 될 수 있는 듯 대하고, 극히 평범하고 비루한 환경을 공상을 통해 우리 스스로가 거주하는 장소인 듯 바라보는 태도와 같다.[36]

이러한 지점은 소설의 또 다른 특징, 즉 즐거움을 주는 힘을 발견하게 해준다. 소설의 도덕적 기제는 심미적 탁월함과 무관하지 않다. 우리로 하여금 노동자들과 결속하도록 하는 것은 그것이 우리에게 즐거움을 주기 때문이다. 지루한 소설은 이와 같은 도덕적 힘을 갖지 못할 뿐만 아니라, 오히려 흥미를 위한 관심 유발 자체가 도덕적 특징이 되는 것이다. 이는 『어려운 시절』의 부수적인 측면이 아니라, 소설이 강조하는 부분이다. 그래드그라인드 학교와 반대되는 도덕적 모델은 슬리어리 곡마단이다. 여기에서는 즐거움을 주는 능력이 도덕적 탁월함과 긴밀히 연관되어 있다. 그리고 만약 우리가 이 작업과 그래드그라인드의 정치경제학 텍스트 사이의 차이에 관한 빤한 질문을 다시금 한다면, 가장 큰 차이점 중 하나로 이 책은 우리에게 즐거움을 주노라고 이야기할 것이다. 곡마단처럼 이 소설은 유머와 모험, 기괴함과 놀라움, 음악(음악적 메타포의 빈번한 사용을 주목할 것), 리듬, 몸짓 등을 내포하고 있다. 언어는 서정적이며,

시적 정의

시적 표현들로 가득하다. 구성은 극적으로 흥미진진하며, 등장인물들은 우리의 믿음과 공감을 자극하고, 웃음을 유발하고, 때론 공포를 느끼게 만들고, 분노와 경멸을 불러일으키기도 한다. 혹은 이러한 것들이 뒤섞인 복잡한 감정을 야기하기도 한다. 나아가 소설의 즐거움은 곡마단의 즐거움보다 복합적인 비판의식과 보다 깊은 도덕의식을 내포한다. 또한 장르로서의 소설이 충분히 갖추고 있는 스토리텔링과 사회 비판의 복합적인 융합을 주장하면서, 이에 비해 곡마단을 지적으로 불완전한 것으로 그리고 있다. 하지만 이 모든 기법들 속에서 소설은 상상력의 작동이 갖는 도덕적 중요성을 자기 지시적으로 인정한다. 슬리어리가 두 번이나 "샤람들은 즐기기도 해야 하니까염"[특유의 말하기 방식]이라고 언급했듯이 소설의 유희하게 하고, 환희를 제공하는 이러한 능력—곡마단에서 이 능력은 이를 가르쳐주는 기술과 불가분의 능력이듯—은 인간 삶에서 소중한 것이기도 하다.[37] 루이자와는 달리 이 소설의 독자는 "공상이라는 부드러운 빛을 통해 이성과 만날 것이다." 이제 우리는 왜 이것이 중요한 것으로 다루어져야 하는지를 물어보자.

공상과 경탄

나는 앞서 소설, 특히 디킨스의 『어려운 시절』이 자신의 형식 안에 특정한 종류의 도덕적 · 정치적 견해—민주주의적 입장, 연민 어린 시선, 삶의 복잡성에 대한 고찰, 선택의 문제, 질적인 차이 등—를 구현하고 있다고 언급했다. 또한 이 소설이 공상과 정치경제학의 경쟁 구도를 드러낼 뿐 아니라, 그 구조 안에서 가상적 독자와 이야기를 나누는 방식을 통해 이를 문제화한다고 지적했다. 하지만 이제 우리는 소설이 재현하고 있듯, 허구를 만들어내는 상상력, 즉 '공상^{fancy}' 자체에 대해 보다 깊이 파고들 필요가 있다. 왜냐하면 이러한 마음의 활동이 바로 그래드그라인드의 학교가 무엇보다도 혐오하고 근절하고자 하는 것이기 때문이다. 또한 이 능력이야말로 좋은 삶을 위해 필수적인 것으로서 소설이 가장 중점적으로 옹호하는 것이며, 소설의 모든 장에 걸쳐 아주 풍성하게 예화되고 있는 바이기 때문이다.

공상이란 하나를 다른 것으로 볼 수 있고, 또 다른 것 안에서 하나를 볼 수 있는 능력을 뜻하는 소설적 용어이다. 달리 말하면 은유적 상상력$^{metaphorical\ imagination}$이라 부를 수 있다. 이는 그야말로 거의 본능적인 마음의 반응으로 시작된다. (비쩌와 그래드그라인드 부인만이 이를 전적으로 결여하고 있다.) 그러한 능력의 함양이 금지되었던 루이자의 경우에도 불 속에서 형상을 찾고, 인식된 패턴에—투박한 감각 인식 자체에는 존재하지 않는—중요한 의미가 있다고 여긴다.[38] 이는 루이자가 자신에게 떠오른 이미지와 그것들이 현실에는 존재하지 않는다는 사실을 동시에 인식하고 있는 것과 같이, 다른 사물들과 비슷하게 보이는 사물들 속에서, 보다 정확하게는, 가까이에 있는 사물들 속에서 다른 사물을 볼 수 있는 능력과 같다.[39] (공상 본연의 좋은 감각을 가진 그녀는 자신이 불에서 읽어내는 이미지를 잡기 위해 불 속으로 뛰어들지는 않는다. 덧붙여 말하면, 이 훌륭한 감각은 무거운 구두로 꽃을 밟고 다녀서는 안 되기에 바닥에 꽃무늬 카펫을 까는 것에 반대하는 아버지는 결코 이해하지 못하는 것이다. 이에 반대하는 씨씨의 경우, 이 꽃들은 공상의 꽃들로서 실제 구두에 밟혀서 다치지 않을 것이라는 점을 알고 있다.) 그렇기에 지각^perception을 사물 자체 너머에 있는 것을 가리키는 것으로 이해하는 것, 그리고 인식 가능하고 손에 잡히는 것들 속에서 우리 눈앞에 없는 다른 것을 보는 것, 이것이 바로 공상이며 그래드그라인드 씨가 이를 반대했던 이유이다. 디킨스는 이 능력이 대개 어린 시절에 놀이나 이야기, 동요 부르기같이 그래드그라인드식 교육 제도에서는 전적으로 금지된 무수한 방식을 통해 길러진다고 이야기한다.

그래드그라인드의 자식들은 달에서 사람 얼굴을 본 적이 없었다. 아이들은 (…) "반짝반짝 작은 별 아름답게 비치네!" 하는 바보 같은 노래는 배운 적이 없었다. 경이로움이라는 걸 모르는 이 아이들은 다섯 살 때 오우언 교수[1804~1892, 영국의 동물학자]나 되는 것처럼 큰곰자리를 세밀히 조사하고 기관사처럼 찰스의 마차[북두칠성]를 운전했다. 이 꼬마들은 들판의 소를 보고도, 엿기름을 삼킨 쥐를 잡아먹은 고양이를 괴롭히는 개를 뒤틀린 뿔로 박아버린 그 유명한 소[동요에 나오는 소]나 엄지손가락 톰[동화에 나오는 난쟁이]을 삼켜버린 더 유명한 소를 연상하지 못했다. 그래드그라인드의 자식들은 이런 유명한 짐승들 얘기를 들어본 적이 없었고, 소라면 여러 개의 위장으로 되새김질을 하는 초식성의 네

발짐승으로 배웠을 뿐이다.

그래드그라인드의 관점에서 볼 때, 이는 진정한 교육을 위한 시간을 남겨두면서 쓸모없는 장식을 생략하는 것과 같다. 하지만 소설이 우리에게 알려주고 보여주는 바, 이는 도덕적으로 중대한 능력—이것 없이는 개인적이고 사회적인 관계가 황폐화되는—을 빠뜨리는 것이다.

깨달음을 얻고 공허해진 루이자가 집으로 돌아오는 장면에서 드러난 작가의 목소리는 독자에게 옛집에 대한 그녀의 기억 그리고 그녀의 집과 아이다운 상상력이 주로 끼친 영향들 사이의 차이를 떠올리게 한다.

루이자가 옛집에 다가갔는데도 옛집에 대한 최상의 감화는 조금도 다가오지 않았다. 어린 시절의 꿈들—그 시절의 환상적인 이야기, 내세에 대한 우아하고 아름답고 친절하며 믿을 수 없는 장식들, 자갈길 같은 이 세상에서 어린아이들을 사랑으로 품어주고 순수한 그들이 두 손으로 정원을 일구도록 하여 아무리 하찮은 꿈이라도 가슴속에서 커다란 사랑으로 성장하는, 어린 시절에 믿기에 너무 좋고 자라서 추억하기에 너무 좋은 꿈들—루이자가 이런 꿈들과 무슨 관계였는가? 자신과 수백만의 순진한 아이들이 희망을 품고 상상했던 매혹적인 경로를 통해 현재의 미미한 지식이나마 얻게 된 과정에 대한 기억들, 처음에는 상상이라는 부드러운 빛을 통해 이성과 만났다가, 이성만큼이나 훌륭한 다른 신들을 따르게 되면서, 잔인하고 냉정하게 제물의 손발을 결박하고 계산상 엄청난 톤수의 지레장치에 의해서만 움직일 수 있는, 앞 못 보고 말 못 하는 커다란 형체로 버티고 선 무서운 우상이 아니라 인정 많은 신으로 이성을 보게 된 과정에 대한 기억들—루이자가 이런 기억들과 무슨 관계였는가?

여기서 소설은 복잡한 연결망들을 형성한다. 공상이 정확히 어떻게 너그러움과 관용, 그리고 일반적인 인간적 공감과 이성의 자비로운 사용과 관계를 맺는 것인가?

달에 존재하는 인간, 망가진 뿔을 가진 소, 작은 별 등 이 모든 경우에 대해 아이의 인식은 단순한 물리적 사물로서 드러나는 하나의 형태가 복잡한 내적 구조—신비하고, 또 한편으로 아이 자신의 삶과도 같은—를 가진다고 상상한다. 달의 분화구를 얼굴로 생각하는 것, 별에게 대화를 건네는 것, 소에 대해 이야기하는 것 등은 경제학의 사실적이고 객관적인 상상력이 하기 싫어하는 것들이다. 하지만 소설이 말하듯, 거기에는 사실적 증거 너머의 것들에 닿고자 하는 의지 속에 담긴 너그러움이 있고, 이 너그러움은 더 큰 삶의 너그러움을 위한 준비이기도 하다.

이제 인간 존재를 바라보는 것이 어떤 것인지 살펴보자. 인식은 (움직임을 가진) 물리적 대상을 재현한다. 그리고 이는 우리 스스로에게 귀속된 것으로 여겨지는 것과 같은 특정한 형태를 갖는다. 그렇다면 우리는 이것이 어떤 종류의 물리적 사물인지를 진정 어떻게 알며, 또 이에 대해 어떻게 행동해야 할까? 우리는 이것이 정교한 로봇이나 자동기계가 아니라는 확실한 증거를 갖고 있기는 한가? 실제로 그것은 소설이 묘사하는 내적 세계와 같은 것을 갖고 있을까? 어떻게 우리는 이것이 복잡한 기계적 사물, 말하자면 사악하고 영리한 기계가 아니라, 우리 앞에 있는 하나의 인간적 얼굴이라는 것을 진정 알 수 있을까? 그러한 증거는 도대체 어디서 얻을 수 있는가? 이러한 의미에서 디킨스는 모든 인간의 삶은 사실 너머로 나아가고자 하는 것, 다양한 공상들을 수용하는 것, 우리 자신의 정서들과 내적 활동들을 우리가 스스로에 대해 인식하는 형식들에 투영하는 것(그리고 우리 자신, 즉 우리의 내적 세계에 대한 이미지들의 이러한 상호작용을 받아들이는 것)이라고 설명했다. 우리 모두는 스스로 도덕적으로 혹은 정치적으로 상호작용하는 한에서 허구와 메타포의 공상적 투사자이자 제작자이며 신봉자이다.[40] 그렇다면 핵심은 '사실'을 강조하는 학교—소와 말에 대한 주관적 경험과 노동자들에 대한 인간애를 부인하는—가 소설의 독자들과 상상력이 풍부한 사람들 못지않게 소설 쓰기와 관련이 있다는 점이다. 다른 이들의 단언처럼, 이 학교의 인간적 삶과 휴머니티에 대한 완고한 부인은 사실 증거의 한계를 넘어선다. 우리는 이렇게 인식된 형태의 마음에 담긴 내용을 결코 확실히 알지 못한다. 오직 우리는 너그러운 해석과 옹졸한 해석 사이에서 선택할 뿐이다.[41] 톺아보는 행위 혹은 마음속 위대한 관용인 공상은 세계에 대한 너그러운 해석을 함양할 수 있게 한다. 소설이 제시하듯, 이러한 해석은 우리가 경험하는 인간 행동의 총체성에

시적 정의

대한 설명과 같이 적합한 것일 뿐만 아니라, 보다 나은 삶의 양식의 근거이기도 하다.[42]

로스쿨 수업에서 학생들과 함께 소설의 이 지점에 이르렀을 때, 공상에 대한 나의 분석을 언급하기에 앞서 학생들에게 동요$^{nursery\ rhymes}$에 대해 물어보기로 마음먹었다. "왜 디킨스는 동요를 그렇게 중요하게 생각했을까요?" 나는 교실 두 번째 줄에 앉은 검은 머리의 한 학생에게 물어보았다. 그는 여태까지 수업에서 말을 많이 하지 않았지만, 한번씩 말을 할 때면 생각의 깊이가 느껴지는 그런 학생이었다. 나는 물었다. "라일리 학생, 동요 〈반짝반짝 작은 별〉을 불러본 적이 있나요?" 그는 있다고 답했다. "그 동요를 부를 때 어떤 생각을 했었나요? 그 경험이 학생에게 어떤 느낌을 주었는지 기억납니까?"(시카고 대학 로스쿨에서 이러한 질문을 던지는 것은 마치 슬리어리 곡마단을 그래드그라인드의 교실로 데려오는 것 못지않게 이상한 짓이었다.) 천천히 그리고 조용하게 낮은 캔사스 지방 억양으로 라일리 학생은 하늘 위의 별들과 밝은 색깔 별무리로 아름답게 빛나던 하늘의 이미지에 대해 묘사하기 시작했다. 정확히 기억할 수는 없지만 디킨스의 시를 인용하면서 이야기했던 것 같다. 그가 말하길, 어떤 일인지 이 위대한 광경은 그로 하여금 자신의 애완견 코커 스패니얼을 다른 시각으로 보게 만들었다고 했다. 그는 애완견의 눈을 들여다보았고 애완견이 무엇을 진짜 느끼고 또 생각하고 있는지, 혹시 슬픔을 느끼고 있는 것은 아닌지 등을 궁금해했다는 것이다. 이제 강아지의 경험에 대해 궁금해하고, 강아지가 주인을 향한 사랑을 비롯한 기쁨과 고통을 느낄 수 있는 능력 모두를 가지고 있다고 생각하는 것은 그에게 타당한 일이었다. 티셔츠를 입고 두 번째 줄에 앉아 있던 라일리 학생은 축복과 예술성을 담아 자신의 애완견의 눈을 묘사했고, 이는 교실에 고요한 정적을 가져왔다. 애완견이 주었을 느낌을 말하지 않은 채, 이를 회상하는 것이 어려웠을 것 같기도 하지만, 그의 묘사에는 그 어떤 감정 과잉도 없었다. 그는 이 모든 것이 결과적으로 자신으로 하여금 부모님과 다른 아이들을 다른 눈으로 바라보도록 만들어주었다고 말했다.

왜 라일리 학생은 반짝반짝 빛나는 하늘이 사악하지 않고 온화하다고 생각했을까? 왜 동요는 그로 하여금 자신의 애완견으로부터 사악함과 폭력성이 아닌 사랑과 선함을 발견하게 했을까? 왜 이는 그로 하여금 동물의 고통으로부터 쾌락을 취하는 것이 아니라 애완견의 슬픔에 동정을 느끼며 의문을 가지게 만들었을까? 라일리 군은 이것이 완전하게 설명될 수는 없다고 느꼈지만, 내가 보기에 이는 분명 라일리 군의 부모님, 그리고 그가 동요를 들었던 상황에서 느낀 사랑과 포근함의 감정과 밀접한 관련이 있을 것이다. 하지만 사실 동요 자체는 다른 비슷한 노래와 마찬가지로 하늘 위의 증오에 찬 존재에 의해 박해를 받을 것이라는 편집증적 정서보다는 인류애에 대한 귀속이나 깊은 우정의 느낌 등을 함양할 수 있게 해준다. 또한 동요는 아이들에게 별을 "마치 다이아몬드처럼" 여기도록 노래하지, 파괴의 미사일 혹은 오직 생산과 소비만을 위한 기계 같은 것으로 생각하도록 만들지 않는다. 이러한 의미에서 공상의 탄생은 비

중립적이며, 디킨스가 표현했듯, 보이는 것들에 대한 너그러운 해석을 가능하게 한다. 라일리 군은 디킨스와 같이 이러한 것들이 도덕적 삶에 변화를 가져온다고 주장했다.[43]

예를 들어 우리는 소설 속에서 노동자를 대하는 상반된 방식들의 차이를 볼 수 있다. 바운더비의 경우 오직 자기 이익만을 보지만, 소설은 복잡하게 얽힌 다양한 행위 동기들에 주목한다. 우리는 이를 정치적 변화의 가능성들을 숙고하는 방식으로 바라본다. 왜냐하면 심지어 세계가 "자갈길" 같다고 하여도, 공상은 그곳에 정원이 생겨나는 것을 상상할 수 있기 때문이다. 또한 우리는 신체적 욕구에 대한 곡마단과 톰 그래드그라인드의 상반된 입장에서 이러한 차이를 볼 수 있다. 곡마단 사람들은 로맨틱하고 다정한 방식으로 열정적이며 언제나 서로의 복잡한 삶을 배려하고 그 안에서 기쁨을 느낀다. 톰의 경우, 소설이 극명한 아이러니를 드러내며 언급하듯, "어릴 때 이미 상상력이 말살되어버린 젊은 신사가 천박한 관능의 형태를 한 상상력의 그림자 때문에 여전히 불편을 느낀다는 사실은 납득할 수 없는 일이었다." 오직 움직이는 물리적 대상으로만 신체를 보는 것은 빈곤한 성생활을 낳는다. 바로 이것이 '대상화objectification'에 대한 페미니즘적 비판의 근본에 놓여 있는 사유이다. 대상화란 성적 파트너를 사물과 같이 바라보는 경향으로 결국 개인의 특수성과 자율성을 고려하지 않도록 만든다.

그렇기에 곳곳에서 공리주의자들이 남근적이면서 군사적인 언어로 묘사되는 것은 우연이 아니다. 이들은 감각적이고, 활동적이며,

(곡마단 식으로 말하자면) 음악적인 것들에 대해 무자비한 위협을 가하는 공격적인 무기와 같이 그려지고는 한다. 그래드그라인드 씨는 "포구砲口까지 사실로 장전된 대포"이자 "소탕해버려야 하는 섬세하고 참신한 상상력"을 겨냥하고 있는 "전기전도장치"와 같다. 이와 반대로, 공상을 통한 접근 방식은 음악적이고 감각적인 것으로, 낱말들 자체의 직조와 복잡한 리듬 같은 솜씨 있는 말과 몸짓에서 기쁨을 느끼는 것으로 묘사된다. 그래드그라인드의 언어는 딱딱하고, 귀에 거슬리며, 억양은 험하고 퉁명스럽다. 언어와 마찬가지로 그의 몸은 공격성과 독선적인 자만심을 결합해놓은 듯 노골적인 무자비함에 의해 움직인다. "맥초우컴차일드 학교도, 디자인 학교도, 주인과 고용인 사이의 관계도 온통 사실뿐이었으며, 산부인과 병원에서 공동묘지에 이르기까지의 모든 것도 사실뿐이었다. 숫자로 서술할 수 없거나 가장 싸게 사서 가장 비싸게 팔 수 있다고 증명할 수 없는 것은 존재하지 않는 것이고, 존재해서도 안 되는 것이었다, 영원무궁토록, 아멘." 이와 대조적으로 공상이 말하는 방식은 놀랍도록 생동감 넘치는 다양성, 말하자면 유연하고 묘기를 부리는 곡마단의 몸을 지니고 있다. 이는 언어의 물리적 질감을 사랑하며, 독자를 괴롭히기도 하고 어루만지기도 하면서 이를 가지고 논다. 심지어 자신의 적들에 대해 말할 때에도 그들을 그 자체로 기쁨인 언어 놀이 안에서 동반자로 곧잘 생각한다. 그래드그라인드 집 안에 대한 묘사에서는 많은 두운체alliterative 언어 놀이가 등장하는데, 여기서 화자는 자신의 둔한 몸을 둘러싼 유연한 말솜씨를 가지고 노는 것을 즐긴다. 이

하의 구절을 보면 처음에는 간단했던 묘사가 주제 의식을 뛰어넘어 언어 놀이로 이어질 때까지 점점 더 감각적으로 변해가는 기쁨을 주는 것을 알 수 있다.

그래드그라인드의 자식들은 다양한 학문분야마다 작은 캐비닛을 갖고 있었다. 패류학용 캐비닛, 야금학용 캐비닛, 광물학용 캐비닛 등. 견본은 모두 이름표를 붙여 정리해놓았는데, 암석이나 광석 조각들은 바로 그 이름이라는 너무도 단단한 도구에 의해 원래의 물질에서 쪼개져 나온 듯했다. 그리고 이 아이들은 들어본 적도 없는 하찮은 피터 파이퍼 동요 형식을 빌리자면, 탐욕스러운 이 아이들이 이보다 더 많이 가지려 한다면 도대체 무엇을 더 가진단 말인가![원문에서는 /g/음으로 두운이 맞추어져 있는데, 이는 /p/음으로 두운을 맞춘 <피터 파이퍼^{Peter Piper}> 동요를 패러디한 것임]

여기서 문학적 상상력은 아주 다른 언어로 사용된 경제학 고유의 따분한 용어들에 반대되며, 이는 언어의 익살스러움에 의해 빛을 발한다. 그리하여 문학적 상상력은 의도적으로 그래드그라인드식 경제학에 귀속되는 것들과 완전히 대립되는 욕망과 관능의 형식을 구현하고 또 환기시킨다. 디킨스가 제안하듯, 인간의 몸을 만지는 한 방식으로써 언어를 상상해보라. 그러면 당신은 우리 자신의 충만함을 위해 존재한다는 그래드그라인드의 이론이 주장하는 바를 면밀히 살펴볼 수 있는 양식을 갖게 될 것이다.

이 지점에서 디킨스가 종종 성(특히 여성의 섹슈얼리티)을 억압한 것으로 여겨져왔다는 점을 덧붙여야 할 듯하다. 이러한 평가는 비록 그가 여자 주인공들을 다루는 방식에서 비롯된 것이긴 하지만, 분명 이는 반대 견해의 증거들을 간과한다. 특히 이 소설의 언어와 생각이 인간 삶의 양식을 대하는 방식들에 대한 묘사를 보면 더욱 그러하다. 이는 보다 다양하고 더 유희적인 섹슈얼리티는 환영받는 반면, 거친 공격성은 비판적으로 다루어지는 데서 알 수 있을 뿐 아니라, 이러한 감각적인 유희가 반복적으로 여성의 영향과 명백히 연결되는—그리고 음악과 서사 예술 모두에 대한 곡마단의 관심과도 연결되는—지점에서도 드러난다. 데이비드 코퍼필드*가 말한 것처럼, 대부분의 성인 남성이 잃어버린 예민하고 유희적인 삶의 부분이 바로 소설의 발생 지점이다." 여기에는 다른 예외가 결코 있을 수 없다. 곡마단의 경우, 남성과 여성은 평등하다. "아버지들은 모두 구르는 통 위에서 춤을 추고, (…) 아무것이나 올라타고, 무엇이든 뛰어넘고, (…) 어머니들은 모두 춤을 출 수 있었고 (…) 안장 없는 말 위에서 재빠른 동작을 할 수 있었고 또 그렇게 했다. 아무도 자신의 다리를 내보이는 일에 대해서 까다롭게 굴지 않았다." 디킨스의 중산층 세계에 많이 살고 있는, 성경험이 없는 순진한 처녀들의 자리에

• 19세기 중기 영국 중산층 삶의 애환을 그려낸 찰스 디킨스의 풍속소설 『데이비드 코퍼필드David Copperfield』의 주인공. 디킨스가 그의 여러 소설 속 인물 가운데 "가장 마음속 깊이 사랑하는 자식"이라고 부른 주인공 데이비드 코퍼필드는 어려서부터 의붓아버지의 모진 학대와 가난의 시련을 거쳐 소설가로 성공하는데, 이는 디킨스 자신의 경험이 녹아든 자전적 소설로 평가된다.

곡마단은 열두 살 때 이미 "두 마리 얼룩조랑말에게 이끌려 무덤에 갔으면 좋겠다"는 유서를 남긴 경이로운 소녀 조제핀^{Josephine}을 데려 다놓는다.

이러한 유희거리에 대한 언급과 더불어, 이제 상상력의 사회적 역할에 대한 논의를 완성하기 위한 추가적인 요소를 살펴보자. 흔히 아이가 공상을 배울 때, 아이는 쓸모없는 것을 배우는 것으로 여겨진다. 그래드그라인드 학교가 가장 반대하는 것, 즉 이야기책들은 "쓸데없다"는 것이다. 사실들만이 우리에게 필요한 것이고, "단 한 가지 필요한 것"인데, 달나라에 있는 사람으로부터 과연 어떤 쓸모를 취할 수 있단 말인가? 하지만 이야기들과 동요에서 기쁨을 느끼는 아이는 인간 삶의 모든 것이 쓸모 있는 것은 아니라는 것을 이해한다. 오로지 유용함에만 초점을 두는 것이 아니라, 사물을 존재 그 자체로 소중하게 여길 수 있는 세상과 관계 맺는 방식을 함께 배우는 것이다. 이것은 아이가 다른 인간 존재들과 관계를 맺는 방식에도 적용할 수 있다. 이는 하나의 형식이 은유적 상상력을 도덕적으로 가치 있는 것으로 만드는 생명력을 내포하고 있다고 믿는 능력일 뿐만 아니라, 공상 속에서 구축한 무언가를 그것 이상의 목적에 봉사하는 것이 아니라, 그 자체로 훌륭하고 즐거운 것으로 여기는 능력과 같다. 그러므로 유희와 재미는 인간 삶에서 단순한 부속물이나 보충물이 아니라, 삶의 핵심 요소를 어떻게 볼 것인가라는 점에서 결정적인 요인이라 할 수 있다. 이러한 의미에서 이 소설 속에서 발견하는 독자의 기쁨은 실제 삶에서 다양한 종류의 도덕적 활동을 위한 준비로서 보다 깊은 도덕적 차원을 갖는다.

아마 이 모든 논의는 대조적인 두 개의 교육 장면을 살펴보면서 정리할 수 있을 듯하다. 하나는 이 책의 맨 처음 인용구로 제시한 휘트먼 시의 일부분이고, 다른 하나는 이 장의 처음에 인용된 『어려운 시절』의 한 구절이다. 이 둘은 모두 어떤 것에 대한 정의나 설명을 요구하는 장면에 해당한다.

비쩌는 결코 말을 사랑한 적이 없고, 분명 그런 사람이 되리라는 생각조차 해본 적이 없다. 단호하고 확신에 가득 찬 태도로 비쩌는 객관적인 외양에 대한 묘사를 읊기 시작한다. 말은 유용한 기계로 그려지며, 그 이상은 없다. 이는 휘트먼의 화자와 얼마나 다른가! 우선 휘트먼의 화자는 완벽한 계산을 향한 기계적인 욕구가 아니라, 아이의 진정한 호기심에 의해, 그리고 풀밭에 누워 그가 말을 건네는 풀잎의 감촉과 시각에 의해 마음이 움직이기 시작한다. 이에 대한 그의 첫 반응은 자신이 그것에 대해 완전히 알지 못한다는 사실에 대한 인정이다. 즉, 자연의 신비를 인정한다는 것이다. 연이은 그의 답변도 모두 추측으로 일관한다. 그는 우선 자신의 내면세계, 즉 희망에 대해 이야기한다. 다음으로 변덕스럽긴 하지만 결코 교조적이지 않게 하느님에 대한 아이의 생각에 관해 말한다. 그리고 나서 아이에게 풀잎은 마치 그 자신과 같은, 그러니까 식물로 만들어진 아이와 같다고 말한다. 그는 아이가 자신과 같이 그것을 보기를 바란다. 그러고는 아이에게 이것이 사회적 의미를 지닐 수 있음을 보여준다. 이 안에서 모든 미국인의 평등한 생명성과 존엄성, 인종과

민족의 차이를 넘어 평등한 권리와 특권을 발견할 수 있다고 말이다. 그다음 화자는 자기 자신에게 시선의 방향을 돌려 죽은 이들의 아름다움에 대해 숙고하면서 풀잎에서 일련의 어두운 의미들을 바라본다. 그는 심지어 땅 밑의 시체에 대해서조차 깊은 성적인 숭배와 애정의 시선으로 아름다움을 부여한다. 나이 든 부모님이나 요절한 아이들로부터 풀잎에 대한 더 깊은 사유를 박탈하지 않는 방식으로 말이다. 그리고 그는 이 어둠 속에서 자신의 죽음 이미지를 본다. 그것은 너무 어두워서 늙은 어머니들 혹은 심지어 그가 사랑했던, 혹은 사랑할 뻔했던 이들의 입에서조차 나올 수 없는 이야기이다.

여기서 우리는 묘하게 얽힌 공상의 모든 능력들을 볼 수 있다. 즉, 인식된 형상에 풍성하고 복잡한 의미를 부여할 수 있는 능력, 보이는 것들에 대한 너그러운 해석, 손쉬운 해결책보다는 경탄에 대한 선호, 유희적이고 놀라운 움직임과 그것 자체에서 오는 기쁨, 유연함, 에로티시즘, 그리고 인간 유한성이라는 사실 앞에서의 경외감 등이 바로 이러한 능력들에 해당한다. 디킨스는(이는 휘트먼의 견해이기도 하다) 바로 이 상상력을—그것의 유희성과 에로티시즘을 포함하여—평등하고 자유로운 시민들로 이루어진 나라의 훌륭한 정부를 위한 필수적인 기반으로 보았다. 이를 통해 이성은 사물에 대한 너그러운 시선을 따라 유익한 것이 되며, 이러한 너그러움 없이 이성은 차갑고 잔혹한 것이 될 것이다.[45]

우리는 이제 『어려운 시절』의 무한히 생기 넘치는 비유의 언어들이 단순한 언어 놀이나, 문체상의 변주가 아님을 알 수 있다. 이는 소설 속 도덕적 주제 의식의 핵심을 관통한다. 심지어 소설이 그래드그라인드 학교의 교실을 묘사할 때조차, 하나를 다른 것에 비교하거나, 하나에서 다른 것을 보지 않을 수 없게 만든다. 예를 들어, 그래드그라인드 씨의 두 눈에서 두 개의 어두운 동굴을 보고, 그의 머리카락에서 전나무 인공림을 보며, 맥초우컴차일드의 대머리 표면에서 플럼 파이의 껍질을 발견하는 것 등을 보라. 또한 소설 속 코크타운 공장의 단조로움과 지루한 황폐함을 묘사할 때도, 똬리를 틀고 올라가는 연기를 뱀에 비교하고, 움직이는 증기기계의 부품을 "우울한 광증에 사로잡힌 코끼리"에 비교하는 등, 이런 식으로 비인간적인 것의 인간적인 의미를 보이면서 비유적 언어의 진수를 보여준다. 소설은 그 반대의 것과 혈전을 벌이지 않고는 반대의 것을 묘사하지 못하는데 이 과정에서 '공상'을 통해 접근하여 유희적으로 이를 극복하는 방식을 취한다.[46]

소설은 우리에게 메타포들을 해석하도록 요청한다. 하지만 우리는 이제 한 단계 더 나아가 소설 **자체가** 메타포로써 스스로를 드러낸다고 말할 수 있다. 이러한 방식으로 세계를 보라. 혹시 그렇지 않다면 소설은 다른 방식을 제안할 것이다. 사물들을 볼 때, 사회과학이 제안하는 방식이 아니라, 마치 앞에서 이야기한 것과 비슷한 방식으로 보라. 소설을 읽음으로써 우리는 이 특정한 세계를 상상하기 위한 일련의 구체적인 이미지들을 얻을 뿐 아니라, 보다 중요하게는 세계에 접근하기 위한 보편적인 마음의 자세를 얻을 수 있는 것이다.

여기서 나는 이 소설에—나의 입장도 동일하다—이성 혹은 진리를 향한 과학적 탐구에 대한 비하는 없다는 점을 다시금 지적하고자 한다. 내가 비판하는 것은 자신이 진리와 이성을 드러낸다고 주장하는 특정한 과학적 접근 방식이다. 이에 대해 내가 말하고자 하는 바는 이들이 독단적으로 인간 존재와 인간 삶의 복잡함을 교조적으로 잘못 드러내는 한, 진리를 구현하는 데 실패할 것이라는 점이다. 또한 그것이 불충분한 인식과 조악한 심리학 이론을 무비판적으로 신뢰한다면 이성을 구현하는 데도 실패할 것이라는 점이다. 소설은 이성을 무시하라는 주장을 하고 있는 것이 아니라, 창조적이면서 진실한 능력으로 여겨지는 공상에 의해 생명력을 얻은 이성을 활용하라고 이야기하는 것이다. 내가 제안하는 대안은 슬리어리 곡마단이 아니다. 곡마단은 예술, 훈육, 놀이, 사랑 등 본질적인 메타포를 독자에게 제공하지만, 심지어 소설에서도 그들의 태도는 정치적으로 불완전하며, 지나치게 무지하고, 국가를 운영하기에는 변덕스러운 것으로 보인다. 소설은 추상적이고 수학적인 형태의 정치학 및 경제학 논문들이 논문들 기저에 깔린 인간 존재에 대한 시각이 소설 속에서 얻을 수 있는 보다 풍성한 관점인 한에서, 그리고 논문들이 효율성을 이유로 빠뜨리게 되는 것에 대한 시야의 결손을 놓치지 않는 한에서 그것의 목적에 완벽하게 부합한다는 점을 시사한다. 정부가 소설이 주인공들을 다루는 방식으로 모든 시민들의 삶의 이야기를 살펴볼 수는 없다. 하지만 정부는 모든 시민들에게 이러한 종류의 복잡한 삶의 이야기가 있다는 것을 알 수 있고, 또한 소설의 방식과 같이 규범이란 원칙적으로 시민들의 개별성, 자유, 각각의 질적 차이를 인정하고자 하는 것임을 자각할 수 있다. 이렇게 가능한 많은 정보에 근거한 과학적인 경제학적 접근법의 간단한 예를 들어보겠다.

소설 속에서 묘사되고 함양된 능력들이 사실 경제학 및 도덕·정치 이론 없이는 불완전하다는 점은 명백하다. 물론 이러한 능력의 함양 없이 추상적 이론은 맹목적인 것이 되기 쉽고, 동기를 부여하는 데 있어서도 무력해지기 쉽다는 점 또한 사실이다. 소설 읽기의 경험은 함축적으로 인간의 어떤 활동이 가장 중요한지, 어떻게 다양한 종류의 정치적 활동이 그러한 활동을 뒷받침해주는지 혹은 그렇지 않은지 등에 대한 성찰을 내포한다. 이는 소설이 우리로 하여금 비판적으로 사유하도록 유도한다는 뜻이다. 즉, "소설은 그러한 활동들이 실현되는 데 필요한 조건들을 잘 규명했는가?"라는 질문을 던지도록 만든다. 코크타운 도서관에 대한 묘사는 "인간의 본성과 정열, 인간의 희망과 공포"를 소설의 주제로 언급한다. 그러면서 우리에게 소설이 도덕 및 정치 이론을 저버리면서까지 사회적 맥락과 개인적 다양성에 대한 관심을 사고자 하지는 않는다는 점을 상기시켜준다. 이것은 독자와 복잡한 관계를 구축한다. 한편으로 이는 독자에게 특정한 배경과 역사가 갖는 특징들에 주의를 기울이고, 이 특징들이 사회적 선택과 관련 있는 것으로 여기도록 종용한다. 하지만 또 한편으로 이는 다양한 영역의 인간 존재들이 공통의 열정, 희망, 공포—죽음에 직면해야 하는 필요성, 배움에 대한 욕망, 가족에 대한 깊은 유대감—등을 갖는다는 것을 인정해야 함을 일깨워준다.[47] 이러한 것들을 살펴보는 것은 이론적 성찰을 하는 것과 같다.

『어려운 시절』이 정확하게 지적했듯이 이 성찰은 소설이라는 장르 자체에 의해 요청되는 것이며, 이는 보다 공식적인 형태의 철학적 이론들로부터 비판과 보완을 필요로 한다. 소설의 통찰력은 그것이 시공간의 경계를 가로질러 깊은 반응들을 이끌어낸다는 사실 덕분에 상대적으로 신뢰할 만한 것으로 인정받는다. 하지만 다른 한편으로 소설의 이 통찰은 틀릴 수 있으며, 이론적 확증을 필요로 하는 것이다. 소설 자체에는 몇몇 제약이 부과된다. 왜냐하면 소설의 통찰은 개별성, 자유, 인간 번영에 관한 복잡한 논의 모두가 중요한 역할을 하는 칸트주의 혹은 아리스토텔레스주의 등 자유주의 이론의 방향으로 나아가는 많은 정치 이론과 양립할 수 없는 경우가 있기 때문이다. 하지만 이론의 엄밀한 구체화 작업이나 인간 번영의 개념화 작업 등은 보다 자세한 철학적 논의의 대상으로 남는다.

인간 존재라는 일반적 개념에 대한 탐구에 있어 『어려운 시절』은 (다른 많은 소설과 같이) 특수주의적^{particularistic}이지, 상대주의적^{relativistic}이지 않다. 즉, 소설은 시간, 장소, 계급, 종교, 인종의 경계를 초월한 인간적 욕구를 인식하면서, 도덕적 숙고의 초점이 인간적 욕구가 충실히 실현되고 있는지의 여부에 맞추어지도록 한다는 뜻이다. 소설의 구체적인 정치 상황 및 사회 맥락에 대한 비판은 인간에게 번영은 무엇을 의미하는지에 대한 생각에 의존하며, 이러한 생각 자체는—지극히 일반적이면서 보다 자세한 구체화 작업이 필요하지만—국지적이지 않으며 종파적이지도 않다. 반면 인간 번영이라는 개념은 부분적으로 질적인 차이에 대한 깊은 존중을 의미한다. 그리하여 규범은 정부에게 (어떤 정부든지) 역사적·개인적 우발 사건들에 섬세한 방식으로 대응하면서, 온갖 구체적 상황과 다양성 속에 놓인 시민들을 돌볼 것을 명한다. 하지만 그 자체는 보편적 명령이자, 인간다움의 보편적 모습의 한 부분이기도 하다. 그리고 이는 소설이 여행안내서나 인류학적 현장 보고서와는 아주 다르게 독자로 하여금 자신과는 매우 다른 사람들의 삶에 대한 참여자로 만들며, 또한 인간 번영에 있어 사람들에게 불평등한 접근성을 조장한 계급 구분에 대한 비판자로 만든다는 보편적 이상에 의존함으로써 가능해진다. 다시 말하지만 이러한 통찰력은 그것 자체로는 완전하지 않기 때문에 이론적 논거에 의한 확증이 필요하다. 하지만 내가 보기에 장르로서의 소설은 그것의 기본 구조와 목적의식에 있어 모든 인간 삶의 평등과 존엄에 대한—무비판적 전통주의의 옹호자가 아니라—'계몽적' 이상의 수호자이다. 이는 경제학의 영역에서 유사 과학적pseudoscientific 접근법이라는 이름으로 그러한 이상을 왜곡하는 것에 반대하고, 또한 이야기가 갖는 구체적인 역사적 맥락에 대한 이해 부족으로 이를 무감각하게 적용하는 것에도—이상 그 자체에 반대하는 것이 아니라—반대한다.

이에 대해 공리주의적 경제학자는 세 가지 답변을 제시할 것이다. 첫 번째(가장 강력한 답변이기도 한) 답변은 공리주의적 이론—최소한 현대 경제학의 부류에서—은 사람들과 그들의 내적 세계의 모든 측면에 대한 완전한 설명을 제공하려고 하지 않는다는 것이다. 이는 우리가 예측할 수 있도록 애쓰며, 현상적인 이야기들을 올바로 이해하지 못했을 때조차도 제 기능을 발휘하도록 한다. 때로는 온갖 복잡한 내적 이야기를 올바로 이해하지 않음으로써 그러한 기능이 보다 잘 작동하도록 하기도 한다. 왜냐하면 좋은 모델이란 흔히 현실보다는 단순할 필요가 있기 때문이다. 그런 의미에서 합리적 선택 모델들은 소설의 통찰력에 대한 경쟁자라기보다는 다른 목적을 달성하고자 하는 기획으로 보아야 한다는 것이다.

이러한 답변은 비록 한계는 있지만 충분히 그럴듯해 보인다. 예측을 목적으로 단순화된 모델을 취하는 데에는 원칙적으로 이견이 존재하지 않아야 한다. 이 모델들이 그러한 사용에 충분히 기여하고 다른 목적에 사용되지 않는 한, 소설의 독자는 이견을 제기할 수 없다. 즉, 사람들이 실제로 생각하고 선택하는 것이 불확실한 상태로 다양하게 나뉠 때, 이러한 예측의 목적에 잘 부합할 수 있다는 것이다. 비시장적 행동을 분석하기 위해 대부분의 경제학은 이론이 실제 결과를 예측**했을 수도 있었다**고 주장하면서 사후적으로 예측을 제시한다. 특히 포착하기 힘든 효용이라는 개념을 고려할 때 분명 이 과정에서 그때그때 묘책을 마련할 수 있는 여지가 충분히 있기 때문이다. 검증 가능한 사전 예측의 예시들은 너무 적어서 우리가 이러한 기술들이 실제로 우월한 예측 능력을 갖고 있는지 확신하기 어렵고, 사후적으로 제시된 예측의 경우조차 많은 이견이 있어왔기 때문이다.[48] 하지만 분명 소설의 독자는 보다 복잡한 접근법들에 비해 그것이 어느 정도까지 예측적인 이점을 갖는지 살펴보기 위해서는 그러한 접근법을 검증하는 것에 반대해서는 안 된다.

다른 한편으로 소설의 독자는 이러한 접근법이 그만의 기능을 보다 중요한 것으로—덜 중요한 방향이 아니라—만들었다는 점을 지적해야 한다. 인간 존재에 대한 단순화된 개념들이 예측적인 목적을 위해 광범위하게 사용될 때, 그런 단순화된 모델이 궁극적으로 설명할 수 있는 인간 삶에 대한 보다 풍성한 모습을 스스로에게 계속해서 일깨워주는 것이 매우 중요해진다. 소설이 제안하듯, 경제학이 제안하는 방식으로 사람들을 보는 것은 삶에서 행동과 정책 결정에까지 영향을 미치기 쉽다. 이러한 의미에서 세계에 대한 그래드그라인드의 시각은 순수하게 "마치 ~처럼"의 원리가 아니고, 인간 사회의 형태에 대해 심오한 의미를 부여하여—만약 이것이 으레 그렇듯 철저하게 잘 실천된다면—인간 세계를 재구성하는 방식이다.[49] 만약 우리가 그것의 유용성 때문에 이를 사용하는 것이라면, 반드시 우리가 제어할 수 있어야지, 이것이 우리를 장악해서는 결코 안 된다. 또한 이 방식의 지지자들은 경제학이 인간의 숙고된 행동에 대한 완벽한 설명을 제공한다고 주장한다는 점을 잊어서는 안 된다. 조지 스티글러[George Stigler]가 언급했듯, "인간의 모든 신중하고, 미래를 내다보는 행동은 경제학의 원리를 따르기" 때문이다.[50] 우리는 단순화된 모델이 주로 쉽게 장악하고, 이것이 현실의 전체인 양 보게 만드는 편리함을 늘 경계해야 한다. 이러한 경향에 맞서야 한다. 이 목적을 달성하기 위해 우리는 더욱더 소설 읽기를 강조해야 한다. 소설 읽기는 인간적 가치에 대한 감각을 생생하게 일깨워주며, 우리를 온전한 인간으로 만들어주는 가치 판단 능력을 발휘할 수 있게 하기 때문이다.

뿐만 아니라 우리는 이것을 마치 공리주의적 관점과 비과학적인 단순한 감정으로의 침잠 사이에서 선택해야 하는 문제처럼 생각해서는 안 된다. 나중에 보겠지만 이는 소설 자체가 경제학에 기여하기 때문이며, 경제학자는 사람에 대한 보다 복잡한 이론이 보다 나은 예측을 가져다줄 수 있다는 주장을 아주 신중하게 받아들여야 할 것이기 때문이다. 현대 경제학—심지어 법경제학의 영역에서도—의 많은 기획들은 정확히 예측적인 이유에서 이렇게 인간에 대한 보다 복잡한 개념들을 활용한다.

이 장의 시작 부분에 언급한 지점으로 돌아가서, 이제 우리는 사실상 공리주의적 예측 이론에는 두 가지 유형이 있다는 점을 상기할 필요가 있다. 이들은 직관과 맺는 관계, 그리고 검증 가능한 예측을 하는 능력에서 차이가 난다. 실제 행동을 주체의 선호에 대한 기준으로 삼는 공리주의적 관점('현시 선호revealed-preference' 이론)은 경험적인 사실들에 아주 유연하게 적용할 수 있는 것으로 보이지만, 다른 한편으로 합리적인 주체라면 극대화할 것이라 여겨지는 효용에 대해 그 어떤 명확한 설명도 주어지지 않았기에, 그것의 예측은 분명 모호하기 쉽고 과학적으로 검증하는 것이 사실상 불가능하다. 선택 이면에 무엇이 놓여 있는지에 대한 적절한 설명 없이는—사람들이 새로운 상황에서 어떤 선택을 할 것인지를 예측하기 위해—사람들이 무엇에 가치를 부여하는지 충분히 이해할 수 없다. 선택은 맥락의 영향을 크게 받으며, 그러한 이유로 현재 맥락에서의 선택은 미래의 행동에 있어 불충분한 예측 변수가 될 수도 있는 것이다.[51]

이와 반대로, 효용에 대한 정확한 설명을 제시하는 경제적 공리주의의 형태(베커와 포스너가 선호하는 유형)는 명확하고 검증 가능한 예측을 가져다준다. 하지만 여기서 우리는 개인이 가치를 매기는 것이 무엇인지에 대한 공리주의적 설명과 우리의 문학적 경험에서(그리고 일상 속에서) 얻어질 수 있는 풍성한 설명 사이의 차이를 염두에 둘 필요가 있다. 아마도 이 차이들은 예측의 목적에 있어서는 문제가 되지 않을 것이다. 그렇지만 그 차이들이 상당하기 때문에 이를 고려하지 않으면 꽤 놀라운 결과가 도출될 것이다. 어쨌든 오직 간단함을 이유로 그러한 유형을 선택하여 사용하게 된다면, 우리는 반드시 인간 행동에 대한 보다 풍성한 그림을 늘 스스로 염두에 두어야 한다.

이와 관련된 경제학자의 두 번째 불평은 다음과 같다. 내가 공리주의 이론을 기술적이면서 동시에 규범적인 것으로 다룬 반면, 그들은 이것이 오직 기술적인 이론에만 해당한다고 주장한다. 그러한 의미에서 후자의 것이 독자들에게 윤리적 규범을 제공하고 이 규범과 관련된 공감의 감정들을 함양하는 한, 이는 소설과 경쟁 관계에 놓일 필요가 없다. 다시 말해 소설의 독자는 '합리성'이란—경제학에서 사용되듯—기술적인 동시에 미묘하게 규범적이면서 또 가치평가적인 용어라고 답할 것이다. 이는 단순한 정서나 비합리적 감정과는 대조되고, 어리석음보다는 훌륭한 의식을 내포한다. 정의에 관한 포스너의 글을 예로 들어보자면, '합리성'은 사생활에 관한 재판에

시적 정의

서 경제학적 모델이 권장할 만한 결정과는 맞지 않는 미연방대법원의 판결을 혹평하기 위해 사용되었다.[52] 다시 말하지만, 그래드그라인드 씨는 만만한 존재가 아니다. 왜냐하면 그는 사실에 대한 자신의 편협한 개념을 선호하고 공상과 감정을 묵살하면서, 사실상 경제 영역의 종사자들이 만드는 규범적 탁월함을 대표하고, 또 그것에 의해 정당하게 비판받기 때문이다. 이론에 대한 규범적인 자기 이해는 특히 개발 경제학에서 분명히 찾아볼 수 있다. 여기서 모델들은 규범적 정책 입안을 위한 충분한 기초를 제공하는 정보를 산출하기 위해 선택된다. 이것이 치명적인 결과를 가져오게 된다는 점에 대해서는 후에 짧게 논하도록 하겠다.

마지막으로, 경제학자는 효용 기반 모델이 사실상 모든 소설적 통찰을 수용할 수 있다고 주장할 것이다. 왜냐하면 여기에서 논의된 인간의 숙고와 가치에 대한 모든 정보에 적절한 가중치를 부과할 수 있고, 이를 합리적 선택을 위한 선호 기반 계산법에 적용할 수 있기 때문이다. 우선 소설의 독자들은 이것이 그저 사소한 변형이라는 것에 대해 의문을 품을 것이다. 왜냐하면 그들은 모델 자체가 스스로에 대해—어떤 면에서는 그들이 옹호하고자 하는 것들과 상충되는—실질적인 충실성을 지닌다고 주장했기 때문이다. 하지만 그들은 또한 경제학자가 자신의 이론이 결국—이것이 경제학자의 답변인 한에서—합리성에 대한 설명을 제공하지 않는다는 것을 인정하는 모습을 목격하게 될 것이다. 그러한 이론은 어떻게 사람들이 자신들의 숙고 안에서 각각의 선택들에 대해 중요성을 부여하는지, 그리고 어떤 숙고가 잘된 것인지에 대한 설명을 분명히 포함하고 있어야 한다. 이 모든 일은 이러한 얄팍한 경제학적 의미의 '합리성'이 작동하기 전에 우선 숙고에 의해 이루어져야 하는 것이다.[53]

씨씨 주프의 경제학이 주는 교훈

이 모든 것이 경제학 및 그것의 정치적 함의와 관련하여 갖는 의미는 무엇인가?[54] 삶의 질을 측정하는 데 있어 경제학의 공적 역할은 사실상 씨씨 주프가 전하는 첫 번째 교훈이다. 디킨스 소설에 대한 우리의 관심은—소설 속의 광범위한 풍자적 요소에 이르기까지—그것이 여전히 개발 경제학의 적용과 이것의 영향을 받은 공적 정책에 부합한다는 사실에 의해 배가되어야 한다.

당시 그래드그라인드 학교에서 진행하던 방식은 이와 같았다. 이는 지금의 모습과도 유사하다.

(씨씨가 루이자에게 말하길)"그러고는 선생님이 말했어요. 자, 이 교실을 하나의 국가라고 가정하자. 이 국가에 5천만 파운드의 돈이 있다면 이 국가가 부유한 나라가 아니냐? 20번 여학생, 이 국가가 부유한 나라이고 너는 부자나라에 사는 것이 아니냐? 하고 물었어요."

"뭐라고 대답했니?" 루이자가 물었다.

"루이자 아가씨, 모르겠다고 했어요. 누가 돈을 갖고 있는지, 그리고

시적 정의

그중 얼마라도 제 돈인지 아닌지를 모른다면 부유한 나라인지 아닌지, 제가 부자나라에 사는지 아닌지 알 수 없다고 생각했어요. 그렇지만 그런 생각은 질문과 아무 관계도 없어요. 숫자로 계산된 생각이 아니니까요." 씨씨가 눈물을 닦으며 말했다.

"네가 큰 실수를 저질렀구나." 루이자가 말했다.

오늘날 국가의 번영을 "도표 형식"으로 비교한다면 사실상 가장 일반적인 전략은 단연코 1인당 국민총생산량^{GNP}를 나열하는 것이다.[55] 물론 이 투박한 측정 방식은 씨씨 주프가 즉각적으로 인식한 것과 같이, 부와 소득의 분배에 대해서는 말해주는 바가 없으며 결국 불평등이 심한 나라조차도 높은 순위에 들 수 있다. 하지만 『어려운 시절』에서 그려진 불평등과 그로 인한 불행을 방지하는 것은 한 국가 내의 삶의 질을 측정하는 데 매우 중요한 부분이다. 게다가 오직 자본주의적 가치에만 몰두하는 그러한 접근 방식은 돈을 갖고 있거나 가지고 있지 않은 인간 존재들이 국민총생산량과 그다지 관계없는 중요한 활동의 많은 부분을 어떻게 수행하는지를 설명하지 못한다. 이는 또한 건강, 교육, 정치적 권리, 민족 · 인종 · 젠더의 관계성 등은 차치하더라도, 기대 수명이나 유아 사망률에 대해 말해주는 바가 없다.

그래드그라인드가 바랐던 것처럼 조금 더 정교한 접근법은 만족들을 통합하여 인구효용의 총합이나 평균을 측정하는 것이다. 이는 물론 소설에서와 마찬가지로 내가 지속적으로 주목해온 공리주의적 접근 방식이다. 이 접근법은 최소한 다양한 종류의 목표를 고취시키는 데 자원이 어떻게 사람들을 위해 작동하는지를 볼 수 있게 하는 이점이 있다. 하지만 소설이 명백히 그렸듯 여기에는 난점이 존재한다. 앞서 논의한 대로 인간의 개별성을 간과하는 것과 인간을 만족의 담지자로 여기는 극히 천박한 시각에 덧붙여, 이 방식은 욕망과 만족이란 아주 가변적이며, 특히 절망적인 상황의 사람들은 그들이 사는 환경에 적응할 수 있다는 사실을 간과한다. 깊은 박탈감과 관련된 최악의 부분 중 하나는 그것이 자기 존엄의 굳건한 기반과 관련이 있는 희망과 불만을 그들로부터 빼앗아버린다는 것이다.[56] 코크타운 공장의 "일손들"은 불만을 나타내지만, 지친 몸에 쌓인 피로와 물질적 부족과 상상력의 한계 속에서 이루어지는 그들의 노동을 고려할 때, 그들은 완전한 평등의 이상을 정립할 수 없었기에 사소한 휴식이라 하여도 쉽게 반기고, 매우 부적합하고 몰이해한 대표자도 쉽게 받아들인다. 스티븐 블랙풀은 자신의 삶이 "엉망진창"이라는 것을 알지만, 자신의 불만의 본질이 무엇인지 분명하게 설명하지 못하며, 불만의 강도를 제대로 느끼지 못한다. 반면 그래드그라인드 씨는—소설은 이를 영혼이 빈곤한 삶으로 그린다—자신의 삶에 매우 만족하며, 소설의 마지막에 그려지는 그의 불만은 분명 초기의 평정심으로부터 진척된 것이다.

비쩌는 한계에 도달하여 만족의 느낌이 더 이상 진실한 윤리적 가치와 연결되지 않을 때 갖게 되는 극단적인 불신을 보여준다. 자기 이익이라는 텅 빈 그릇을 채워주는 것들은 독자를 불안과 공포로 가

시적 정의

득 채우기 때문이다. 우리는 처음부터 비쩌의 안주하는 공허한 삶보다 씨씨 주프의 절망과 불행 속에—위선과 부정의에 대한 민감한 지표가 된다—더 많은 가치와 인간성이 숨 쉬고 있다는 것을 알고 있었다. "눈과 머리카락이 짙은 색인 여학생은 해가 자신을 비출 때 그로부터 더 진하고 빛나는 혈색을 흡수하는 듯한 반면, 눈과 머리카락이 옅은 색인 남학생은 바로 그 햇살이 그가 지닌 약간의 혈색마저 모조리 앗아가버리는 듯했다." 이 탁월한 묘사를 통해 소설은 삶에 대한 씨씨의 태도가 갖는 인간적인 풍요로움—그녀의 불행까지도 포함하여—과 비쩌의 낙관주의가 갖는 섬뜩한 기계적인 특징을 함께 보여준다.[57] 공리주의적 효용은 이러한 삶들에 대한 기준을 제공하는가? 또한 씨씨와 비쩌라는 결실을 낳은 교육의 평가 기준을 제시하는가? 그리고 효용은 그들이 어떤 인간 기능을 갖고 있는지 알려주는가?

효용을 척도로 다루는 입장에 대한 이러한 비판은—최근의 경제학에 대한 철학적 비판에서 특히 강조되고 있는 집합성과 질적인 차이들에 대한 앞의 언급과 더불어—발전의 영역을 다루는 일련의 경제학자와 철학자 집단으로 하여금 삶의 질을 측정할 때 부유함이나 효용에 근거하기보다, 인간의 기능과 역량이라는 개념에 기초하여 접근하는 방식을 옹호하게끔 만들었다. (이러한 접근법은 철학자이기도 한 아마르티아 센의 경제학이 개척한 것이다.)[58] 이 아이디어는 사람들이 잘 살고 있는지를 이동성, 건강, 교육, 정치적 참여, 사회적 관계 등을 포괄하는 다양한 분야에서 우리의 삶의 형식이 이 모든 것이 잘 작동하게끔 하는지를 물음으로써 평가하고자 함이다. 이러한 접근법은 질적인 것을 양적인 것으로 환원하여 단순한 숫자로 해답을 제시하는 것을 거부한다. 또한 단순히 한 개인이 얼마만큼의 자원을 조달할 수 있는지를 묻기보다는, 개별적이면서 질적으로 다른 개인들의 실질적인 기능적 역량에 대해 묻는 것을 고집한다. 왜냐하면 이 접근법은 각각의 개인들이 동등한 기능적 수준에 도달하기 위해서는 다양한 양의 자원이 필요하다는 것을 인지하고 있기 때문이다. 즉, 몸이 불편한 사람은 일상적인 이동이 가능한 사람에 비해 이동을 위한 보다 많은 자원이 필요하고, 활동 영역이 크고 움직임이 많은 사람은 작고 이동이 적은 사람에 비해 보다 많은 식량이 필요하다는 등의 차이가 있다는 것이다.[59] 그렇기는 하지만 이 방식 또한 모델화와 계량화를 허용한다. 예를 들어, 특정한 사회에서 이동에 장애가 있는 사람들이 가질 수 있거나 갖지 못하는 다양한 종류의 기능에 대한 접근가능성을 평가한다거나, 혹은 다양한 체구, 나이, 직업의 사람들이 필요로 하는 다양한 음식량을 측정한다거나, 또는 계급적 구분이 정치 참여의 가능성을 저해하는 방식을 연구한다거나 하는 식으로 말이다. 핀란드나 스웨덴 정부는 실제로 인구 불평등 정도를 연구할 때 이렇게 질적 차이에 근거한 다층적인 측정법을 사용하고 있다. 이는 이 측정 방식이 효과적일 수 있음을 증명하는 사례다.[60] 이러한 측정 방식은 사실상 단일하기보다는 다층적이고, 질적으로 균일하기보다는 다원적이다. 이 지점은 센과 내가 (한계는 있겠지만) 분명 논의를 진전시킨 부분이라 할 수 있다.

시적 정의

이제 내가 주장하고 싶은 바는 『어려운 시절』과 같은 소설이 이러한 평가의 패러다임이 된다는 것이다. 대중의 삶을 다양하고 풍부한 질적인 구분, 개인의 기능 및 기능에 장애를 초래하는 요소에 대한 다층적인 설명 등을 통해 보여주고, 또한 인간의 욕구와 기능에 관한 일반적인 개념을 지극히 구체적인 맥락 안에서 사용하면서, 소설은 삶의 질을 평가하는 데 필요한 형태의 정보를 제공해주며, 독자로 하여금 평가를 내리는 과정에 참여하도록 이끈다. 그리하여 이는 이후의 양적인 평가에 근거한 단순화된 모델이 형성되어야 할 범위 내에서, 공적인 업무에 적합한 종류의 상상력의 틀을 보여준다. 동시에 이는 공적인 삶뿐만 아니라 사적인 삶에서도 그러한 평가를 현명하게 하기 위해 필수적인 상상력의 능력을 길러주면서 동시에 그한 예를 제시한다.

『어려운 시절』은 가장 핵심이 되는 인물 중 한 명을 환기시킴으로써 끝을 맺는다. "독자 여러분! 여러분과 나의 인생에서 유사한 일이 벌어질지 안 벌어질지는 여러분과 나에게 달렸습니다. 그런 일이 우리 인생에서 일어나도록 합시다! 그러면 우리는 좀 더 가벼운 마음으로 난롯가에 앉아서 재가 하얗게 식어가는 광경을 지켜볼 것입니다." 비록 서로 다른 삶의 공간에 있지만 친구이자 동료인 독자에게 말을 건넴으로써 저자의 목소리는 주인공의 운명에 대한 독자의 연민 섞인 의문이 그들 자신으로 향하게끔 돌려놓는다. 그들 또한 죽음을 향한 길 위에 있으며, 그들 또한 불 속에서 공상의 형상들과 인간 삶의 개선을 위해 그들이 제안한 번영을 발견할 수 있는 기회가 있다는 사실을 상기시키면서 말이다. 소설 속 이 말은 옳다. 그러한 일이 일어날지 말지는 우리에게 달려 있다. 소설이 주장하는 바는 시민의식의 이론과 실천 모두에 있어 문학적 상상력이 필수적인 부분이라는 것이다.

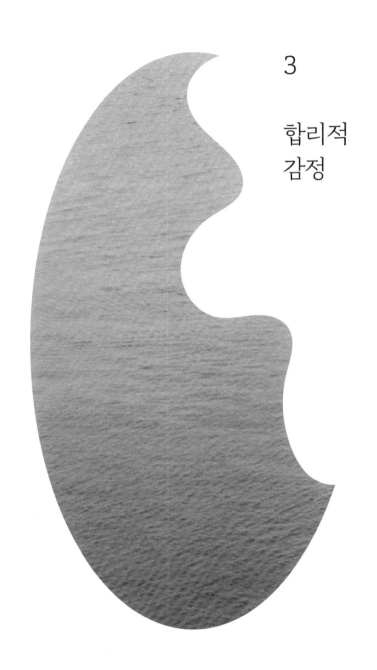

3

합리적
감정

"비쩌," 그래드그라인드 씨가 좌절하여 비참할 정도로 고분고분한 태도로 말했다. "자네에게도 심장이 있나?"

"심장이 없으면 피가 순환하지 못하지요, 선생님." 비쩌는 이상한 질문을 받자 웃으며 대답했다. "혈액순환에 관해서 하비[심장의 기능과 혈액 순환에 대해 밝힌 윌리엄 하비(1578~1657)]가 입증한 사실을 아는 사람이라면 저에게 심장이 있다는 사실을 의심할 수 없을 겁니다."

"자네 심장이 동정심의 영향을 조금이라도 받을 수 있겠나?" 그래드그라인드 씨가 소리쳤다.

"이성의 영향은 받지만 다른 것의 영향은 받지 않습니다, 선생님." 그 훌륭한 젊은이가 대꾸했다.

— 찰스 디킨스, 『어려운 시절』 중에서

오직 이성만을

문학은 감정과 결부되어 있다. 소설의 독자들과 연극의 관객들은 이러한 작품 속 공포, 비애, 연민, 분노, 기쁨, 환희, 심지어 동정 어린 사랑에 이끌린다. 감정은 문학 작품의 내용에 대한 단순한 반응이 아니다. 감정은 문학적 형식들이 관심을 이끌어내는 방식과 같이 작품의 구조 자체에 설계되어 있다고 할 수 있다. 플라톤은 시인과 철학자 사이의 '오래된 대립'을 묘사하면서 이 점을 명확하게 지적했다. 즉, 서사시와 비극 작가들은 영웅을 완벽하지 않게 그렸는데, 예를 들면 재앙이 닥쳤을 때 극심히 고통받는 모습으로 그들을 묘사함으로써 독자들을 유혹했다. 공감과 동일시를 활용한 작가들의 장치 때문에 독자나 관객은 영웅이 겪고 있는 일과 자신에게 일어날 법한 일들이 비슷하다고 느끼면서 영웅들의 역경, 심지어 그들이 갖는 공포심에 대해 연민과 두려움을 함께 경험한다. 그래서 플라톤은 (그가 보기에) 유해한 이 감정적 요소들을 비극에서 제거하는 것이 결코 사소한 문제가 아님을 정확하게 알고 있었다. 왜냐하면 그것은 장르 자체의 특성, 즉 무엇이 중요한지, 알맞은 구성은 어떤 것인지, 인간 삶의 핵심적 부분으로서 어떤 것에 주목해야 하는지 등에 대해 알려주기 때문이다. 감정적 요소들을 제거하기 위해서는 구성을 다시 잡아야 하고, 주인공들을 다시 만들어야 하며, 전개되는 이야기(혹은 충분히 고쳐진 비#이야기$^{non-story}$)에 관객을 잡아놓는 흥미의 본질을 재구성해야 한다.

이는 사실주의 소설에서도 유사하게 지적될 수 있다. 디킨스가 말했듯이, 이러한 소설들은 "인간의 희망과 두려움"에 대한 이야기이다. 소설이 제공하는 흥미와 즐거움은 "자신과 비슷한 사람"에 대한 독자의 공감하는 관심과 그들을 괴롭히는 갈등과 좌절로부터 분리될 수 없다. 그러나 문예가를 공적 영역에서 추방하고자 했던 플라톤에게 의문을 제기하고 싶은 문학 애호가라면 자신의 입장을 주장하기 위해 감정에 대한 옹호와 공적 합리성에 기여하는 감정의 속성을 변호할 수 있어야 할 것이다.

오늘날에도 이러한 변호는 여전히 절실하다. 비쩌가 구분한 감정과 이성의 대립은 오늘날 우리의 공적 담론에 있어 아주 일반적인 사실이 되어버렸다. 비록 감정이 무엇인지를 정의하는 데 실패하고,

시적 정의

'이성'과 '합리적'이라는 것의 기술적이고 규범적인 사용의 구분이 모호하게 됨으로써 이 구분의 개념적 가치가 손상되었지만 말이다. 비쩌는 이성이 그래드그라인드의 경제학적 개념에 의해—공감과 감사와 같은 감정적 요소들을 배제하는 이성에 의해—정의되는 것을 당연하게 여긴다. 그렇게 되면 극히 논쟁적인 이 개념은 더 이상의 논의 없이 마치 규범인 것처럼 사용되고, 그리하여 그때부터는 이성이 배제하는 것은 모두 불필요하거나 심지어 경멸할 만한 것으로 여겨진다. "이성의 영향은 받지만 다른 것의 영향은 받지 않습니다, 선생님"이라고 그는 진정 자랑스럽게 뽐내며 말하게 되는 것이다.

비쩌의 현대적 계승자들도 이와 똑같은 입장을 취한다. 법경제학 운동의 개척자인 리처드 포스너는 1981년 발행된 자신의 책『정의의 경제학*The Economics of Justice*』에서 자신은 "사람들을 만족을 극대화하고자 하는 합리적인 존재들"로 간주할 것이라며 이야기를 시작하고 있다. 그는 합리적 존재라는 개념에 대한 설명 없이, 이 개념을 마치 정립된 규범이자, 이 규범은 감정에 기초한 모든 의사 결정을 배제하는 것으로 주장하면서, 경제적 분석을 인간 삶의 모든 분야에 확대하려는 자신의 제안을 정당화한다.

사람들은 오직 혹은 대부분 시장에서 거래를 할 때에만 합리적이며, 그들이 삶의 다른 활동들, 예를 들면 결혼, 소송, 범죄, 차별, 개인 정보의 은폐 등에 관여할 때에는 그렇지 않다고 가정하는 것은 타당한가? (…) 하지만 확신하건대 많은 독자들은 직감적으로 이러한 선택들을 (…) 합

리적 결정보다는 감정적인 결정들이 내려지는 영역에 놓여 있는 것으로 간주할 것이다.[1]

다시 말해 그의 주장에 따르면, 우리는 사람들의 결정을 오직 그것이 공리주의적 합리성의 극대화 개념과 일치하고, 감정적인 요인들의 영향을 받지 않는다는 것을 보여줄 수 있을 때에만 규범적인 의미에서 합리적인 것으로 존중할 수 있다는 것이다. (포스너는 감정 혹은 그것이 갖는 믿음과의 관계에 대해서는 어떠한 설명도 제시하지 않는다.) 이러한 개념에 따르면, 특정한 형태의 감정들은 대개 훌륭한 결정의 본질적인 요소가 된다고 주장하는 디킨스의 소설과 같은 작품은 우리를 잘못된 방향으로 이끄는 유해한 작품이다. 그래드그라인드 씨가 열렬히 비난한 "나쁜 책"이 되는 것이다.

감정에 대한 이러한 명예훼손은 공적 합리성에 대한 이론적 공리주의의 저작들에 국한되는 것은 아니다. 어떠한 형태로든 감정은 공적인 실천에 있어 중요한 역할을 한다. 예를 들어, 캘리포니아 주가 제시한 배심원들의 판결 기준에 대한 지침을 살펴보자. 평결 단계에서 배심원단은 "그 어떤 감정, 추측, 동정, 열정, 편견, 대중의 견해나 분위기에 절대 동요되어서는 안 된다"[2]고 주의를 받는다. 브레넌[William Brennan, Jr.] 판사*가 풍부한 예를 통해 묘사하였듯이, 그러한 지

---

* 1956년 아이젠하워 대통령에 의해 임명된 미국연방대법원 판사 윌리엄 브레넌(1906~1997)은 재직시 헌법 해석을 상당히 자유롭게 한 것으로 유명하며, 진보적인 대법관으로 정평이 나 있다.

침은 배심원이 판결에 도달함에 있어 감정적인 요인들에 대한 전적인 배제를 수반하는 것으로 검사와 배심원 모두가 일반적으로 이해하고 있는 부분이다. 이 대표적인 사례에서 배심원은 가중 혹은 경감 요인을 평가할 때 "감정, 동정, 연민, 분노, 증오 혹은 이와 같은 어떤 것에도 좌지우지되어서는 안 되는데 이러한 기준에 근거하여 결정을 내릴 경우 합리적이지 않기 때문"이라고 교육받는다. 검사는 이어서 말한다. "모든 우리의 감정을 완전하게 걸러내어, 합리적인 기준에 근거해 결정을 내리는 것은 매우 어렵다." 이에 덧붙이길, "하지만 이것이 바로 훌륭한 배심원이 취하는 방식이다"라고 단언한다.[3] 브레넌 대법관이 설득력 있게 주장하였듯이, 이렇게 감정을 걸러내는 과정은 평결에 대한 합리적인 판단을 위해 사실상 필수불가결한 피고의 배경과 성격에 대해 공감하며 내리는 평가 요소들을 제거하고, 전통적으로 그러한 판단이 포함해야 하는 것으로 이해되어왔던 핵심적인 부분을 배제시킨다. 그러므로 감정과 이성 사이의 아직 제대로 검토되지 않은 대비를 명확히 하는 것은 법에 있어 실질적인 변화를 가져올 수 있을 것으로 보인다.[4]

감정에 반대하다

감정은 규범적 의미에서 비합리적이며, 따라서 공적인 숙고 과정의 지침이 되기에 부적절하다는 비판에 답하기 위해서, 나는 우선 그러한 비판을 보다 명확히 하고자 한다. 감정에 대해서는 아주 다양한 비판적 논쟁이 제기되어왔는데, 모든 의견은 '비합리적'이라는 용어로 간추릴 수 있다. 몇몇 경우에 이러한 논변들은 명확히 구별될 뿐 아니라, 감정이 무엇인지에 대해 서로 양립할 수 없는 견해들에 근거하고 있다. 그래서 모든 변호는 이들을 구별해주는 것으로 시작해야 한다. 나는 크게 감정에 대한 네 가지 반대 견해들을 살펴보고자 한다. 내가 생각하기에 이들은 문학의 공적인 역할에 대한 논쟁과 가장 밀접한 관련이 있는 것들이기 때문이다.

첫째, 감정은 이성적 추론과 전혀 (혹은 그다지) 관련 없는 맹목적인 힘이라는 견해이다. 이 입장에 따르면 세찬 돌풍이나 부풀어 오르는 바다 물살처럼 감정은 행위 주체를 마구 흔들어 불합리한 비사유unthinking의 기운으로 이끈다. 감정은 반성이나 판단을 그 안에 포함하지 않고, 이성의 판단에 그다지 반응하지 않는다. (감정에 대한 이러한 묘사는 때때로 감정을 '동물적인' 것으로, 우리 안의 온전하지 못한 인간 본성을 묘사하는 것으로 설명한다. 또한 이는 감정이 왠지 '여성적인' 것이고, 이성은 '남성적인' 것이라는 생각으로 이어진다. 아마도 이는 여성은 동물적이고 본능적인 것에 가깝고, 그것이 신체 안에 내재된 것으로 여겨지기 때문이리라.) 감정에 대한 이러한 시각이 어떻게 신중한 시민과 훌륭한 재판관의 삶을 묵살하는 것으로 이끄는지는 쉽게 알 수 있다. 이렇게 묘사된 형태의 힘들은 훌륭한 판단을 방해하는 요소로 보이고, 그러한 힘들이 개인에게 가하는 지배는 분명 개인이 시민으로서 역할을 수행하는 데 적합한지를 문제 삼는 것처럼

시적 정의

보인다.

　서양 철학 전통에서 감정에 반대하는 논쟁은 주요 작품들 속에서 아주 다양하게 다루어진다. 여러 형태의 논의를 플라톤, 에피쿠로스, 그리스와 로마의 스토아 학파, 스피노자 등에서 찾아볼 수 있다. 이 철학자들은 모두 첫 번째 반론의 기저에 놓인 감정에 대한 시각과 양립불가능한 입장을 고수한다. 다시 말해, 그들은 감정이란 판단과 매우 밀접한 관련이 있다고(혹은 어떤 경우에는 동일하다고) 주장한다. 그래서 판단력의 결여는 전혀 문제되지 않는다. 오히려 문제는 그러한 판단이 틀렸다는 것이다. 틀린 이유는 그것이 한 사람의 덕이나 합리적 의지에 의해 완전히 제어되지 않는 사건들과 타인들에게 지나치게 높은 가치를 부여하기 때문이다. 이는 결국 개인의 불완전성과 취약함에 대한 인정과 같다. 두려움이란 미래에 일어날 수 있는 커다란 나쁜 일이 있고, 또 개인이 그것을 예방하기에는 역부족이라는 생각을 내포한다. 또 비애란 누군가에게 지극히 소중한 사람 혹은 사물을 잃어버렸다는 생각을 담고 있으며, 분노는 큰 가치를 부여하는 어떤 것이 다른 사람에 의해 심하게 손상되었다는 생각을 함축한다. 그리고 연민이란 타인이 스스로의 잘못에 의한 것도 아니고 그들 자신의 책임 너머에 있는 것들에 의해 적지 않은 고통을 받고 있다는 생각을 내포하며, 희망이란 미래의 행복이 철저하게 누군가의 통제 하에 있지 않다는 생각을 함축한다.

　이러한 모든 경우에서 보듯이, 감정은 인간 삶을 결핍되고 불완전한 것으로, 또 문제의 빌미가 될지도 모르는 어떤 것을 담고 있는 것으로 그린다. 감정은 아이들, 부모님, 연인들, 동료 시민들, 국가, 개인의 신체와 건강 등에 결부되어 있으며, 이러한 것들은 감정이 작용하는 물질적인 대상들이다. 그리고 이를 분열시키는 우연의 힘을 고려할 때, 이러한 관계는 인간 삶을 상처받기 쉬운 연약한 사건으로 만든다. 이 속에서는 완벽한 통제가 가능하지 않을 뿐더러—이렇게 결부된 사람들이 갖는 애착의 가치를 고려할 때—바람직하지도 않다. 하지만 감정에 반대하는 철학자들에 따르면, 세상에 대한 그러한 묘사는 사실상 틀린 것이다. 소크라테스가 말했듯이, "훌륭한 사람은 해를 입지 않는다." 덕과 사유만이 진정한 가치를 가지며, 개인의 덕과 사유는 운에 의해 해를 입지 않는다는 것이다. 이를 표현하는 다른 방식은 훌륭한 사람은 완전하게 자기 충족적$^{self-sufficient}$이라고 주장하는 것이다.

이 논쟁은 안정성^{stability}이라는 개념을 통해 첫 번째 주장과 관련이 있다.[5] 이러한 철학자들이 주장하길, 훌륭한 재판관은 안정적이고, 운이나 유행의 흐름에 동요되지 않는 자이다. 하지만 감정에 사로잡힌 사람들은 자신의 좋음에 관한 중요한 요소를 외부에 두기 때문에 행운의 돌풍과 함께 변할 것이고, 그래서 이들은 세계 자체가 그러한 것처럼 그다지 신뢰할 만하지 않다. 때로는 희망적이고, 때로는 눈물짓고, 때로는 침착하고, 때로는 극단적 비탄에 빠져들기도 하기에, 현명한 이의 안정성과 우직함을 결여하고 있다고 할 수 있다. 반면 현명한 이는 자신의 덕이 가리키는 확고한 항로에서 일관되고 안정된 기쁨을 취하는 자이다. 그렇기에 이러한 두 번째 묘사는 첫 번째 비판과 같은 결론들로 이끈다. 하지만 두 가지 경우에 있어 결론들의 근거가 어떻게 다른지에 대해서는 지적할 필요가 있다. 첫 번째 견해에서 감정은 가르쳐진 것도 아니고 신념 안에 구현된 것도 아니다. 반면 두 번째 견해에서 감정은 가치를 판별하는 신념들에 따라 가르쳐진 것이다. 첫 번째 것에서 감정은 학습될 수도 완전히 제거될 수도 없지만, 두 번째 것에서는 모두 가능하다. 첫 번째 것에서 감정은 비사유의 내재적 구조로 인해 불안정하지만, 두 번째 것에서 감정은 불안정한 외부의 사물들에 중요성을 부여하는 생각들이기에 불안정한 것이다.

두 번째 반대 견해가 바로 플라톤으로 하여금 이상적인 도시로부터 현존하는 대부분의 문학을 추방해야 한다고 주장하게 만든 이유이기도 하다. 또한 이것이 스토아 학파가 자신의 제자들에게 오직 안전하고 비판적인 거리를 둔 관점에서만 문학에 집중하도록 가르치게 한 이유이다. 돛대에 몸이 묶인 채 사이렌의 노래 소리를 들을 수는 있지만 그에 동요되지는 않는 오디세우스와 같이 말이다. 또한 이는 스피노자로 하여금 독자와의 소통 방식을 최대한 문학과는 거리가 먼 형태를 택하게 했다. 기하학적 방법, 즉 그가 말했듯 "인간의 행위와 욕망을 마치 선분들, 평면들, 혹은 물체들을 다루듯 간주하도록" 만든 것이다. 많은 작가들이 지적했듯이, 대부분의 위대한 문학은 독자들을 좋음이나 불행에 연루시키면서 유한하고 취약한 인간에게 닥칠 사건들을 매우 중요한 것으로 다루었다. 이는 패트로클루스Patroclus의 죽음에 슬퍼하는 아킬레스Achilles와 같은 영웅을 그러한 불행들을 대수롭지 않게 여기는 모습이 아니라, 흙탕물 속에서 뒹굴며 울부짖는 모습으로 보여준다. 그래서 이는 독서나 시청이라는 고유의 행위 속에서 해로운 욕망을 끌어내고, 독자들에게 자신의 삶에 적용할 수 있는 사유의 불편한 패러다임을 제공한다. 다시 말해, 우리는 이것의 방점이 단순히 문학의 **내용**에 있는 것이 아니라, **형식**에 있는 것임을 주지해야 한다. 왜냐하면 앞서 언급했듯 비극 장르는 비애, 연민, 두려움에 관한 것이기 때문이다. 그리하여 그것의 고유한 형태, 그리고 등장인물과 이야기 구조의 특징적인 선택은 합리적인 자기 충족성을 가르치고자 하는 철학적 시도에 대한 전복인 것이다.

이어질 논의에서 보다 명확해지겠지만, 나는 첫 번째 반대 견해보다 두 번째 반박을 훨씬 선호하는데, 왜냐하면 두 번째 반대 견해가 감정과 신념 혹은 판단 사이의 관계에 대해 더욱 깊이 있고 보다 나은 논변에 기초하고 있다고 생각하기 때문이다. 하지만 감정에 대한 이러한 분석을 받아들이면서도, 감정들은 (규범적인 의미에서) 비합리적이며, 따라서 합리적으로 숙고하기 위해서는 이를 철저하게 피해야 한다는 스토아 학파의 결론을 거부할 수 있다는 것은 이미 분명해졌다. 주지하다시피 이러한 결론은 본질적이고도 매우 논쟁적인 윤리적 관점에 근거한 것이기 때문이다. 이에 따르면 사랑하는 이들, 국가, 그리고 자아 밖에 있는 여타 독립적인 항목들과 관계 맺지 않고는 진정한 가치란 있을 수 없다. 하지만 누군가는 이에 반박할 것이다. 그러고는 참이라고 판단한 감정들에 포함된 가치 평가적

시적 정의

판단을 유지하면서, 실천적인 추론에 있어 그러한 판단에 의지할 수 있기를 희망할 것이다.[6]

세 번째 반대 견해는 공적 숙고에 있어서 감정의 역할을 공격하는 입장이다. 이는 사적인 삶에서 감정에 대한 존중과 양립 가능한 것이기도 하다. (이는 감정이 외적 사물에 대한 가치 판단과 밀접하게 연관된 것이라는 두 번째 반대 견해를 주장하는 이들의 분석과 양립 가능한 것이지만, 감정은 모두 사유를 결여하고 있다는 첫 번째 반대 견해와는 양립 가능하지 않을 것이다.) 이 반대 견해들이 비판하듯, 감정은 개인의 실질적인 유대 관계나 애착에 주목한다. 특히 이는 구체적인 사물이나 자신과 가까운 사람을 향하기 마련이다. 감정은 사물을 많은 다양한 것 중 하나로서 추상적으로 여기는 것이 아니라, 특별한 것으로 여긴다. 이 특별함은 최소한 부분적으로는 당사자의 삶에서 갖는 의미에 따른 것이다. 감정은 언제나 마음 가까이에 있으며, 말하자면 1인칭 시점을 내포한다. 그래서 사랑은 친밀한 관계에 있는 사람에게 커다란 가치를 부여하고, 사랑의 강도는 대개 주체와 대상 사이의 연결이나 소통이 있는지 여부에 의존한다. 또한 비애는 상실에 따르는 슬픔으로서 한 개인의 삶의 뿌리가 흔들리는 것처럼 느껴지는 것이다. 공포는 흔히 전적으로 자기중심적인 것이거나 친구, 가족, 연인 등을 대신하여 느끼는 것이다. 분노는 자신에게 중요한 무언가에 모욕이나 해가 가해졌을 때 일어나는 감정이다. 이 모든 경우에 있어, 감정들은 자아 가까이에 놓인 개별적인 것들에 도덕적 상상력을 결부시킨다. 감정은 인간의 가치나 심지어 고통까지도 공명정대한 방식으로 보지 않는다. 그것은 자신과 동떨어진 삶, 보이지 않는 고통들에 대해서는 동요하지 않는다. 그래서 이는 공리주의적 관점이나 칸트주의적 도덕 이론의 관점 어느 쪽에서 보든—설령 감정이 여전히 한 가정家庭 내에서는 어느 정도 가치를 지닌다고 하더라도—감정들을 합리성이라는 공적 규범으로부터 배제하는 데에 충분한 이유가 된다. 심지어 더욱 보편적으로 보이는 연민의 경우에도 마찬가지다. 최소한 아리스토텔레스의 분석에 따르면, 연민 또한 1인칭 화법을 내포하고 있기 때문이다. 즉, 개인의 가능성들이 고통을 받는 자들의 것과 유사하다고 생각하는 것이다. 이러한 견해에 따르면, 소설은 감정들을 불러일으키고 또 강화함으로써 타인의 고통에 대해 자아 중심적이고 불평등한 형태의 관심을 부추기는 것이 된다. 그래서 계산적 지성과 그것이 내재된 산문의 공평성을 더 선호해야 한다는 결론이 나오는 것이다. 왜냐하면 여기서 각 개인은 하나로 고려되며, 누구도 하나 이상으로 고려되지 않기 때문이다.

이와 아주 밀접한 관련을 맺고 있는 네 번째 반대 견해는 감정들이 개별적인 것들을 지나치게 신경 쓰며, 보다 큰 사회적 단위, 예를 들면 계급과 같은 것에는 관심을 갖지 않는다는 주장이다. 이러한 지적은 소설을 정치적 성찰에 있어 전적으로 부적합한 도구로 만들고자 하는 많은 마르크스주의자들과 여타의 정치 사상가들에게서 나타난다. 몇몇 다른 견해에서 소설은 비판적인 정치적 고찰에는 적합하지 않은 부르주아적 개인주의에 봉사하는 도구로 간주된다. 어빙 하우Irving Howe는 헨리 제임스에 반대하면서 이 점을 지적했다. 즉,

시적 정의

개별적인 것들의 섬세한 지각에 대한 강조와 미세한 감정에 대한 엄밀한 탐구가 "행동의 집단적 형태"[7]인 정치적인 것을 이해하는 데 무능을 드러냈다는 것이다. 도리스 레싱[Doris Lessing]의 『황금 노트북[The Golden Notebook]』에서 마르크스주의 소설가로 나오는 여주인공은 마르크스주의자인 친구들로부터 이와 관련한 반박에 직면한다. 즉, 소설에 대한 그녀의 애착과 감정의 구조가 부르주아 세계에 대해 버리지 못한 집착을 무심코 드러내는 것이자, 이는 그녀의 정치적 입장과 모순된다는 비판이다. 다른 몇몇 반론에 따르면 소설은—자신의 영역을 넘어서지 않는 한에서—사적인 영역에서 충분히 유용한 것으로 간주된다. 그런데 정치적인 것으로부터 분리된 윤리적 영역의 존재를 인정하지 않는 마르크스주의적 해석에 따르면 소설은 모두 무가치한 것이다.

이러한 네 가지 반론은 모두 제각기 심오한 것들이다. 이 모든 것에 답하기 위해서는 분명 감정에 관한 이론 전체를 면밀히 검토하고 또 변호하는 작업이 요청된다. 이 작업을 여기에서 다룰 수는 없다.[8] 대신 네 가지 반론에 대한 타당한 답변들을 제시한 다음—우리가 진정 신뢰할 만한 감정들에 의지하고 있다고 확신하기 위해—어떻게 공적 감정이 탁월하게 걸러지고 선별될 수 있는지를 묻고자 한다.

반론에 답하며

맹목적인 동물적 힘으로서의 감정

첫 번째 반론은 감정이란 규범적인 의미에서 비합리적인 것, 즉 선택에 있어서 나쁜 지표라는 주장이다. 왜냐하면 넓은 기술적인 의미에서조차 감정은 이성을 취하지 않기 때문이라는 것이다. 이때 감정은 대상에 대한 지각을 포함하지도 않고, 믿음에 의거하지도 않는 단지 맹목적인 충동이 된다. 이러한 입장은 시간을 투자할 가치가 거의 없다. 왜냐하면 이 반론은 자신의 가장 주된 탐구를 감정에 몰두했던 위대한 철학자들에게서조차—다른 이유에서 감정을 강하게 적대했던 철학자들까지 포함하여—별반 지지를 받지 못했기 때문이다. 이제는 한때 주목받기도 했던 인지심리학이나 인류학에서조차 크게 신빙성을 잃었다.[9] 하지만 이러한 입장은 감정에 대한 많은 비공식적인 사유와 담론에 의해 여전히 지지받고 있는데, 이는 초기 행동주의나 경험주의 이론의 유산이라 할 수 있다. 그러므로 무엇이 이렇게 지지받지 못하는 견해를 널리 받아들여지는 결론으로 이끌었는지에 대해 언급하는 것은 유의미해 보인다.

플라톤, 아리스토텔레스, 그리스 및 로마의 스토아 학파, 스피노자, 애덤 스미스 등 많은 서양 철학자들은 비애, 사랑, 공포, 연민, 분노, 희망 등의 감정을 배고픔이나 갈증과 같은 육체적 충동과 욕구로부터 구분하는 것이 매우 중요하다는 것에 동의했다.[10] 이러한 구분은 두 가지 방식으로 이루어진다. 첫째, 감정은 그 자체 내에 대상

시적 정의

을 향한 방향성을 내포하고 있고, 감정 안에서 대상은 의도적인 기술^{description}에 의해 나타난다. 다시 말해, 대상은 감정을 경험한 사람에게 나타나고 또 지각되듯 감정 안에 각인된다. 나의 분노는 단순히 피가 들끓는 충동이 아니다. 이는 누군가를 향해 있는 것이다. 말하자면 나에게 해를 끼친 것으로 보이는 사람을 향해 있는 것이다. 내가 그를 바라보는 방식은 그 자체로 내 감정의 본질에 내재되어 있다. 고마움이라는 감정은 나의 좋음과 관련된 사람에 대한 상반되는 입장을 포함하고 있다. 고마움으로부터 분노를 구분하는 것은 이러한 반대되는 지각에 대한 설명을 필요로 한다. 이와 관련된 의미에서 사랑은 맹목적이지 않다. 사랑은 그 대상을 특별한 경이로움과 중요성이 부여된 것처럼 지각한다. 다시 말해, 대상을 지각하는 이러한 방식은 감정의 특성에 있어 본질적인 것이다. 증오는 그렇게 반대되는 지각의 특성에 의해 사랑과 차이가 나는 것이다. 요컨대 감정은 최소한 그 어떤 것이든 부분적으로는 지각 방식을 의미한다.

둘째, 감정은 또한 대상에 대한 특정한 믿음과 긴밀한 관련이 있다. 앞서 언급한 철학적 전통에는 감정과 믿음 사이의 정확한 관계에 대해 여러 의견이 존재한다. 몇몇은 믿음이 감정에 대한 필요조건이라고 주장하고, 몇몇은 서로 필요충분조건이라고 주장하며, 몇몇은 믿음이 감정을 구성하는 요소라고 주장하고, 또한 몇몇은 감정이란 특정한 종류의 믿음이나 판단이라고 주장한다. 그러므로 모두가 동의할 수 있는 가장 온건한 견해에서 시작해보자. 즉, 감정이란 어떤 종류의 믿음에 매우 민감하게 반응함으로써 그것 없이는 구현

될 수 없다는 주장을 보자. 무엇이 철학자들로 하여금 이 견해를 받아들이게 했는가? 다시 분노의 감정을 살펴보자. 화가 났다는 것은 내가, 혹은 나에게 소중한 사람이나 사물이 다른 사람의 고의적인 행동에 의해 모욕을 당하거나 해를 입었다는 믿음을 필요로 한다. 만약 그런 복합적인 믿음의 어떤 중요한 부분이 더 이상 나에게 참인 것으로 보이지 않는다면, 다시 말해 만약 누가 해를 입었는지, 고의로 그랬는지, 실제 일어난 일이 사실상 해를 입은 것이 맞는지 등에 대한 나의 시각이 바뀐다면, 그에 따라 나의 분노는 누그러지거나 방향이 바뀔 것을 기대할 수 있다. 이는 다른 중요한 감정들에도 똑같이 적용된다. 공포는 나 자신 혹은 나에게 중요한 사람들에게 중대한 피해가 미래에 일어날 수 있다는 믿음과 이러한 피해를 내가 막을 수 없다는 믿음을 필요로 한다. 연민이라는 감정이 성립하려면 타인이 그 자신의 잘못이 아니라 자신의 잘못 너머에 있는 것으로 인해 명백히 고통받고 있다는 믿음을 필요로 한다. 여기서 논의되는 믿음들, 특히 가치나 의미와 관련이 있는 것들은 한 개인의 심리에 깊이 뿌리박고 있기에 이를 제거하는 것은 단번의 논의로 가능하지 않을 것이다. 하지만 이러한 믿음 없이는 어떠한 감정도 뿌리를 내릴 수 없는 것은 분명하다.

대부분의 전통적인 사상가들은 여기서 더 나아간 논의를 펼친다. 즉, 문제시되는 믿음들 역시 감정의 구성 요소이자, 특정한 감정을 규정짓고 또 다른 감정들과 구별 짓게 해주는 것이라는 주장이다. 분노, 공포, 연민 등의 복합적인 감정들을 단순히 그것이 느껴지는 방식으로 구별하거나 정의내릴 수 있다는 것은 결코 타당해 보이지 않는다. 특정한 고통이 공포인지 비애인지 설명하기 위해서 우리는 경험과 깊이 연관되어 있는 믿음들을 검토해야 하는 것이다. 마찬가지로 특정한 행복의 느낌을 사랑 혹은 고마움으로 불러야 하는지 구별하기 위해서도 우리는 느낌뿐만 아니라 이에 동반하는 믿음 또한 세밀하게 검토해야 한다. 이러한 이유로 철학적 전통에서 볼 때, 일반적으로 감정에 대한 정의는 느낌뿐만 아니라 믿음까지도 포함하는 것이다.

그러므로 많은 사상가들에게 앞서 언급한 믿음들은 대부분 감정에 충분히 필요한 것으로 여겨져왔다. 다시 말해, 만약 내가 당신에게 B라는 사람이 당신 뒤에서 당신 욕을 해왔다는 사실을 믿도록 만들고, 그래서 당신이 그가 한 모욕이 당신에게 중대한 피해를 준다고 믿는다면, 이는 당신이 B에 대해 분노를 느끼도록 만들기에 충분할 것이다. 이렇게 된다면 내가 당신의 마음에 불을 지필 필요조차 없다. 어떤 불길이 생기든 간에, 이는 모욕에 대한 분노이고, 이는 그 모욕을 인식함으로써 충분히 만들어질 수 있다. 수사학에 대한 고대의 많은 연구는 이러한 발견에 근거하고 있고, 현대의 정치적 연설 또한 이와 다르지 않다. 조지 부시 대통령이 미국 대중으로 하여금 듀카키스[Michael Dukakis] 대통령 후보*의 상승세를 두려워하도록 만들

---

* 마이클 듀카키스는 1988년 미국 대통령 선거에서 민주당 후보로 지명되었으나 당시 공화당 후보였던 조지 부시에게 패배하여 낙선하였다. 이 선거는 상대의 약점이나 결함을 물고 늘어져 비난하는 방식의 네거티브 캠페인의 중요한 전환점으로 손꼽힌다.

고자 했을 때, 그는 대중을 깨어 있게 만들 필요가 없었다. 그가 해야 했던 것은 오직 듀카키스 후보가 대통령이 된다는 것이 손쓸 수 없는 중대한 위험을 의미한다고 대중이 믿게 만드는 것뿐이었다. 말하자면 윌리 호튼^{Willie Horton}*이 무고한 여성과 아이들을 먹잇감으로 삼아 도시를 자유롭게 다니는 것과 같은 두려움 말이다. 이러한 입장은 감정이 믿음과 더불어 다른 비인지적 요소들(말하자면 느낌이나 신체적 상태와 같은)을 내포한다는 견해와 양립 가능하다. 하지만 이는 연관된 믿음들이 이러한 추가적인 요소들의 충분 원인이라는 점을 주장하는 것과 같다.

스토아 학파의 위대한 사상가 크리시포스^{Chrysippus}는 여기서 한 단계 더 나아가, 감정은 특정한 형태의 믿음이나 판단과 동일한 것이라고 주장한다. 어떤 특정한 느낌이나 신체적 상태도 특정한 감정의 형태들에 절대적으로 필요한 것은 아니라는 것이다. 내가 보기에 이 견해는 아주 강력한 것이며, 처음 갖게 되는 생각보다는 훨씬 덜 반^反직관적이다.[11] 하지만 이를 옹호하는 것은 복잡한 문제이고, 또한 첫 번째 반론을 논박하기 위해 우리에게 필요한 것은 감정에 대한 약한 인지적 관점이므로 이 작업은 다음 기회로 미루고자 한다.

앞서 상술한 인지적 관점들은 여전히 몇몇 (혹은 심지어 모든) 감정

• 윌리 호튼은 살인죄로 종신형을 선고받고 교도소에 있다가, 메사추세츠 주의 주말을 이용한 일시적인 출소 제도에 따라 일주일간 풀려나 집으로 온 후에 다시 무기절도와 강간죄를 저질렀다. 조지 부시는 이 제도를 비롯하여 사형 제도 폐지를 옹호했던 듀카키스 후보를 공격하며, 윌리 호튼의 험상궂은 얼굴을 선거 광고에 활용해 대중의 공포를 조장하는 방법을 사용하였다.

이 규범적 의미에서 비합리적이라고 주장하기에 충분한 여지를 제공한다. 왜냐하면 감정은 이제 그와 연관된 믿음과 판단에 대한 분석을 통해 평가되어야 하기 때문이다. 이는 참일 수도 있고 거짓일 수도 있고, 그들의 목적에 적합할 수도 있고 부적합할 수도 있으며, 합리적일 수도 있고 비합리적일 수도 있다. (이는 앞서 말한 평가의 두 가지 독립적인 측면이다. 즉, 믿음이 참은 아니지만 합리적일 수 있다. 타당한 증거에 기반을 두어 구성하였지만 이는 틀릴 수 있기 때문이다. 또한 믿음이—이는 더 자주 일어나는 경우인데—참이지만 비합리적일 수 있다. 성급하고 무비판적으로 구성하였지만 참인 것으로 밝혀질 수 있기 때문이다.) 하지만 어떠한 경우에도 감정이 인지와 판단으로부터 완전히 동떨어져 있다고 하여 비합리적일 수는 없다.

감정에 대한 이러한 평가 방식—인지적 요소를 인정하고 나서 그것이 목적과 상황에 얼마나 적합한지를 묻는 방식—이 형법에서는 지배적인 전통이었다는 점은 중요한 지적일 것이다. 하나만 예를 들어보자면, 여기서 정당한 분노라는 개념의 보통법적 형성은 합리적인 사람이 그러한 상황에서 어떠한 반응을 보일 것인지를 물음으로써 피고의 분노가 갖는 적합성을 평가하기 때문이다. 몇몇 사건은 이성적인 사람에게 극도의 분노를 야기하는 것으로 판단되기도 한다. 예를 들어, 자신의 자식에게 저지른 범죄의 경우가 그렇다. 이러한 분노와 그것이 가져온 결과는 단순히 성질이 나쁘고 절제가 되지 않는 성품의 사람이 갖는 분노와는 다르게 법에서 다루어진다. 물론 '정당한 분노'를 통해 누군가 결과적으로 폭행을 저질렀다 하더라도

(그 폭행이 정당방위로 보여지지 않는 한) 그는 여전히 범죄에 대한 선고를 받게 될 것이다. 하지만 정당한 분노라는 개념이 있는 한 죄의 무게가 경감—예를 들면, 살인죄에서 고의적 과실치사로—될 수는 있을 것이다. 이러한 방식으로 보통법 전통에서는 감정을 단순히 무력으로 의지를 장악하는 맹목적인 힘이 아니라, 개인의 성품에 속한 요소로 취급한다. 즉, 이는 사람들에게 자신의 감정들을 합리적인 사람이 지닌 성품의 형태로 고쳐나갈 책임이 있다고 가정하는 것이다.[12]

요컨대 단순히 믿음이 틀릴 수 있다는 이유만으로 모든 믿음을 숙고로부터 제거할 이유가 없듯이, 단순히 감정이 틀릴 수 있다는 이유만으로 그것이 숙고에 부적합하다고 할 이유는 없다. 물론 이러한 종류의 인지적 태도가 몇몇 이유로 인해—그것의 내용이나 형성 방식 때문에—틀릴 가능성이 높다는 주장이 있을 수 있다. 그러한 주장은 충분히 가능한 것이고, 그래서 제대로 파악될 필요가 있다. 그중 가장 널리 알려진 주장을 따져보도록 하자.

결핍에 대한 인정으로서의 감정

이제 두 번째 반박인 고대 스토아 학파의 논의로 넘어가보자. 첫 번째 반론에 답하면서 나는 감정에 대한 스토아적 설명을 지지했는데, 이는 감정에서 대상 중심적 지향성과 특정 종류의 믿음과의 긴밀한 관계성—자신의 확실한 제어 밖에 있는 사물이나 사람에게 큰 의미를 부여하는 믿음—을 찾는 입장이다. 이러한 판단들을 의미 있게 만드는 것은 개인의 결핍과 자기 충족성의 부족을 인정하는 것이다. 이제 우리는 감정의 인지적인 측면을 보다 정확하게 파악할 수 있다. 즉, 그것은 주체로 하여금 특정 종류의 의미나 가치를 지각할 수 있게 한다는 것이다. 그러한 것들이 누군가에게 진정 가치 있는 것일 때, 감정은 온전한 윤리적 시각을 위해 필수적인 것이 된다. 루이자 그래드그라인드의 말처럼, 감정이 결여되었을 때 그녀는 "완전히 눈이 멀게" 되었던 것이다. 그녀의 이런 맹목은 가치에 대한 무지였다. 즉, 이는 그녀 바깥의 사물이 갖는 가치와 의미를 보지 못하고, 그녀가 무엇을 필요로 하고 또 필요로 하지 않는지를 보지 못하고, 또 타인과의 유대를 통해 어느 지점에서 자신의 삶이 완성되어야 하는지를 보지 못하는 무능과 같은 것이다.

하지만 그러한 결핍과 불완전성에 대한 인식은 좋은 것인가? 스토아 학파의 반박에 따르면, 사람들이 세상으로부터 깊은 필요를 느낀다는 믿음은 언제나 그릇된 것이다. 진정 유일하게 필요한 지혜는 그 자신으로부터, 그리고 자신의 덕으로부터 나오기 때문이다. 게다가 이렇게 그릇된 믿음들은 사회적으로 해가 되고, 자신감을 약화시키며, 행동의 안정감을 앗아간다. 이러한 그릇된 믿음들을 제거할 수 있다면, 삶은 훨씬 더 만족스러워질 것이다. 스토아 학파에게 이는 자신들의 어린 제자들이 문학 교육으로부터 습득해야 하는 세계관을 근본적으로 다시 쓰는 것을 의미했다. 그래서 그들은 극적인 이야기 대신에 자기 충족성과 객관성의 패러다임을 가져야 한다고 말한다. 훌륭한 사람의 삶에는 극적인 불안이나 긴장이 없기 때문이다. 스토아 학파의 에픽테투스^{Epictetus}는 "어리석은 자에게 우연한 사건이 닥쳤을 때, 어떻게 비극이 발생하는지를 보라"라고 썼다. 감옥에서 소크라테스가 보인 침착한 태도는 현명한 사람이 불행을 맞이하는 방식을 보여준다는 것이다. 이 예는 스토아 학파의 반비극적 영웅의 이상적인 모습이 되었다. 소크라테스에 대해서는 어떠한 전통적인 문학 작품도 쓰여질 수 없다. 왜냐하면 소크라테스는 자신을 둘러싼 사건들을 크게 연연해야 할 가치가 없는 것으로 대했기 때문이다. 그가 관심을 가졌던 유일한 '플롯'은 논쟁을 펼치는 것이었는데, 스토아 학파가 주장하길, 또한 이는 언제나 그 자신의 능력 안에 있는 것이었다.

이것은 윤리적 삶에 관한 심오한 시각이다. 심오한 이유는 우선 이 견해가 감정이 무엇인지에 대한—내가 거의 옳다고 믿는—강력한 개념에 근거하고 있기 때문이다. 또한 이것이 훌륭한 인간의 삶은 어떠해야 하는지, 어떤 종류의 취약함이 윤리적·정치적 삶이 요구하는 일관성과 양립 가능한지 등의 깊이 있는 질문을 제기하기 때문이다. 그리고 마지막으로 대부분의 엄밀한 철학적 사유가 그러하듯 이 견해는 독자에게 자신만이 갖는 논의의 구조를 보여주고, 그리하여 어떻게 논의하고 또 어떤 지점에서 논쟁을 해야 하는지 보여준다. 특히, 이 시각은 감정에 대한 지지자나 반대자 모두에게 감정에 반대하는 급진적인 결론이 극히 논쟁적인 자기 충족성과 객관성에 관한 규범적인 입장에 놓여 있음을 보여준다. 이러한 전제들에 의문을 제기해보자.

동정심(연민)의 감정을 살펴보자.[13] 오래전에 아리스토텔레스가 주장했듯이, 이 감정은 타인이 본인의 잘못이 아니거나 그 잘못 너머에 있는 원인으로 인해 극심하게 고통받고 있다는 믿음을 필요로 한다. 또한 그러한 동정심을 느끼는 자는 대부분의 경우 넓은 의미에서 자신도 (혹은 아리스토텔레스가 덧붙였듯, 그들이 사랑하는 이들을 포함하여) 그렇게 고통받는 이들처럼 될 수 있다는 가능성을 믿고 있다. 누구나 비슷한 고통을 받을 수 있다는 사실에 대한 인정은 전통적으로도 그렇고 충분히 타당한 이유로 선행과 연결되어 있고, (디킨스 소설의 비쩌가 그러하듯) 연민에 대한 거부는 매정하고 인색한 성향과 연결되어 있다.

동정심은 (이와 가까운 개념인 두려움도 마찬가지로) 불운의 많은 일반적인 형태—자식이나 사랑하는 사람의 상실, 전쟁의 고난, 정치적 권리의 박탈, 육체적 고통이나 결함, 자신이 죽을 것이라는 예상—가 사실상 중대한 의미를 가진다는 믿음에 근거한다. 동정심을 비롯하여 이와 관련된 감정을 인간 삶으로부터 제거하기 위해, 스토아 학파는 바로 그 근본적인 믿음을 제거해야 하는 것이다. 하지만 이에 대해 우리는 타인에게 일어나는 나쁜 일들에 우리가 깊은 관심을 가져야 하는 이유를 그들은 어떻게 설명하는지, 또 사회정의와 선행의 이름으로 이에 관여하고 또 위험을 감수하기도 하는 이유는 무엇인지 등을 물어야 한다.

자기 충족적인 덕의 개념에 근거한 철학적 입장들은 왜 선행이 중요한지를 설명하는 데 늘 어려움을 겪어왔다. 이들 중 그 어떤 위대한 사상가도 선행이 중요하지 않다고 주장하지는 않았지만, 소크라테스, 그리스 로마의 스토아 학파, 스피노자, 칸트 등에게―외적 좋음과 덕스러운 의지의 자기 충족성이 이와 도덕적으로 무관하다는 주장을 고려할 때―이를 지속적으로 권장하는 것은 쉽지 않았다. 스토아 학파가 그랬듯이, 연민을 거부하는 것은 통상적으로 대개 연민에 의해 촉발되는 행동의 동기들을 거의 남겨두지 않는다. 만약 그들이 아주 다른 동기들, 예를 들어 제우스의 의지에 대한 신실한 복종에 따라 행동했다면, 그것의 도덕적 품성이 앞의 것과 똑같다고 말하기는 어렵다. 사실, 연민에 포함된 가치 평가를 박탈당한 사람은 윤리적 정보를―이것 없이는 상황에 대해 적합하고, 합리적인 평가를 할 수 없는―박탈당한 것으로 보인다.

반면 디킨스 소설의 도덕적 시각은―대부분의 주류 사실주의 소설과 비극 드라마와 같이―인간 삶의 취약함이 갖는 중대한 의미와 삶에 있어서의 '외적 좋음external goods'에 대한 필요로부터 시작한다. 그래서 디킨스의 소설은 두려움, 고마움, 연민 혹은 동정심으로부터 시작하는 것이다. 사실 아리스토텔레스가 비극 작품에 대해 말한 것과 같이 주류 사실주의 소설에 대해 우리는 이렇게 말할 수 있다. 즉, 소설의 고유한 형식은 독자들을 타인의 고통과 불행에 대해 크게 관심을 가지고, 그러한 일이 본인에게도 있을 수 있다는 식으로 그들과 자신을 동일시하도록 이끎으로써 동정심을 형성한다고 말이다. 비극의 관객과 같이 소설의 독자들은 감정 이입과 연민의 감정 모두를 갖게 된다. 주인공에게 일어난 일들을 마치 그들의 입장에서 경험함으로써 주인공들의 역경에 감정을 이입하게 되고, 감정 이입을 넘어 주인공들의 불행이 매우 극심한 것이고 또 그들의 잘못에 의해 발생한 것이 아니라는 관찰자적 판단을 개입함으로써 연민이 생겨나는 것이다. 그러한 판단이 감정 이입의 관점에서 늘 얻어지는 것은 아니기에, 소설의 독자는 비극의 관객과 마찬가지로 동일시와 보다 외적인 형태의 공감 사이를 번갈아 오가야 한다. 연민에 대한 고대의 전통이 서사시와 비극에 대해 주장했던 것을 이제는 소설에도 적용할 수 있을 것이다. 즉, 이렇게 복잡한 인간 마음의 형태는 타인의 고통과 역경을 온전히 이해하기 위해서는 필수적인 것이고, 이러한 평가는 완전한 사회적 합리성을 위해 필수적인 것이라고 말이다. 루소는 개인의 잠재적 취약함 가운데 믿음의 부재가 사회적 무심함과 둔감함으로 쉽게 이어질 수 있다는 점을 예리하게 꿰뚫어 보았다.

왜 왕들은 그들의 백성들에게 동정심이 없는가? 그들은 인간 존재의 인간됨을 결코 믿지 않기 때문이다. 부자는 왜 가난한 사람에게 그토록 매정한가? 그들은 자신들이 가난하게 되리라는 두려움을 가지고 있지 않기 때문이다. 왜 귀족은 평민을 그토록 멸시하는가? 그들은 결코 평민이 되지 않을 것이기 때문이다. (…) 인간을 사회적 존재로 만드는 것은 인간 존재의 약함이다. 우리의 마음에 인간애를 갖게 하는 것은 우리 모두가 공유하고 있는 고통이다. 우리가 인간이 아니라면 인간애에 대한 의무를 지지 않을 것이다. 모든 애착은 부족함의 표시이다. (…) 따라서 우리의 약함 자체에서 우리의 덧없는 행복은 생겨난다.

—『에밀』4권 <도덕과 종교 교육> 중에서

공리주의는 고통이라는 사실로부터 출발하고, 무엇보다 고통을 없애고자 하는 소망에 의해 작동한다. 그래서 만약 공리주의가 '합리적인' 것이라 표방하는 추론의 방식들이—감정을 배제함으로써— 우리가 타인의 고통에 대해 온전히 합리적인 대응을 하기 위해 필요한 정보들을 박탈하는 것이라고 증명할 수 있다면 이는 공리주의에 대한 아주 심각한 내적 비판이 될 것이다.

『어려운 시절』은 그래드그라인드 씨가 자신의 욕구를 깨닫게 되고 "비참한 무력감"을 느낄 때만 오직 그를 둘러싼 사람들의 욕구에 생산적으로 대처할 수 있었던 장면을 보여줌으로써 이러한 비판을 다룬다. 이와 반대로 모든 인간관계는 시장 거래이고 고마움이란 비합리적이고 "지지할 수 없는" 반응이라고 생각하는 비쩌는 그러한 견해의 본래적 동기의 차원에서 보자면, 타인의 고통을 이해하고 대응하는 데 완전히 실패했기 때문에, 훌륭한 공리주의적 행위자가 되는 데 실패한 것이다.[14]

요컨대, 자기 충족성의 문제에 관한 스토아적 전통을 거부했다면, 우리는 일관되게 감정을 피하고자 한 규범적인 논증도 거부해야 한다. 감정의 제거에 관한 다른 논증들이 있을 수 있는데, 이는 재고해

• 장 자크 루소, 『에밀』 김중현 옮김, 한길사, 2003, 395~400쪽. 번역은 역자가 일부 수정.

볼 필요가 있다. 한편 많은 감정적 반응들은 길잡이 역할을 하는 숙고라 할 수 있을 만한 옳은 가치 인식을 담고 있는 것으로 보인다. 예를 들어, 한 사람의 삶에서 자식 혹은 사랑하는 사람들의 중요성에 대한 올바른 가치 평가가 그것이다. 이로부터 더 나아갈 수도 있다. 만약 철학적 전통 내의 대부분의 견해, 즉 세상사와 사람들의 중요성에 대한 어떤 종류의 믿음들은 감정에 있어 필요조건일 뿐만 아니라 충분조건이라는 의견에 동의한다면—이는 매우 타당한 입장으로 보인다[15]—감정 없이는 그러한 믿음도 없다는 (혹은 온전하지 못하다는) 점을 인정해야만 할 것이다. 그리고 이는 사회적 합리성의 부분도 완전하지 못하다는 것을 의미한다. 스토아 학파에 반대하여 아리스토텔레스와 루소 전통이 내세웠던 '외적인 좋음$^{goods\ of\ fortune}$'의 가치에 대한 판단을 받아들이는 사람들은—일관된 입장을 가진다면—이러한 문제와 관련하여 감정이 좋은 추론의 필수적인 요소라는 점을 인정해야만 한다. 따라서 감정에 영향을 받는 것을 인정하지 않는 재판관이나 배심원들은 세계를 온전하게 보기 위한 필수적인 방식을 부인하는 것이 되는 것이다. 이러한 식으로 생각하는 것을 (규범적으로) 합리적이라 보기는 어렵다. 심지어 경제학에서조차도!

감정과 공평성

계산적 지성은 공평하고 엄격한 수치상의 정의를 산출할 수 있는 반면, 감정은 가까운 것들에 대해 극도로 편향된—편파적인—판단을 내린다고 평가된다. 공리주의자들은 모든 사람을 하나로 고려하며,

누구도 하나 이상으로 고려하지 않는다고 그럴듯하게 주장한다. 하지만 감정에 있어서 가족이나 가까운 친구에 대한 애정은 먼 곳의 많은 사람들에 대한 공정한 의무는 지워버리면서도 모두를 아우르는 것처럼 보인다. 그래서 세계 전체를 생각하기보다 특정한 사람들을 소중히 여겨야 한다고 배운 소설의 독자들은 도덕성 형성을 정의에 대한 전복으로 받아들인다.

우리는 여기서 의문이 생긴다. 2장에서 논의하였듯이, 계산적 지성의 추상적인 시각은—특정한 형태의 삶을 사는 것이 진정 어떠한지에 대한 생생하면서도 감정을 이입하는 상상력 없이—상대적으로 근시안적이고 무차별적인 것으로 드러났다. 나는 여기에 감정은 보다 포괄적인 시야를 위해 필수적인 부분이라는 점을 덧붙이고자 한다. 감정을 가르치는 것에 실패한 아버지 때문에 자신이 "정의롭지 못한" 사람이 되었다고 루이자가 불평하였듯이, 실제로 타인의 고통을 빨리 인식하는 능력의 부재는 그녀로 하여금 코크타운 노동자들의 상황을 아주 느리게 파악하게 만든 것이 사실이다. 반면 타인의 욕구에 대한 씨씨의 왕성한 감정적 대응은 멀리 떨어진 가상의 상황에 대한 분별력 있는 해답을 찾아내는 그녀의 능력에 있어 (그녀의 경제학 교훈에 있어) 필수적인 요소이다. 이제 그러한 교훈에 대한 두 가지 예를 더 살펴보자.

씨씨는 공리주의자인 자신의 선생님으로부터 100만 명이 사는 "거대한 도시"에서 길에서 굶어 죽는 이는 오직 25명밖에 되지 않는다고 듣게 된다. 맥초우컴차일드 선생은 씨씨에게 이를 어떻게 생각하느냐고 묻는다. 응당 이는 낮은 수치라며 안도하는 대답을 기대하면서 말이다. 하지만 씨씨는 "굶어 죽는 사람에게는 다른 사람들이 100만 명이든, 100만 명의 100만 배이든 마찬가지로 견디기 힘든 일"이라고 답한다. 또한 일정 기간 동안 10만 명의 선원이 장거리 항해를 떠났는데 그중 500명만이 익사했다는 사실을 듣고, 씨씨는 이러한 낮은 퍼센트 따위는 "죽은 사람들의 친척들과 친구들에게는 아무 의미도 없다"고 말한다. 두 가지 경우 모두에서, 숫자로 표시된 분석은 우리를 안도하게 만들고 사건으로부터 거리를 두게 한다. 즉, 맥초우컴차일드가 말하듯 이 얼마나 정상적이고 낮은 퍼센트인가. 그러니 분명 이에 대한 어떠한 행동도 필요치 않다. 감정이 없는 지성은 가치를 보지 못한다고 말할 수 있다. 여기엔 감정에 내재하는 판단이 제공해주는 사람 목숨에 대한 가치와 중요성에 대한 인식이 부재한다. 씨씨의 감정적 대응은 죽은 이들에게 인간성의 가치를 부여한다. 배고픈 자들에게 굶주림이란 무엇이며, 비탄에 빠진 자들에게 상실이란 무엇인지를 느끼며 씨씨가 타당하게 지적하길, 낮은 수치는 그들의 죽음을 되돌릴 수 없으며, 낮은 수치에 근거한 안일함은 올바른 대응이 아니다. 왜냐하면 그녀는 죽은 존재를 대신할 수 있는 것은 아무것도 없다는 것을 잘 알고 있었고, 항해를 책임지던 사람들이 더 최선을 다해야 했다고 생각하기 때문이다. 숫자를 다루게 되면 "이 수치라면 괜찮아"라고 말하기 쉽다. 왜냐하면 이러한 숫자들 중 어떤 것도 심오한 의미를 갖지 않기 때문이다. (그리고 사실상 대양 항해에 있어 10만 중에 500명이 죽는다는 것은 파도에 의해서든 해풍에 의해서든 놀라울 정도로 높은 수치이다.) 인간 삶을 상상이나 느낌에 의거하여 대한다면, 우리는 (다른 것도 마찬가지로) 굶주림에 대한 어떤 수치도 단순히 괜찮다고 받아들이거나, 승객의 안전에 관한 통계를 그저 용인할 만한 것이라고 받아들이지는 않을 것이다. (물론 현재는 어리석거나 불가능해 보이는 이러한 문제들에 대해 다른 요소들이 상황을 개선시킬 수 있을 것이라고 판단할 수는 있다.) 감정은 이러한 문제들을 어떻게 해결할 수 있는지는 말해주지 않지만, 우리가 해결해야 하는 문제로서 이것들에 관심을 가지도록 한다. 어떠한 접근 방식이 멀리 떨어진 세계의 기아 문제, 노숙자들의 상황, 그리고 제품에 대한 실험과 안전 기준에 대한 보다 나은 공적 대응으로 이끌어주는지 판단해보라.

이러한 설명이 우리에게 친숙한 형태의 경제학적 모델을 사용하지 않아야 한다는 것을 의미하지는 않는다. 경제학적 모델은 대개 유용한 정보들을 제공한다. 하지만 이는 인간의 가치에 따라 사용되어야 한다. 그렇다고 인간의 삶은 '신성하다'거나 '무한한 가치'를 지니고 있다고 주장하는 감정에 근거한 추론이 필요한 것은 아니다. 또한―이것들을 면밀히 검토했을 때―많은 사람들의 직관적 통찰을 포착하지도 못하며, 동물의 권리나 [안락사와 같은] 삶의 종결 문제, 심각한 장애가 있는 사람에 대한 치료 등 논쟁이 첨예하게 엇갈리는 모호한 개념이 필요한 것도 아니다.[16] 이러한 경우 중 몇몇에 있어, 한 인간의 죽음에 대해 감정에 기반을 둔 시각이 만약 '무한한 가치'와 같은 모호한 개념에 이끌리게 된다면 판단을 왜곡할 수도 있으며, 오히려 '차가운' 경제학적 방법이 보다 적확한 방향을 제시해줄 수 있다는 점을 인정해야 할 것이다. (예를 들어, 우리는 분명 보다 많은 사회적 이득을 얻기 위해 죽음이나 질병의 위험이 상대적으로 덜한 선택을 취할 수 있어야 한다.) 하지만 이 경우에 있어, 내가 주장하는 바는 계산적인 사고 자체가 감정 자체보다 더 신뢰할 만하다는 의미가 아니다. 대신 직접적인 상황으로부터 한 발짝 떨어져서 사태를 객관적으로 보는 것—이런 계산적인 사유가 어떤 이들에게는 상황 개선에 도움이 되기도 한다—은 때로 우리의 믿음과 직관을 보다 잘 분별할 수 있게 하고, 그리하여 감정이 진정 무엇인지에 대해 보다 정제된 생각을 가질 수 있게 하며, 그중 가장 신뢰할 만한 것이 무엇인지를 알게 한다는 뜻이다. 만약 우리가 오직 수치들로만 이해하고, 두려움이나 동정심에 내재된 가치 인식은 결여하고 있다면, 우리는 그러한 질문들에 대해 답을 할 수 있는 그 어떤 분명한 방법도 갖지 못할 것이다. (객관성에 대한 문제는 후에 언급할 것이다.)

이러한 일반적 논의에 대해 우리는 유전학적 문제 의식을 추가할 수 있을 것이다. 유아기에 형성되고, 아동기에 길러지는 아이와 부모 사이의 사랑과 감사라는 친밀한 유대는 성인이 보다 넓은 사회적 공간에서 좋은 일을 행할 수 있는 능력이 갖춰지는 데 없어서는 안 될 출발지점이다. 이러한 원초적 애착은 분명 지속적인 교육을 필요로 하지만 교육이 훌륭한 결과를 산출한다면 반드시 가능한 것들이다. 이 지적은 서양의 전통에서 아리스토텔레스가 『정치학』 2권에서 펼친 플라톤에 대한 비판까지 거슬러 올라간다. 아리스토텔레스는 플라톤의 주장대로 모든 시민에 대한 공평하고 평등한 관심을 보장하지 않고 가정家庭을 없애는 것은 사람들로 하여금 그 어떤 것에도 강한 관심을 갖지 않게 만들 것이라고 주장했다. 이러한 주장은 『어려운 시절』속에서 오직 계산만 하고 결코 사랑은 하지 않도록 교육받은 그래드그라인드의 어린 자녀들에 대한 디킨스의 냉담한 설명 속에서 생생하게 그려진다. 그리고 비극적 실패로 끝나는 루이자의 이야기는 우리에게 더 많은 것을 말해준다. 즉, 성장 과정에서 감정에 근거하는 교육은 사실상 어른이 되고 나서의 삶에 있어서 위험한 형태의 욕구나 취약함을 제거해준다는 것이다. 감정이 충만한 교육은 루이자의 삶의 방식에서 형성된 인격보다 훨씬 안정된 중심을 가진 성품, 즉 균형 잡힌 감정의 발현을 가능하게 하고 따라서 균형 잡힌 실천적 판단을 내릴 수 있는 의식을 만들어준다. 반대로 유년 시절의 감정에 대한 억압은 분명 감정을 보다 파괴적이고 극히 비합리적인 형태로 후퇴시켜놓을 것이다.[17]

감정과 계급

감정은 지나치게 개인에만 관계하고, 계급과 같은 보다 큰 사회적 단위와는 연관이 매우 적다는 반론에 대해, 우리는 장르로서 소설 전체의 기여—특히 감정적인 요소의 기여를 보면—가 사실상 (질적으로 별개이자 구분되어 보이는) 개인에 국한된다는 것을 인정해야만 할 것이다. 라이어넬 트릴링Lionel Trilling*이 오래전에 주장하였듯이, 이러한 의미에서 소설 속에 구현된 공동체의 비전은 자유주의적 견해,

즉 개인들은 응당 소중하고, 자신만의 고유한 이야기를 지니고 있다고 보는 시각에 근거하고 있다.[18] 장르는 우리 모두가 서로의 좋음과 나쁨에 연루된 하나의 세계 속에 살아간다는 것을 보여줌으로써 사람들 간의 상호 의존성을 강조하면서, 또한 각자의 분리된 삶을 존중하고 개인을 독립된 경험의 중심으로 보아야 한다고 주장한다.

이러한 관점에서 소설 속의 대중운동이 흔히 그 구성원의 사생활과 질적 차이 등을 등한시하게 되면서 나쁘게 결론을 맺는 것은 우연이 아니다. 『작은 도릿Little Dorrit』**에 묘사된 영국 관료주의, 『어려운 시절』의 노동조합 운동, 스티븐 블랙풀의 절망을 초래한 이혼법, 『황폐한 집Bleak House』***에 등장하는 모든 법률 체계, 헨리 제임스의 『카사마시마 공주The Princess Casamassima』에 나오는 혁명운동, 이 모든 것들은 개인에 대한 둔감함이라는 죄목으로부터 자유롭지 못한 것으로 보인다. 그런 한에서 소설은 그 고유의 형식에 있어 그들의 적이자 전복자일 따름이다. 이는 그러한 운동의 관점에서 볼 때 소설이 위험

- 라이어넬 트릴링(1905~1975)은 스스로를 자유주의 비평가라고 선언한 영문학자이자 소설가였다. 그는 문학과 사회의 유기적 상호 관계를 강조하면서, 문학은 사회가 나아갈 방향에 대한 상상력을 제공해야 하고, 문학 비평은 문학 그 자체가 정치적인 것처럼 철저히 정치적이라는 주장을 펼쳤다.
- •• 『작은 도릿』은 1855년부터 1857년까지 디킨스가 쓴 연재소설로 당대 영국 사회와 정부의 결함에 대한 신랄한 풍자로 이루어진 명작으로 꼽는다. 감옥과 아버지라는 두 모티프를 바탕으로 인간의 다양한 삶과 고압적인 정부기관, 그리고 당대의 사회적 병폐를 총체적으로 보여준다.
- ••• 『황폐한 집』은 1852년부터 1853년까지 연재된 디킨스의 아홉 번째 소설로 그의 원숙한 사회비판이 잘 나타나 있는 후기의 걸작으로 꼽는다. 챈서리Chancery 법정으로 대표되는 당대 사회와 이들을 둘러싼 사교계에 대한 비판, 그리고 억압적인 여성 이데올로기에 대한 도전과 통찰을 탁월하게 보여준다고 평가받는다.

한 반동적 형태임을 의미한다. 이는 도리스 레싱의 『황금 노트북』에 등장하는 여주인공의 공산주의자 친구들이 목격하고 싶었던 것이자, 루카치$^{Georg\ Lukács}$가 라빈드라나드 타고르$^{Rabindranath\ Tagore}$의 『집과 세상$^{The\ Home\ and\ the\ World}$』*이 갖는 자유주의적 세계시민주의의 정치적 입장을 "소시민(프티 부르주아)"이라고 비난했을 때 즉각적으로 강조했던 것이기도 하다.[19]

　이러한 정치적 태도는 위험을 내포하고 있고, 때때로 집단행동에 대한 소설가의 의심은 오류로 이어지기도 한다. 디킨스가 『어려운 시절』에서 노동자들에게 노동조합 운동을 통해 노동 조건을 개선하는 것보다 노동자들의 기분을 전환하거나 즐겁게 하는 것이 더 낫다고 주장하는 것처럼 보이는 경우가 그렇다. 또한 노동조합은 그 본성상 개별 노동자들을 억압한다고 묘사하는 것이 그러하다. 하지만 그러한 오류가 접근 방식 전체를 무너뜨리는 것은 아니다. 오히려 내가 보기에 소설에서 그리는 개별적인 삶의 질에 대한 비전은 중대한 제도적 · 정치적 비판과 양립 가능하며, 사실상 이를 부추기기도 한다. 씨씨 주프의 교훈에서 독자의 감정 자체가 계산적 지성으로 하여금 숫자들을 긴급한 행동이 요구되는 정신으로 해석하도록 명령함으로써, 100만 명의 배고픔과 불행의 의미를 나타낼 때가 그러

• 『집과 세상』(1916)은 서구 문화와 그에 대한 저항적 혁명 사이에서 타고르 자신이 가졌던 갈등을 그리고 있다. 이 갈등은 두 명의 주인공 니킬Nikhil과 산딥Sandip에 의해 그려지고 있는데, 그중 니킬은 합리적이면서 폭력에 반대하는 인물이다.

하다. 또한 저자 타고르의 대리인 니킬을 통해 각각의 인간 삶을 하나하나 중요하게 인정하는 것이 진정 어떤 것인지를 잘 알고 있음에도 불구하고, 인도의 국가주의에 대한 타고르의 신랄한 묘사에서 운동의 지도자들이 값싼 외국 물건을 팔지 않으면 생계를 유지할 수 없는 가난한 상인들의 실질적인 경제적 불행을 자신들의 관념적인 열정 속에서 무시하는 것을 발견하게 될 때가 그러하다.[20]

사실 어떠한 형태의 집단행동에 있어서든 소설이 그 형식과 내용을 통해 제시하는 개인의 욕구와 구체적 상황에 대한 온전한 책임을 하나의 이상으로 염두에 두는 것은 적절해 보인다. 내가 앞서 반복해서 주장한 바와 같이 이는 모델링이나 측량을 경멸하는 낭만주의를 내포하는 것이 아니다. 그러한 '문학적' 통찰은 삶의 질을 측정하는 데 있어 최근의 경제학적 접근 방식 중 최선의 방법들의 기저를 이룬다. 개별적 인간 행위자에 대한 이야기가 없는 인간 삶의 질에 대한 이야기는 다양한 형태의 인간의 기능을 고취시키는 데 이러한 정보가 실제로 도움이 되는지 판단하기에는 매우 불명확한 지점이 있다. 마찬가지로 개인의 이야기가 없는 계급운동 이야기는 늘 개별적 삶의 개선을 추구하는 그러한 계급적 행동의 핵심과 의미를 보여주지 못한다. 레이먼드 윌리엄스Raymond Williams는 사회주의 비평에 대항하여 전통적인 사실주의적 내러티브를 옹호하면서 이 지점을 매우 훌륭하게 지적했다.

무엇보다 사회주의자로서 우리는 대부분의 사람들이 이전부터 알고 있던 종류의 정치 및 산업 운동에 참여하기 시작할 때에만 흥미를 갖는다고 믿는 기이한 오류를 범하지 말아야 한다. 이러한 오류를 저지른 이들은 많은 마르크스주의자가 오직 그들이 자본주의적 직장에 첫발을 내딛는 순간에만 태어난다고 말했던 사르트르에게 비난을 받을 만하다. 왜냐하면 만약 우리가 심지어 정치적인 삶도 진지하게 받아들인다면, 우리는 사람들이 그 자신으로서 최선을 다해 살고, 그래서 필연적으로 일과 사랑과 질병과 자연적 아름다움의 복잡함 속에서 살아가게 되는 그 세계 속으로 발을 내딛어야 한다. 만약 우리가 진지한 사회주의자라면, 우리는 이 진정한 실체—세부적인 사안들마다 놀랍고 생생한 모습을 지닌—속에서 또 이를 가로질러 가면서, 우리로 하여금 충만한 목소리로 인간의 역사에 대해 말할 수 있게 하는 심오한 사회적 역사적 조건들과 운동들을 발견해야 한다.[21]

『어려운 시절』과 같은 사실주의 소설을 통해 우리는 인간 노력의 온전한 세계, 즉 오직 그 속에서만 정치가 완전하고도 온전한 인간의 목소리를 낼 수 있는 삶의 '진정한 실체' 속으로 들어갈 수 있다는 것을 알 수 있다.[22] 감정의 응답에 근거한 인간 이해는 추상적이고 형식적인 접근 방식이 옳은 방향을 잡는 데 결코 없어서는 안 될 기반인 것이다.

분별 있는 관찰자

이제까지 나는 감정은 때로 합리적일 수 있다는 것, 그리고 『어려운 시절』과 같은 문학 작품을 통해 형성된 공감, 두려움 등의 감정은 합리적 감정^{rational emotion}이 되기 위한 훌륭한 후보자들이라는 것을 주장했다. 하지만 나는 아직 우리가 어떤 감정을 신뢰해야 하는지, 혹은 문학 작품을 읽는 것이 어떻게 우리로 하여금 신뢰할 만한 것과 그렇지 않은 것을 구별할 수 있게 도와주는지에 대해서는 그다지 언급하지 않았다. 만약 우리에게 신뢰할 만한 여과 장치가 없다고 할 때, 우리는 이 감정이라는 것을 과연 신뢰할 수 있는지에 대해 여전히 의문을 품을 수 있다. 여기서 나는 그러한 장치를 애덤 스미스의 '분별 있는 관찰자'라는 개념에서 찾을 수 있으며, 문학 작품을 읽는 것이 (스미스가 주장했듯) 그러한 가상적인 관찰자의 입장을 정립할 수 있게 해준다는 논지의 이야기를 하고자 한다. 따라서 이는 스미스가 감정이 공적 삶의 영역에서 반드시 수행해야 할 중요한 역할을 하는 데 필수적이라고 생각했던 바로 그러한 종류의 감정을 위한 여과 장치를 제공해줄 것이다.

먼저 우리는 근대 경제학의 창시자로 여겨지는 애덤 스미스가 이상적인 합리성이란 감정을 배제하는 것이라고 생각하지 않았다는 점을 언급할 필요가 있다. 사실 그는 자신의 연구 중 많은 부분을 감정적 합리성^{emotional rationality} 이론을 발전시키는 데 할애했다. 이는 그가 특정한 감정의 방향 제시를 공적 합리성의 핵심적인 요소로 믿었기 때문이다. 『도덕 감정론』에서 그는 '분별 있는 관찰자'라고 이름 붙인 존재를 설명한다. '분별 있는 관찰자'의 판단과 대응은 공적 합리성의 패러다임을 (지도자에게든 시민에게든) 제공하고자 하는 목적을 지닌다. 관찰자에게서 인위적으로 구성된 상황은 그가 세계에 대해 갖는 합리적 관점의 일부인 사유, 정서, 환상 등에 따름으로써 합리적인 도덕적 입장을 형성하기 위해 만들어진 것이다.[23]

분별 있는 관찰자는 우선 하나의 관찰자이다. 즉, 그는 자신이 목격하는 사건에 개인적으로 연루되지는 않지만, 그들을 염려하는 친구로서 그들에게 관심을 갖는다. 그러므로 그는 자신의 개인적 안전과 행복에 관계된 감정을 갖거나 생각을 하지 않는다. 그런 의미에서 그는 편향성을 갖지 않으며, 자기 앞에 놓인 상황에 대해 객관성을 지니고 살펴본다. 물론 그는 어떤 일이 벌어지고 있는지 알기 위해 자신의 개인적 경험으로부터 얻어진 정보들을 사용할 것이다. 하지만 이 정보들은 자신의 목적과 계획에 편향되는 것을 방지하기 위해 반드시 여과된 것들이다. 다른 한편 그는 바로 이러한 이유로 감정을 결여하고 있지 않다. 그의 가장 중요한 도덕적 능력 가운데 하나는 그가 머릿속에서 그리는 상황에 처한 사람들 각각의 처지와 느낌을 생생하게 상상할 수 있는 힘이다.

관찰자는 (…) 가능한 한 자신을 상대방의 입장에 놓고, 상대에게 고통을 주고 있는 모든 사소한 사정까지도 진지하게 느껴보려고 노력하지 않으면 안 된다. 그는 자신의 친구가 처해 있는 모든 사정을 아주 사소한 일까지 모두 받아들여야 한다. 그리고 그의 공감의 기초가 되는 역지사지를 최대한 완전히 하려고 노력해야 한다.(1.1.4.6)*

하지만 자신 앞에 있는 당사자들에게 공감하는 동일시만으로는 관찰자적 합리성을 갖추기에 충분하지 않다. 스미스는 당사자들에게 닥친 불행이 종종 그들이 처한 상황에 올바르게 접근할 수 있는 능력을 손상시킨다는 것을 알고 있었다. 가장 극단적인 경우, 한 사건이 우리 앞에 있는 사람으로 하여금 이성을 사용하는 것조차 잃어버리게 만들어버리는 사례를 생각할 수 있다. 만약 한 사람의 삶에 고통이 없다면, 감정 이입은 우리에게 만족스러운 아이와 같은 즐거움을 잘 느끼게 해줄 것이다. 하지만 스미스가 지적했듯이, 그럼에도 불구하고 분별 있는 관찰자는 이 재난을 "인류가 직면하는 모든 파멸적인 상태의 재난들 중에서 (…) 가장 비참한 상태에 있는"것으로 본다. 이것이 보여주는 바는 인간에 대해 누군가 합리적으로 가질 수 있는 동정심의 크기를 결정하는 데 있어 감정을 이입하는 개입과 외부적 평가 모두 중요하다는 점이다. "관찰자의 동정은 전적으로, 만일 그 자신이 그와 같은 불행한 상황에 처하게 된다면, 동시에—아마도 불가능한 일이겠지만—그 불행한 상황을 현재의 이성과 판단력을 가지고 바라볼 수 있다면, 자신은 무엇을 느끼게 될

• 애덤 스미스, 『도덕 감정론』, 박세일·민경국 공역, 비봉출판사, 2009, 29~30쪽. (1.1.4.6)은 『도덕 감정론』의 1부 1편 4장 6절을 의미한다.

지를 함께 생각함으로써 생겨나는 것임에 틀림없다."

감정에 대한 고대 그리스의 인지적 개념을 따르는 스미스는 연민, 공포, 분노, 기쁨과 같은 감정들은 믿음과 추론에 근거한다고 생각하기 때문에, 관찰자의 관점을 감정이 풍부한 것으로 묘사하는 데 주저하지 않는다. 동정과 공감뿐만 아니라, 공포, 비애, 분노, 희망, 그리고 어떤 사랑의 감정까지도 관찰자의 생생한 상상의 결과로 느낄 수 있는 것들이다.[24] 이러한 감정들을 배제하는 것은 이상하게 보인다. 왜냐하면 (나와 동일한) 스미스의 입장에 따르면, 이러한 감정들은 우리 앞의 사람에게 벌어지는 일에 대해 충분히 가질 수 있는 특정한 사유에 수반되는 것이며, 특히 우리가 사태를 인식할 때 필요한 장치의 부분이기 때문이다. 관찰자의 반응은 관심의 의지적 표현일 뿐 아니라, 진정한 감정이기도 하다. 그리고 스미스는 분명 적절한 감정의 함양이야말로 시민의 삶에서 중요한 것이라고 믿었다. 적절한 감정은 우리가 무엇을 할 수 있는지를 보여주는 데 유용하며, 또한 그 자체로—우리 앞에 놓인 상황에 대한 인식으로서—도덕적으로 가치 있는 것이다. 게다가 이는 적절한 행동까지도 촉발한다.

반면 모든 감정이 좋은 길잡이가 되는 것은 아니다. 첫째, 좋은 길잡이가 되기 위해서 우선 감정은 사건에 대한 참된 관점에 근거해야 한다. 참된 관점이란 사건에 대한 사실 정보들, 상황 속 당사자들이 인지하는 사실의 중대성, 이해할 수 없거나 당사자의 의식에서 왜곡될 수 있는 참된 의미 혹은 중요성의 측면 등을 포괄한다. 둘째, 감정은 반드시 사건에 연루된 관계자의 것이 아닌, 관찰자의 것이어야 한다. 이는 곧 우리가 사건에 관계된 사람들이 사건을 정확히 이해하고 타당하게 대응했는지를 알아보기 위해 상황에 대한 반성적 평가를 해야 하는 것뿐만 아니라, 우리 스스로의 행복을 위한 사적 이해관계로부터 도출된 감정의 부분을 제거해야 한다는 것을 의미한다. 분별 있는 관찰자라는 장치는 무엇보다 스스로에게 주목하는 분노, 공포 등의 부분을 걸러내는 것을 목표로 한다. 만일 나의 친구가 부정의한 상황을 겪고 있다면, 나는 그를 대신하여 화가 날 것이다. 하지만 스미스에 따르면, 그 분노는 그에게 가해진 그릇된 행동에 대한 분노의 복수심에 불타는 강렬함을 갖지는 않는다. 또 만일 나의 친구가 실연의 아픔에 슬퍼하고 있다면, 나는 그의 비탄을 공유할 것이지만, 눈앞에 보이지 않고 견디기 힘든 그 슬픔의 깊이는 헤아리지 못한다. 스미스가 보기에 이러한 구분은 우리로 하여금 시민의 자질을 생각하는 데 도움을 준다. 즉, 타인의 행복을 위해 애쓰지만, 우리가 타인을 위해 고려한 상황 속으로 스스로를 집어넣지 않는 능력 말이다.

이러한 논의를 통해 이제 우리가 주목해야 하는 것은 스미스가 분별 있는 관찰자의 입장과 감정을 묘사하기 위해 문학 작품 읽기(그리고 드라마에서 관찰자의 입장 되어보기)를 사용한다는 점이다. 그는 도덕적 길잡이의 원천이 되는 문학 작품에 중요한 역할을 부여한다. 이러한 중요성은 문학 작품을 읽는 것이 사실상 우리로 하여금 좋은 시민이자 재판관에 걸맞은 태도를 자연스럽게 기르게 하여 분별 있는 관찰자적 태도를 정립할 수 있도록 해주기 때문이다. 우리는 작품을 읽음으로써 사건에 몰두하고 또 깊은 관심을 가진 참여자가 되지만, 우리 앞에 놓인 장면의 상황에 대해 구체적으로 알고 있지는 않다. 예를 들어, 우리가 루이자와 스티븐 블랙풀 모두에게 관심이 있고, 어느 정도 우리를 그들과 동일시하기도 하지만, 이러저러한 상황에서 문제가 되는 것은 이것이 진정 우리 자신의 삶이라는 생각에서 생기는 특수하면서도 때론 혼란스러운 감정의 격렬함은 결여하고 있다는 점이다. 이는 또한 우리가 편견에서 벗어나 있다는 것을 의미한다. 즉, 우리는 당사자인 루이자와 스티븐보다 균형 잡힌 형태로 그들을 바라볼 수 있는데, 이는 엄밀히 말해 우리가 그들이면서 동시에 그들이 아니라는 사실에서 비롯되는 것이다. 다시 말해, 다양한 삶의 경험을 가진 수많은 독자들이 있으며, 분별 있는 독자들은 자신의 삶의 경험에서 건져 올린 지식을 통해 사건을 바라볼 수 있는 것이다. (이것이 바로 이상적으로는 독서의 과정이 독자들 사이의 대화를 통해 완성되어야 하는 이유이다.) 이렇게 우리 자신의 삶이 아닌 것을 통해 얻어진 정보는 관심 있는 참여자들의 개인적 편향성을 갖지는 않을 것이다.

분별 있는 독자가 소설 읽기의 과정을 통해 형성하는 인간적인 희망과 두려움에 대한 관점이 잘못될 염려가 없는 것은 아니다. 앞서 언급했듯이, 감정은 오직 그것이 사건의 사실 정보들에 대한 참된 관점에 근거하고, 당사자들의 다양한 고통과 기쁨의 여러 유형의 중요성에 대한 참된 시각에 근거할 때에만 좋은 길잡이가 된다. (다른 판단들과 마찬가지로 이는 우리의 다른 경험들, 그리고 도덕적 · 정치적 이론들과의 정합성을 따져보아야 한다.) 문학 작품이 독자에게 이러한 두 가지 방식으로 세계를 왜곡할 수 있다는 것은 분명하다. 첫째, 문학 작품은 역사적·과학적 사실을 거짓으로 표현할 수 있다. 이는 디킨스가 노동조합 운동을 상당 부분 잘못 묘사한 것이나, 많은 소설가들이 여성 혹은 종교적·인종적 소수자들의 가능성에 대해 왜곡된 묘사를 한 것에서 알 수 있다. 둘째, 문학 작품은 다양한 형태의 고통과 피해의 중대성을 우리로 하여금 그것을 실제보다 조금 더 심각하게 또는 가볍게 여기도록 하면서 잘못 표현하는 경우가 있다. 따라서 디킨스가 노동자들은 오직 기분 전환을 하고 여가 시간을 주면 잘 지낼 수 있다고 주장했을 때, 그는 계급적 위계 자체에 내포된 피해를 충분히 고려하지 않은 것이라 할 수 있다. 디킨스는 또한 그가 살았던 시대에 팽배했던 결혼과 고질적으로 결부된 권리의 불평등이 여성에게 가한 피해를 파악하는 데도 실패했다. 앞선 장에서 이미 언급했지만, 다음 장에서는 이러한 불평등과는 반대로 사회적 평등으로 우리를 이끄는 독자의 상상력의 측면들과 이것이 인종, 성, 계급의 위계질서를 감지하고 또 약화시키는 경향이 있다는 것을 보여주고자 한다. 하지만 이러한 경향이 보편적으로 적용되는 것은 아니며, 그만큼 소설은 (다른 텍스트와 마찬가지로) 훌륭하더라도 여전히 틀릴 수 있고 불완전한 길잡이를 제공한다는 것을 인정해야만 한다.

이는 우리가 소설을 선택하는 데 있어서도 비판적인 판단을 연습할 필요가 있고, 책을 읽는 과정에서도 다른 독자와의 대화를 통해 이 비판적 판단 과정을 지속해야 한다는 것을 보여준다. 웨인 부스는 이러한 과정을 '공동-추론'*이라 불렀다. 즉, 이 과정은 본성상 타인과의 협력을 통해 진행되는 비연역적이고, 비교를 통한 실천적인 추론이다. 공동-추론의 과정에서 문학 작품에 대한 우리의 직관은 윤리 이론과 상호 간의 조언에 대한 비판을 통해 정교해지며, 이는 우리가 독자로서 가질 수 있는 감정적인 경험을 엄청나게 바꾸어버릴 것이다. 예를 들어, 만일 소설을 보며 느끼는 분노, 혐오, 사랑의 감정이 더 이상 공유할 수 없는 세계에 대한 견해에 근거하고 있다는 것을 납득한다면 말이다.

요컨대 나의 견해는 문학 작품에 대한 순진하고 무비판적인 의존을 주장하는 것이 아니다.[25] 우리가 문학적 경험에 근거하여 내리는 결론들은 도덕적·정치적 사유, 우리 자신의 도덕적·정치적 직관, 타인의 판단 등에 근거하여 지속적인 비판적 검토가 필요하다. 하지만 나는 스미스와 같이, 문학 작품을 읽는 경험 속에 함축된 형식적 구조가―문학 작품 자체에 대한 비판적 탐구를 포함하여―그 어떤 탐구에 있어서도 없어서는 안 될 길잡이를 제공한다고 생각한다. 만약 우리가 '공상'으로부터 시작하지 않고, 또 우리 앞에 놓인 인간 유형에 대해 그들의 행복, 기쁨, 고통에 대한 공감을 가지고 궁금해하지 않는다면, 나아가 만약 우리가 각각의 사람을 제각기 살아갈 삶이 있는 개별적인 존재로 보는 태도를 중요하게 생각하지 않는

• 개념에 대한 자세한 설명은 40쪽 주석 참조.

시적 정의

다면, 악의에 찬 감정에 대한 우리의 비판은 그 토대를 잃게 될 것이다. 앞서 주장했듯, 독서는 바로 이러한 토대를 제공한다. 또한 비판에 있어 핵심적인 '분별 있는 관찰자'의 관점 역시 갖게 해준다. 그런 의미에서 『어려운 시절』의 독자는 소설을 읽는 행위 자체에 내재된 공감과 관심의 구조에 의해, 소설이 그리고 있는 노동자들의 행복을 비판적으로 보는 좋은 출발점에 있다고 할 수 있다. 독자는 인간 주체와 자율성에 대한 관심을 함양할 수 있으며, 동시에 스티븐 블랙풀과 같은 노동자의 삶이 어떠한가에 대해 상상하는 능력을 기를 수 있다. 이러한 조합은 디킨스의 독자들에게 그의 다소 번드르르하면서 거들먹거리는 해결책에 대해 불만족스러운 반응을 불러일으킬 여지가 다분하다. 그러므로 그 자체로 정치적 의미가 있는 경험을 찾기 위해 모든 면에서 옳은 소설의 정치학을 떠올릴 필요는 없는 것이다.

이제 캘리포니아 배심원 사례로 돌아가보자. 분별 있는 관찰자 및 독자는 풍부하고도 강렬한, 하지만 결과에 있어 개인 저마다의 이해관계를 앎으로써 특수한 편향성으로부터 자유로운 감정의 다양한 종류를 배웠다. 독자의 감정은 또한 '기록'(텍스트에 명시된 정보에 제한되어 있다는 사실)에 의해 제약을 받을 것이다. 우리는 이제 이러한 이유로 분별 있는 관찰자가 굉장히 훌륭한 배심원의 모델이라는 것을 알 수 있다. 물론 배심원은 단지 분별 있는 관찰자인 것만은 아니다. 배심원단은 그들이 고려해야 하는 것에 있어—스미스의 모델에서 이미 구축된 편향성에 대한 금지뿐만 아니라—분명히 법적인 장치들의 제약을 받는다. 스미스의 조건들을 늘 염두에 두는 것은 우리에게 배심원의 공감이 타당한지 그렇지 않은지에 대한 논의와 관련된 복잡한 문제들을 해결하는 데 분명 도움을 줄 것이다.

캘리포니아 대 브라운$^{California\ v.\ Brown}$ 판결의 모든 의견들은 선고 단계의 배심원이 "선고 단계에서 제시된 가중 혹은 경감 사유에 근거하지 않는 공감의 종류"[26]는 무시해야 한다는 데에 동의했다. "사건과 무관한 감정"은 사실 무시되어야 했지만, 증거에 적절하게 근거한 감정은 인정되었다. 앞선 우드슨 대 노스캐롤라이나$^{Woodson\ v.\ North}$ ^{Carolina} 판결*은 당사자를 자신만의 역사를 가진 고유한 개인으로 대하는 것과 공감 사이의 연관성을 주장하면서 그러한 공감의 감정이 갖는 중요성을 아주 설득력 있게 정리했다.

절차상에서 범죄자의 성격이나 전과 혹은 특정 범행 당시의 정황 등을 중요하게 다루지 못하면, 최종 사형 선고를 내리기 위한 참작 과정에서 인간성의 많은 취약함에 기인하는 동정적인 요소 혹은 경감하는 요인을 배제할 가능성이 있다. 이는 특정 범죄로 유죄 선고를 받은 모든 인

---

* 1976년 연방대법원은 배심원에게 주어지는 사형 선고 재량에 대한 우려 때문에 모든 일급 살인에 대하여 사형(명령적 사형 또는 절대적 사형mandatory death penalty)을 부과하는 노스캐롤라이나 법령이 위헌이라고 선언하면서, 사법적 재량 또는 배심원단의 재량을 전혀 허용하지 않는 것은 위헌이라고 판결하였다. 즉, 사형을 부과하기 전에 특정 범죄의 정황과 피고의 성격 및 경력 등을 충분히 고려해야 한다는 것이다. *Woodson v. North Carolina*, 428 U.S. 280 (1976).

시적 정의

간을 고유의 개별적 인간 존재로 다루는 것이 아니라, 사형 선고의 맹목적 처벌을 받는 정체불명의 구별되지 않는 집단의 일원으로 보는 것이다.[27]

캘리포니아 대 브라운 판결에 나타난 모든 의견은 이 판례를 따른다. 그리하여 분별 있는 관찰자의 규범적 역할과 그것이 인간의 복잡한 내러티브 전체를 헤아리는 행위와 맺는 관련성 또한 인정한다. 판결문의 의견들은 명시된 그러한 지침(배심원들에게 '한낱' 공감 따위는 무시할 것을 요구하는 지침)이 적절한 공감의 배제를 요구하는 것으로 자연스럽게 해석되는지의 여부에 대해서만 의견이 다르다. 다수 의견은 배심원들이 오직 '무분별한' 공감만을 배제해야 한다고 요구되었던 것으로 충분히 볼 수 있음을 주장했고, 반면 반대 의견은 검사들이 표준적으로 이러한 지시를 재현하는 방식을 고려해볼 때, 배심원들이 이에 대해 명확하게 알지 못한다고 주장했다. 나의 논의는 반대자들의 의견이 옳음을 보여준다. 이 점에 대한 많은 사람들의 생각에는 큰 혼동이 있으며, 이에 대해 적절한 공감과 부적절한 공감의 경계를 명확하게 해야 할 필요가 있기 때문이다. 증거에 귀속되어 있고, 적합한 방식에 따라 제도적으로 제한되며, 특정한 상황의 맥락으로부터 자유로운 공감의 감정은 공적 판단에 있어서 수용될 수 있을 뿐 아니라 사실상 핵심적인 것으로 보인다. 하지만 이는 문학 작품이 '정체불명의 구별되지 않는 집단'이 아니라 '고유의 개별적 인간 존재'를 향해 감정을 갖는 것이 무엇인지를 배우는 독자들에게 구축하는 감정의 형태, 즉 분별 있는 관찰자의 감정을 가리킨다. 내가 보기에 이는 스미스가 생각했던 문학 작품 본연의 의미이다. 요컨대, 공적 합리성의 규범에 결정적인 요소를 인위적으로 구축하고, 참된 대응을 하는 데 소중한 길잡이가 되어주는 것 말이다.

4

재판관으로서의
시인

얼마 전 저는 매우 감동적인 글을 읽었습니다. 체스터턴^{G. K. Chesterton}의 글을 읽고 있었는데, 브론테^{C. Brontë}의 작품 『제인 에어^{Jane Eyre}』에 대한 언급이었던 것 같습니다. 체스터턴이 이런 말을 합니다. "밖으로 나가서 도시를 한번 보시오. (런던을 보고 있었던 것 같습니다) 보다시피 지금 당신은 19세기 말의 집들을 보고 있지만, 이 모든 집들은 마치 다 똑같이 생겼소. 그리고 저 모든 사람들은 일을 하러 가고 있고 그들 또한 다 똑같다는 생각이 들 것이오. 하지만 브론테가 당신에게 말해주는 것은 바로 그들이 결코 똑같지 않다는 것이오." 각각의 집과 가정에 있는 사람들은 서로 다르고, 또 제각기 다른 이야기를 갖고 있습니다. 그 각각의 이야기들은 인간의 정념에 관한 무언가를 내포하고 있지요. 또한 각각의 이야기들은 남자, 여자, 아이, 가족, 일, 삶에 대한 이야기를 포함하고 있습니다. 여러분은 이를 책을 통해 알 수 있을 것입니다. 그래서 저는 문학이 이따금씩 우리를 고층탑 밖으로 나갈 수 있게 도와주는 하나의 길이라고 생각합니다.

　— 스티븐 브레이어^{Stephen G. Breyer}* 가 미국 연방 대법관 인사청문회에서 상원 사법 위원회에 했던 말

법원은 죄수들에게 자기 자녀의 사진이나 아내에게서 온 편지에 이르기까지 그 어떤 개인적인 것도 헌법의 보호 아래에 있지 않다고 말함으로써 내가 오랫동안 우리의 법체계 안에서 소중히 여겨져왔다고 생각했던 윤리적 전통을 깨뜨렸다.

　— 존 폴 스티븐스^{John Paul Stevens} 대법관**, 허드슨 대 파머^{Hudson v. Palmer} (1984)*** 판결문 중에서

- 스티븐 브레이어는 1994년 당시 빌 클린턴 미국 대통령에 의해 임명된 미국 연방 대법관으로서 헌법에 대한 실용주의적 접근법으로 잘 알려져 있다. 대법원 내의 자유주의 진영을 표방하는 그는 재판 과정에 경제학적 논증의 개입이 더 확대되어야 한다고 주장했다.
- 존 폴 스티븐스는 1975년부터 2010년까지 미국 연방 대법관을 지냈고, 워런 버거Warren Burger와 윌리엄 렌퀴스트William Rehnquist 대법원장이 재임하는 동안 법원의 보수화에 강한 제동을 거는 진보적 성향의 판결을 내린 것으로 유명하다.
- 미국 판례 인용 표기법은 아래와 같다. 예를 들어, *Hudson v. Palmer*, 468 U.S. 517 (1984)의 경우, 허드슨 대 파머는 사건명으로, 원고 허드슨과 피고 파머 사이의 소송을 의미한다. 숫자 468은 판례집의 권 수

다양성의 중재자

월트 휘트먼은 1867년에 "온타리오의 푸른 해변"에 서서 "전쟁의 시대와 돌아온 평화, 그리고 더 이상 돌아오지 못할 죽은 자들에 대해" 깊이 생각했다. 그리고 그가 사색에 잠긴 동안, "거대하고 위대한 유령"이 미국의 공적인 삶에 시인이 필요하다고 하면서 "단호한 표정으로 그에게 말을 걸어왔다." 이 유령—내가 보기에 전장에서 목숨을 잃은 젊은이들과 죽은 대통령이 결합되어 나타난 것이다—은 오직 시인들만이 이 나라를 하나로 뭉칠 수 있게 하는 판단의 규범을 구현하기에 완벽한 자질을 갖춘 자들이라고 주장한다. 그러고는 이렇게 말한다. "그들의 대통령들은 시인이 그러한 것만큼 만인의 심판은 아닐 것이다."

유령은 이어서 시인을 재판관의 한 부류로 묘사한다. 하지만 이 시인-재판관은 공적인 장에서 휘트먼이 지배적이라고 여긴 많은 전통적인 판단 형태들과는 다른 특이한 고유의 판단 규범을 갖고 있다. 이하는 유령의 규범적 기술의 한 부분이다.

를 의미하고, U.S.는 판례집의 이름을 뜻한다. 517은 판례가 수록된 첫 페이지 번호를 뜻하고, 마지막 1984는 판결을 내린 연도를 의미한다. 연방대법원의 판례를 수록하고 있는 판례집은 *United States Reports*(U.S.), *Supreme Court Reporter*(S. Ct.), *United State Supreme Court Reports*, Lawyer's Edition (L. Ed., L. Ed. 2d), *North Eastern Reporter* (N. E., N. E. 2d) 등이 있다.

이 나라에서 시인은 한결 같은 인간이다,

그 안에 있지 않고 그로부터 떨어져 나온 사물들은 괴상하거나 과도해지거나 온전치 않게 된다……

그는 모든 사물들이나 특성에 넘치지도 부족하지도 않은 적당한 비율을 부여한다,

그는 다양성의 중재자이며, 열쇠다,

그는 자신의 시대와 영토의 형평을 맞추는 자이다……

부정의 길로 엇나간 세월을 그는 확고한 믿음으로 억제한다,

그는 논쟁자가 아니다, 그는 심판이다 (자연은 그를 절대적으로 받아들인다)

그는 재판관이 재판하듯 판단하지 않고 태양이 무기력한 것들 주변에 떨어지듯 판단한다……

그는 남자들과 여자들 안에서 영원을 보며, 남자들과 여자들을 꿈이나 점으로 보지 않는다.

휘트먼은 시인-재판관을 "한결 같은 인간"으로 명명함으로써—추상적인 일반적 원칙에 대한 극도로 단순하고 환원적인 의존을 대신하기 위해 형평적 판단이라는 규범 개념을 발전시킨—아리스토텔레스까지 거슬러 올라가는 법률·사법적 추론에 대한 전통적인 사유 속에 자신의 이상을 위치시켰다. 아리스토텔레스와 같이 휘트먼은 이러한 유연한 맥락 의존적 판단이 비합리적인 것에 대한 양보가 아니라, 정치적으로 합리적인 것의 가장 완벽한 표현이라고 주장

한다. 즉, 그 "안에서" 있지 않고 "떨어져 나온" 사물들은 "괴상하고 과도해지거나 온전치 않게 된다." 시인은 변덕스럽고 유별난 창조물이 아니라, 자신의 시선을 공정성의 규범("그는 자신의 시대와 영토의 형평을 맞추는 자")과 역사("부정의 길로 엇나간 세월을 확고한 믿음으로 억제하는 자") 모두에 고정함으로써 다양한 사람들의 주장을 적절하게 숙고하면서 "모든 사물들이나 특성에 넘치지도 부족하지도 않은 적당한 비율을 부여"하는 데 가장 탁월한 인물이다. 공정성과 역사 모두는 민주주의에서 언제나 어느 정도 위험에 처하게 되는데 시인-재판관이 바로 이것의 수호자다.

휘트먼의 '유령'은 자신이 간절히 바라왔던 시인의 다소 모호하고 또 명백히 모순적인 점들에 대해 이렇게 말한다. 첫째, "그는 논쟁자가 아니다, 그는 심판^{judgment}이다"라는 문장, 그리고 "그는 재판관이 재판하듯 판단하지 않고 태양이 무기력한 것들 주변에 떨어지듯 판단한다"는 문장이 그것이다. 왜 시인은 "논쟁자"가 아니라 "심판"인가? 어떻게 시인은 "재판관이 재판하듯" 판단하지 않는데, 심판이 될 수 있는가? 그리고 어떤 판단 형식이 빛이라는 특이한 은유 속에 제시되어 있는가?

이러한 난해한 구절에 대한 이해의 열쇠는 그 뒤의 문장 즉, 시인은 "남자들과 여자들 안에서 영원을 보며, 남자들과 여자들을 꿈이나 점으로 보지 않는다"에 담겨 있다. 여기에서는 인간 존재에 대한 추상적인 유사수학적^{pseudomathematical} 시각과 인간 삶을 공정하게 다루는 풍성하고 구체적인 시각이 대조를 이룬다. 내가 보기에 이는 "논

시적 정의

쟁자"와 "심판" 사이의 대비를 읽는 방식이기도 하다. 즉, 시인은 추상적이고 형식적인 사유를 단순히 드러내는 것이 아니라, 특정한 사건이 갖는 역사적이고 인간적인 복잡함에 부합하는 공정한 판단을 제시한다. 유령이 계속해서 지적하듯, 이는 당대의 많은 재판관들과는 다른 방식이고, 그렇기에 시인은 "재판관이 재판하듯" 판단하지 않는다. 그가 언급했듯이, 우리는 햇빛이 "무기력한 것들"에 떨어지는 방식을 떠올림으로써 그의 판단 과정이 어떠한 것인지에 대해 제대로 알 수 있다. 우선 이렇게 선명한 이미지는 굉장히 면밀한 자세함과 특수성을 시사한다. 태양이 사물에 내려와 비출 때, 모든 켜와 결을 비추며, 어떤 것도 감추어지지 않고, 그 어떤 것도 인식되지 않은 채로 남겨두지 않듯이 말이다. 이는 시인의 판단이 내려지는 방식과도 같으며, 이는 존재하는 모든 것을 인식하게 하고, 또 그것이 우리의 눈에 드러나게 한다. (그리하여 이러한 묘사는 돌의 형태를 측정하는 데 쓰이는 건축가의 구부릴 수 있는 휘어진 자와 그 모습이 유사하다.)[1] 특히 태양은 대개 어둠에 가려진 무기력한 자들의 상황을 비춘다. 하지만 이 친밀함은 또한 엄중하고, 오히려 가혹하기까지 하다. 휘트먼은 심판을 선선한 그늘이 아닌 햇빛에 비유함으로써, 공정성과 적합성에 대한 시인의 신념이 편향되거나 선호하는 쪽에 치우치지 않고, 친밀함은 유지하면서도 개별적인 것들을 대하는 그의 태도는 흔들리지 않는다고 지적한다. 이 지점은 사법적 중립성judicial neutrality에 대한 이상과 비슷하다. 하지만 이 중립성은 동떨어진 일반성이 아닌 풍부한 역사적 구체성과 관계하고, 유사과학적 추상성이 아닌 인간 세계에 대한 비전과 관계한다.

　이 모든 것들은 심판에 대한 묘사이다. 또한 이는 문학적 상상력에 대한 설명이기도 하다. 휘트먼이 실천적 판단이라는 아리스토텔레스적 개념을 바탕으로 문학적 상상력이 "이 나라에서" 법적인 규범, 특히 법적 추론의 규준을 제시하는 데 중요한 역할을 해야 한다고 한 것은 놀라운 주장이다. 이 장에서 나는 휘트먼의 이 주장에 대해 변론하고자 한다. 물론 휘트먼의 주장을 단적으로 받아들이는 것은 아니다. 왜냐하면 나는 법적 추론 기술, 법 지식, 판례의 제약 등은―문학적 상상력이 작동해야 할 경계를 제시하면서―좋은 판단을 내리는 데 중심적인 역할을 한다고 생각하기 때문이다. 재판관은 단순히 시인이 될 수 없고, 심지어 아리스토텔레스적인 공정한 인간이 될 수도 없다. 휘트먼은 재판관을 자신의 공상에 따를 자유가 있는 존재로 여김으로써 재판관의 역할에 대한 제도적 제약을 간과했다고 할 수 있다. 이는 명백히 틀린 것이다. 하지만 나는 제한된 범위에서 2장과 3장에 설명한 상상의 형태가 아주 귀중한 방식으로 법적 추론의 다른 측면들을 보완해줄 수 있다고 주장할 것이다. 나는 제도적 제약과 결합된 문학적/아리스토텔레스적 개념이 사법적 중립성에 대한 복합적인 이상을 산출해낼 수 있으며, 이는 이 기준에 대한 여타의 영향력 있는 개념들에 대해 강력한 적수가 될 수 있음을 주장하고자 한다.

　구체적으로 우리는 문학적 판단에 대한 세 가지 대립 견해를 비교해볼 수 있다. 첫째, 회의적인 객관성을 함양하는 재판관, 둘째, 법적 추론을 과학의 형식적 추론 모델에 기반을 둔 것으로 받아들이는 재판관, 셋째, 사법적 중립성을 이유로 개별적인 것들로부터 고고한 거리를 두고자 하는 재판관이 그것이다. 나는 문학적 재판관이 회의적인 형태의 객관성을 삼가고, 유사과학적 모델보다는 가치 평가적인 실천적 추론의 인간적 형태를 선호하는 것이 타당하다고 주장하고자 한다. 그 이유는 보통법 전통에 깊이 뿌리박고 있다. 재판관은 중립성을 추구하는데, 앞서 3장의 분별 있는 관찰자에 관한 설명과 일맥상통하는 바, 가치 판단적인 인간적 사실들에 공감하는 지식을 금지하기보다는 이를 요구하면서 중립성을 추구해야 하는 것이다.

다음으로 시인은 "자신의 시대와 영토의 형평을 맞추는 자"라는 주장으로 돌아와서, 나는 문학적 상상을 하는 자의 경험과 사회적 평등에 대한 관심 사이의 관계에 대해 고찰하고자 한다. 마지막으로 나는 휘트먼이 제안한 판단 형식의 좋은 예와 나쁜 예를 제시해주는 몇몇 법적 견해들을 검토하고자 한다.

여기서 내가 말하는 '문학적 재판관'의 문학적인 측면들은 특히 재판관이 실제 삶에서 갖는 사유의 단지 한 측면임을 반드시 지적해야 할 것이다. 실제 삶에서 재판관은 다른 능력과 지식이 있어야 하고, 무엇을 가장 핵심적인 것으로 생각해야 하고 또 생각하지 말아야 하는지를 이미 설정해놓은 법령과 판례의 요구와 자신에게 주어진 제도적 역할 등으로 인해 제약을 받는다. 판단의 문학적 측면은 구체적인 것에 대해 아리스토텔레스가 이미 강조한 것과 더불어, 보통법 전통에서 비롯된 법적 추론에 대한 이해와 아주 쉽게 결합될 수 있다. 하지만 그러한 전통이 재판관으로 하여금 무분별한 공감과 공상을 허용하는 것은 아니다. 그렇다면 이제 우리는 형식적인 법적 역할이라는 엄격한 굴레 내에서 어떻게 공상이 작동하는지 물어야 할 것이다.

회의주의도 아닌, 과학주의도 아닌

『어려운 시절』과 같은 소설을 해석의 이론에 관해 질문을 던지는 문학이론가로서가 아니라 감동하고 기뻐하는 인간 존재로서 읽을 때, 우리는 개인적 편견과 선호로부터 자유로운 분별 있는 관찰자가 된다. 동시에 우리는 회의주의자가 되지 않을 수 있다. 우리 모두가 주인공들과 그들이 처한 상황에 대해 똑같은 방식으로 반응하는 것은 아니다. 하지만 우리가 반응을 보일 때, 소설의 구조—소설이 우리에게 세상을 보여주는 방식과 특정 주인공들과 우리를 동일시하도록 만드는 방식—는 우리로 하여금 그들에게 일어나는 그 어떤 것도 좋은 것으로 느끼지 않는 회의주의적 무관심의 형태와는 다른 마음 자세를 갖도록 만든다. 물론 우리는 상황에 개입하도록 유혹하는 소설의 제안에 거리를 둘 수 있다(하지만 그렇다면 소설을 계속 읽어야 할 이유가 불분명해진다). 그러나 만약 우리가 소설의 권유에 넘어가 주인공들에게 감동받아 열렬한 관심을 갖고 이야기를 따라가면, 그 과정에서 우리는—산업혁명, 공리주의, 이혼법, 자녀 교육 등에 대해—왜 어떤 이유가 다른 이유에 비해 더 강력한지, 왜 인간 존재를 다루는 어떤 방식이 다른 것에 비해 더 나은 것이며, 어떠한 이유에 의거하여 보다 나은 방식으로 인정할 수 있는지에 대해 자신 있게 판단을 내리게 될 것이다.

사실상 우리는 소설에 의해 특정 형태의 재판관이 되는 것이다. 재판관으로서 우리는 무엇이 옳고 적합한지에 대해 서로 논쟁을 하게 될 것이다. 그리고 주인공이 우리에게 중요한 존재가 되고, 그들의 입장에 서서 대응하는 한, 그런 논쟁이 우리가 단지 장난치듯 가지고 노는 별것 아닌 것이 아니라는 점을 알게 된다. 그러한 판단(예를 들어 루이자 그래드그라인드, 그리고 보다 넓은 의미에서 자녀의 도덕 교육에 대한 우리의 판단)은 대부분 역사의 테두리를 벗어나거나 초월적인 기준에 근거하지 않는다. 독자로서의 경험에 비추어 볼 때 그러한 기준은 우리가 추구하는 것에 불필요하게 느껴지는 것이 사실이다. 왜냐하면 관심 있는 독자로서 우리는 인간 공동체 안에서 그리고 인간 공동체를 위해서 선을 추구하는 것이며, 왜 인간적 추구의 경험 외부에 있는 규범이 그러한 기획에 요구되는지는 명확하지 않기 때문이다. 또한 우리의 모색은 그러한 포괄적인 접점을 찾고자 하는 주위 독자들의 판단과 반응에 따라 이루어진다. 우리가 추구하는 것은 단지 우리 자신의 개인적 경험을 이해할 수 있게 하는 도덕 교육의 시각이 아니라, 타인에게 설명할 수 있고 또 공동체 안에서 살고자 하는 이들과 함께 지지할 수 있는 종류의 것이다. 이는 또한 우리의 독서를 굳건히 하고, 독서를 자유로운 해석의 놀이와는 근본

적으로 다른 것으로 만들어줄 것이다.[2]

법적 추론에 대한 극히 회의주의적인 접근 방식이 문학적 해석 활동을 공인된 패러다임으로 주장하는 최근 문학 이론 내에서 옹호되고 있다는 점을 감안할 때, 일반적인 독서의 비회의적인 특징을 강조하는 것은 중요하다. 법에 있어서 이러한 입장의 주요한 지지자인 스탠리 피시Stanley Fish는 역사와 인간의 해석 활동(그가 생각하기에 우리는 이를 찾는 데 실패했다)을 초월하는 기준이 없다면 우리는—특정한 것들을 믿게 만들면서 그러한 믿음에 대해 원칙적인 정당성을 제공해주지는 않는—정치적이고 역사적인 힘들의 작용 속에 남겨질 것이라고 주장한다.[3] 다시 말해 역사의 테두리를 벗어난 정당화를 제거하는 것은 모든 합리적 정당화를 없애는 것이다. 원인은 남게 되겠지만, 타당한 이유는 없어지는 것이다.[4] 하지만 말하자면 하늘에서부터 심연까지 이르는 이러한 비약은 피시가 제시한, 혹은 쉽게 상상할 수 있는 논증에 수반되는 것은 아니다. 심지어 우리가 공적이고 사법적인 추론에 대해 초역사적인 기준을 결여하고 있다고 하더라도, 이는 우리에게 크게 문제가 되지 않는다. 왜냐하면 법은 언제나 역사와 사회 맥락에 근거하여 추론을 하며, 그 판단에 있어 영속적인 근거를 형성하는 것에는 그다지 중요성을 부여하지 않기 때문이다. 내가 보기에 피시는 윤리와 법에 대한 추론의 전통 안에서 우리가 특별히 더 강력한 논증을 뽑아내거나, 특별히 더 옹호할 만한 입장을 추려낼 수는 없다는 주장을 보여주지도 않았고 또 보여줄 수도 없었다고 생각한다. 문학을 읽는 사람들의 경험은 원칙과 전통에 대한 우리의 진화하는 의식이 구체적인 맥락에 주목하게 함으로써 우리가 이에 어떻게 대처하는지를 보여준다. 피시는 인간 존재에 의해 결코 달성될 수 없는 터무니없이 높은 목표를 설정함으로써 오직 규범적 논쟁으로부터 떨어져나온 것이다. 그러나 현실 세계에서 우리는 보다 평범한 목표들을 세우고 이를 달성하기도 한다. 만약 이것이 일반적인 윤리적 추론에 적용된다면, 법의 영역에서도 그러할 것임은 명백하다. 왜냐하면 판례와 법적 제약의 체계는 아마도 도덕적 상상력 그 자체보다 불확정성을 제거하는 데 훨씬 더 많은 기여를 할 것이기 때문이다.

만약 문학적 시각이 훌륭한 이성들로부터 객관성을 강력하게 부정한다면, 이는 또한 법이 자연과학을 거울 삼아 이해될 수 있고 또 이해되어야 한다는 생각을 부인하는 것이다. 과학주의적 견해는 영미법 역사에서 다양한 형태로 나타나는데, 주로 보통법 전통의 엉성하고 비체계적인 특성에 대한 공격으로 드러난다. [20세기 초 미국 연방 대법관으로 재직한] 벤자민 카르도조^{Benjamin Cardozo}는 흥미로운 자서전적 구절에서 과학적 체계에 대한 희망을 천국, 즉 우리가 실제로 거주하는 인간 세상과는 다른 무언가에 비교했다.

나는 판사로서 첫해에 내가 정박해 있던 바다에 얼마나 인간의 발자취가 없는지를 발견하고는 골머리를 앓았다. 나는 확실성을 찾고자 했다. 확실성을 향한 모색이 무익한 것임을 발견할 때면 마음은 괴로웠고 나는 낙담했다. 나는 확고하고 불변한 규칙들의 견고한 대지 즉, 나의 갈팡질팡하는 마음과 의식 속에 투영된 연약하고 가냘픈 모습보다 그 자체로서 분명하고 또 위엄 있다고 포고하는 정의의 천국에 당도하고자 하였다. 로버트 브라우닝의 <파라셀서스>에 등장하는 여행자들과 함께 나는 "진정한 천국은 언제나 저 너머에 있다"는 것을 발견하였다.[5]

우리는 여기서 그러한 이상에 매달려 있는 사람(카르도조는 그렇지 않았다)이 이상 획득에 실패하였을 때 오는 좌절 때문에 피시 방식의 거리 두기에 얼마나 쉽게 빠질 수 있는지를 알 수 있다. 그러나 이러한 결론은 역사적으로 근거를 두고 있으면서도 원칙에 입각한 이성들—이는 법이 실제로 사용하는 것이다—에 대한 일종의 수치심을 저버리는 것이다.

이와 유사한 실천적 이성에 대한 부인은 근대적 개념의 법학 교육 창시자인 크리스토퍼 콜럼버스 랭델Christopher Columbus Langdell에게서 찾을 수 있다. 그는 법의 주장이 오직 과학으로 입증될 수 있을 때에만 하버드 대학과 같은 훌륭한 대학에 법이 자리 잡을 수 있다고 주장했다. 랭델은 "만약 법이 과학이 아니라면, 그것은 수공예의 한 종류일 것이고, 그렇다면 이를 행한 사람에게 도제 수업을 받음으로써 잘 배울 수 있을 것이다"라고 썼다. 랭델에게 법이 과학이라는 것을 보이는 것은 그것이 사건들에 앞서 정해진(사건들을 검토함으로써 최초에 형성된 것이긴 하지만) 단순하고 일반적인 원칙들의 플라톤적인 위계에 의해 형성된 것이라는 점을 보이는 것을 뜻하고, 이는 거의 기계적인 의사 결정 과정을 도출할 것이다. "진정한 법률가는 법적 원칙에 대한 그러한 정통성을 갖고, 부동의 능숙함과 확실성을 바탕으로 법을 인간사의 얽히고설킨 실타래에 적용할 수 있는 자이다."[6] 최근의 과학주의에 대한 열망은 법을 경제과학과 동화시키는 데 초점을 맞추어왔다. 이는 앞서 2장과 3장에서 내가 비판한 이들이 적용했던 생각이기도 하다.

이러한 의미에서 법은 오직 과학일 때에만 훌륭한 학문적 영역이라는 생각은 명백히 하나의 가능성을 간과한다. 즉, 법은 과학의 영역일 뿐만 아니라 인문학의 영역이라는 점, 그리고 그것이 법을 뛰어넘어 인문학 안에서 이해될 때, 실천적 추론의 특별한 탁월함을 포괄할 것이라는 점 말이다. 아리스토텔레스가 오래전에 주장하였듯이, 윤리학과 정치학에서의 추론은 과학에서 추구하는 연역 추론과는 다르고, 또 응당 달라야 한다. 왜냐하면 이는 역사적 변화, 실제적인 실천의 맥락이 갖는 복잡성, 사건들의 수많은 다양성 등에 대해 보다 근본적인 방식으로 접근해야 하기 때문이다. 이러한 이유들 때문에—분명 규칙을 모색하고 또 이를 지침으로 삼겠지만—이는 사건들의 세부 사항들을 주의 깊게 살필 것이고 나아가 사전에 기술된 규칙들이 사건들을 다루기에 충분히 적합한 것이라고 지레 가정하지도 않을 것이다. 고정된 규칙들이 법적 판단을 하는 데 매우 중요한 역할을 차지하고 있다고 하더라도—예를 들어, 안정성을 보장하거나, 한쪽으로 치우치는 것을 방지하거나, 판결의 오류를 줄이는 등에 있어서—법적 판단은 실제로 당면한 사건들에 직면하여 변화하는 환경들과 가치들을 수용할 수 있어야 한다.[7] 아리스토텔레스의 실천적 이성의 규범은 역사와 환경에 대한 풍부한 관심을 바탕으로 하는 보통법의 특징적인 절차에 잘 예시되어 있다.

사법적 중립성

문학적 재판관은 응당 중립성—휘트먼의 태양 빛줄기와 같이—에 충실하다고 할 수 있다. 말하자면, 그는 자신의 원칙을 정치적이거나 종교적인 압력을 가하는 단체의 요구에 맞추지 않으며, 개인적 관계 혹은 자신이 속한 단체와의 관계에 의거하여 그 어떠한 단체나 개인에게 특권이나 호의를 베풀지 않는다. 그는 분별 있는 관찰자이며, 무관하고 근거 없는 감정을 쏟아내지 않는다. 한편, 앞서 논의한 대로 그의 중립성은 자신 앞에 놓인 사건들의 사회적 현실로부터 고상한 거리 두기를 요구하지 않고, 오히려 그는 풍부한 상상력을 겸비한 구체성과 정서적 응대를 바탕으로 그러한 현실을 철저하게 검토하기에 이른다. 이는 분별 있는 관찰자, 혹은 소설의 독자에게 적합한 자세이기도 하다. 2장에서 나는 특정한 대상들이 불평등한 피해를 입었고, 그리하여 만일 그들이 진정 동등한 존재로 여겨져야 한다면, 문학적 재판관은 어느 한쪽이 보다 많은 관심을 필요로 하는 그 근거를 특히 잘 살펴야 한다고 지적했다.

사회적 약자에 대한 이러한 관심은 문학적 경험의 구조에 내재되어 있는데, 이는 앞서 살펴보았듯 분별 있는 관찰자의 경험에 관한 애덤 스미스의 모델과 같다. 독자는 때로 부유하거나 혹은 가난한 수많은 다른 형태의 삶들에 간접적으로 개입한다. 내 관심사인 사실주의 사회소설에서 이러한 삶은 다양한 삶의 지층으로부터 의식적으로 길어 올린 것들이고, 이렇게 다양한 환경들이 허용하는 설명의 범위는 독자의 경험으로부터 형성된 것이다. 말하자면 독자는 이들 중 어떤 것이 자신의 것인지 모른 채 각각의 삶 속으로 들어간다. 독자는 우선 루이자와 동일시하고, 그리고 나서는 스티븐 블랙풀과 동일시를 하게 되는데, 그들의 삶을 차례로 겪으면서 자신의 현재 위치가 여러 측면에서 행운의 산물임을 알게 되는 것이다. 그는 삶을 살아가는 데 적합한 공감의 감정을 가지며, 보다 중요하게는 행운이 자신의 삶을 보다 나은 방향으로 나아가게 하는 데 도움이 되었는지 아닌지를 판단하는 관찰자적 감정도 지니고 있다. 다음 부분에서 논의하겠지만, 이는 그가 극빈층이 직면한 사회적 불이익에 특히 주목하게 될 것임을 의미한다. 예를 들어, 디킨스 소설의 경우, 스티븐 블랙풀이 진정 평등한 자격을 지닌 시민으로 여겨진다면, 그가 겪는 불이익을 고려할 때, 그에게 특별한 깊이의 관심이 요구된다는 것을 쉽게 알아챌 것이다.

관찰자의 이러한 개념은 [전 컬럼비아 법대 교수이자 전시에 법무장관 보좌관을 역임한] 허버트 웨슬러^{Herbert Wechsler}의 〈헌법의 중립성 원칙에 대하여〉에 드러난 유명한 논쟁의 핵심을 관통한다.[8] 문학적 재판관 개념은 웨슬러의 글 서두에 개진된 판결에 대한 일반적 시각을 강력하게 지지한다. 즉, 재판관은 임의적이거나 변덕스럽지 않은 기준, 다시 말해, "고의나 의지에 의한 단순한 행동이 아니라 이성의 활동으로써 형성되고 검증될 수 있는 기준"을 필요로 한다. 훌륭한 결정은 참으로 "사건에 있어서 문제가 되는 모든 것들에 대해, 이성이 지닌 일반성과 중립성에 근거해 도출될 수 있는 그 어떠한 즉각적인 결과도 초월하는 그러한 이성에 기초하는 것이다." 이성은 공적 명료성과 원칙적 일관성의 기준에 맞아야 한다. 우리는 법정이 "벌거벗은 권력 기구"로서 작동하고 또 그래야만 한다는 생각에 강력히 저항해야 한다. 사실상 이는 애덤 스미스가 서사적 허구의 독자를 생각하는 방법을 통해, 분별 있는 관찰자를 구성하도록 한 상황적 편향성으로부터의 자유와 중립성을 강조한 것과 유사한 사유이다. 법적 추론에 대해 논하는 경우, 우리는 스미스의 모델에 덧붙여 재판관의 추론에 가해지는 강력한 제도적 제재가 있을 것이라는 사실을 추가해야 할 것이며, 더불어 이는 원칙에 근거한 중립성이 요구된다고 한 웨슬러가 충분히 동의할 만한 추가적인 이유를 제공해줄 것이다.

하지만 웨슬러는 자신의 논의를 전개하면서 중립성에 관한 스미스의 입장으로부터 더욱 거리가 멀고 보다 추상적인 규범으로 급격히 돌아선다. 그는 중립성을 현재 상황과 역사로부터 아주 멀리 떨어져서 수많은 개별적인 사회적이고 역사적인 사실들—평등하고 원칙에 입각한 법의 적용과 매우 관련이 깊은 것으로 보이는 사실들—을 무시해야 하는 요구로 이해하는 듯 보인다. 비록 그가 쓴 글의 이론적인 부분에서는 자신이 주장하는 원칙의 개념이 역사와 판례를 무시하는 것을 내포하는 것은 아니라고 말하지만, 미국 공립학교의 흑백 통합 사건에 관해서는 '사실들'에 충실하다는 미명 하에 몇몇의 아주 적절한 사회적 자료들을 간과하는 듯 보인다. 특히 '분리하되 평등한^{separate but equal}' 시설과 관련된 사건들*의 재판관들은 자신들의 원칙이 정치적 편향 없이 적용된다는 것을 보장하기 위해, 소수자들이 당면한 특수한 불이익에 대해 구체적으로 감정 이입을 한 지식이나 흑인과 백인을 분리하는 인종차별의 비대칭적 의미를 거부해야 한다는 것이다.

'분리하되 평등하게 한다'는 공식은 '형식상' 기각된 것이 아니라, 분리된 학교들이 '본래적으로 불평등'하기에 현장의 공립 교육에서는 '설 자리가 없어지게' 된 것이다. 유색 인종 아이들에게 그들의 열등함을 내부적으로 드러냄으로써 유해한 영향을 끼치고, 그들의 교육적   정신적 발달을 저해하기 때문이다. (…)

---

* 플레시 대 퍼거슨*Plessy v. Ferguson* 판결을 뜻한다. 1896년 백인용 차량에 올라탔다가 체포, 수감된 호머 플레시라는 흑인이 백인들이 타는 칸과 흑인들이 타는 칸을 구별할 것을 의무화한 루이지애나 주의 차량 분리 법령(Separate Car Act 1890)은 위헌이라고 연방대법원에 항고했지만 연방대법원은 8 대 1로 루이지애나 주 당국의 손을 들어주었다. 하지만 이 법안은 반세기 후, 1954년 브라운 대 교육위원회*Brown v. Board of Education of Topeka* 판결에서 만장일치로 위헌 판결을 받는다. 이 판결로 흑백 통합 작업과 민권운동에 가속이 붙기 시작했고 의회가 1964년 민권법을 제정하기에 이른다. 흑인 민권 운동의 큰 획을 그은 두 판결에 대한 자세한 내용은 한국미국사학회, 『사료로 읽는 미국사』 궁리, 2006, 222~226쪽과 강한승, 『미국 법원을 말하다』 오래, 2011, 109~119쪽, 또는 손영호, 『다시 읽는 미국사』 교보문고, 2011, 238~240쪽, 그리고 L. 레너드 케스터, 사이먼 정, 『미국을 발칵 뒤집은 판결 31』 현암사, 2012, 226~235쪽 등 참조.

나는 판결이 진정 사실들을 배제할 수 있다고 여기기는 힘들다고 본다. 오히려 이는 인종 분리 정책이 원칙적으로 지향하는, 소수자에 대한 평등을 부정하는 것이라는 견해에 입각했을 것이라고 생각한다. (…) 하지만 이 입장 또한 문제점을 드러낸다. (…) 평등하게 시설을 갖춘 분리가 평등의 부정이라는 혐의를 갖는다는 맥락에서, 만약 '강제된 분리 정책이 유색 인종에게 열등함의 낙인을 찍는다면', 이는 순전히 그 구성원들이 '그 시설을 이용해먹기로' 선택한 것이라는 플레시의 진술은 요점이 없는 것인가? 성별에 대한 강제적 분리가 여성을 차별한다는 것은 순전히 이를 억울하게 여기는 것이 여성이고, 또 남성이 지배적인 재판 판결에 의해 강제되었기 때문인가? 다른 인종 간의 결혼[이종족 혼교]을 금지하는 것은 결혼을 하고자 하는 커플 사이에서 한쪽의 유색 인종에 대한 차별인가?

내가 보기에, 평등한 시설을 가정할 때, 국가가 집행한 분리 정책이 제기하는 문제는 전혀 차별에 관한 것이 아니다. 그것의 인간적이고 합법적인 측면은 철저하게 다른 지점, 즉 결사의 자유에 대한 국가의 부정―이와 연계된 어떠한 집단이나 인종에게 같은 방식으로 나쁜 영향을 주는 그러한 부정―과 관련 있다. (…) 내가 찰스 휴스턴^{Charles H. Houston}[유색 인종 지위향상 협의회^{NAACP}의 최고 법률고문을 역임]과 함께 대법원에서 소송을 진행하던 당시 지금의 건물이 들어서기 전, 그는 법정에서 휴회 시간 동안 함께 점심을 먹기 위해서는 유니언 역까지 가야만 한다는 사실에 대해 나보다 덜 괴로워했다.

시적 정의

여기서 주목해야 할 점은 웨슬러가 문제시되는 법률의 헌법적 의미뿐만 아니라 '인간적' 의미를 지적하는 주장을 했다는 것이다. 그는 두 가지 측면 모두에서 틀렸다. 원칙이 옳지 않다는 것은 문제의 인간적인 측면과는 상당한 거리가 있다. 웨슬러는 휴스턴이 자신과 함께 시내 중심가의 식당에서 점심을 먹을 수 없다는 것을 알게 된 것의 의미를 생각하면서, 이 점심식사 사건을 소설가의 방식으로 상상했고, 그러면서 곧장 이 결사의 자유에 대한 부정이 의미하는 것이 상당히 비대칭적인 특성을 지닌다고 보았다. 웨슬러에게 이는 불편함과 (그가 다른 곳에서 언급하였듯) 죄의식의 근원이었고, 휴스턴에게 이는 열등함의 공적인 낙인이었다. 우리는 미국 내에서 인종 간 관계의 역사를 이러한 비대칭성을 고찰하지 않고는—애덤 스미스가 말한 분별 있는 관찰자의 방식—섬세하고도 동정 어린 시각으로 고찰할 수 없다. 문제의 핵심이 차별에 관한 것이 아니라는 웨슬러의 주장은 기이한 화성인 같은 중립성을 갖는다. 억압의 경험에 포함된 감정들로부터 강제된 거리 두기로 인해, 그는 분리 정책의 비대칭적 의미와 역사는 오명이라는 완벽하게 합리적이고 보편화 가능한 원칙들을 자각하는 데 실패한다. 이러한 생각은 헌법을 해석하고, 적합한 헌법적—그리고 인간적인—원칙들을 구성하는 것과 긴밀한 관련을 맺고 있다. 웨슬러의 이러한 상상력의 실패는 젠더 문제에 대해서도 명백히 적용되는데, 이는 그의 인종에 대한 관점의 귀류법^{reductio ad absurdum}*에서 찾을 수 있다. 즉, 만약 '분리하되 평등하게 한다'는 원칙이 인종 문제에 있어 잘못된 것이라면, 이는 젠더 문제에 있어서도 분명 잘못된 것이다. 하지만 알다시피 젠더 분리에 대해 문제를 제기하는 사람은 대부분 여성이다. 그리고 그들은 원칙에 근거한 방식으로 설명될 수 있는 이성에 의해서가 아니라, 정치적 의제 때문에 불만을 제기한다. 이것이 바로 그의 논지가 전달하고자 하는 의미인 듯 보인다. 하지만 다시 강조하자면, 남성과 여성 사이의 역사적 비대칭성이 원칙에 근거한 논쟁, 즉 단순히 개별적인 결과에 도달하고자 만들어진 논쟁이 아니라, 이성에 의거한 논쟁의 주제가 될 수 있는 방식은 많다.

이와 반대로 문학적 재판관은 그러한 사회·역사적 사실들은 서로 긴밀한 관련이 있으며, 그러한 경우 재판관은 사건에 연루된 집단의 상황에 대해 최대한 풍부하고 포괄적인 이해를 가져야만 한다고 주장한다. 그는 그 어떤 개인적인 관계나 당파적인 목표에 의해서도 동요되어서는 안 된다. 그의 감정은 분별 있는 관찰자의 것이어야 하지, 눈앞에 놓인 사건에서 자신의 이익이나 손해와 관련이 있는 개인적 감정이어서는 안 되고, 관찰자로서의 상황이 아닌 자신의 상황에 근거한 그 어떤 개인적 기호나 목표가 되어서도 안 된다. 재판관이 (사람들의 고통을 가늠하기 위한 긴요한 방식인) 사건에 연루된 사람들에게 감정을 이입하는 것은 분별 있는 관찰자적 과정에 있어 늘 중요한 부분임에도, 이는 단순히 이와 관계된 사람들의 감정

● 어떤 명제가 참임을 증명하려 할 때, 그 명제의 결론을 부정함으로써 가정 또는 공리 등이 모순됨을 보여 간접적으로 그 결론이 성립한다는 것을 증명하는 방법이다. 간접증명이라고도 불린다.

이어서는 안 된다. 분별 있는 관찰자는 감정 이입을 넘어서 자신만의 관찰자적 관점에서 그들의 고통이 갖는 의미와 그것이 그들의 삶에 미치는 영향을 평가해야 한다. 사람들은 자신에게 일어나는 것에 대해 다양한 방식으로 잘못 생각한다. 관찰자로서 우리는 사회가 스티븐 블랙풀에게 가한 잘못들을 과장한다거나, 그의 정치적 박탈감—그의 절망에 너무 잘 수용된다고 할 때—을 보며 완전한 평등을 요구하기보다는, 작은 안도감을 느끼는 자신을 발견할지도 모른다. 내가 보기에 우리는 디킨스의 소설을 읽을 때 분명 이러하다. 그래서 거리를 두고 이루어지는 가치 평가는 분별 있는 관찰자로서 문학적 상상 활동의 핵심에 놓여 있다. 하지만 이것이 역사의 수많은 부분을 차지해온 고통과 불평등에 대해 무지하거나 이에 대한 인정을 거부하는 것을 의미하지는 않는다. 휘트먼의 햇빛이나 소설 읽기와 같이 문학적 중립성은 사람들과 그들의 실질적 경험에 보다 가까이 다가가는 것이다. 이것이 공정한 관찰자가 되는 방식이자 객관적인 가치 평가를 올바르게 수행하는 방법이다.

자신의 시대와 영토의 형평을 맞추는 자

휘트먼은 시인-재판관을 "형평을 맞추는 자"라고 불렀다. 이는 어떤 의미인가? 왜 문학적 상상력은 불평등보다는 평등에, 귀족적 이상보다는 민주적 이상에 더 긴밀히 관계하는가? 왜 법적 시선의 햇빛은 특별히 "무기력한 것들"에 관계하는가?

공감 능력이 뛰어난 독자로서 『어려운 시절』을 읽을 때, 우리의 관심이 특별히 쏠리는 부분이 있다. 즉, 주인공들의 고통과 고뇌가 독자와 작품 사이의 유대감을 형성하는 핵심 부분 중 하나이기에, 우리의 관심은 특히 고통받고 두려움에 떠는 인물들을 향한다. 어떠한 역경도 겪지 않은 인물은 우리의 관심을 그다지 끌지 못한다. 쉽게 풀리는 인생에는 극적인 것이 없기 때문이다. 이 비극적 감성은 독자에게 외부적 상황에 의해 고통받은 삶들에 대해 특별히 더 강한 동일시와 공감의 결합을 바탕으로 살펴보게 한다. 물론 때로 사악한 배경은 필요하고 또 불가피하다. 사랑하는 사람은 죽고, 자연의 재앙은 건물과 도시를 파괴할 것이다. 그러나 우리에게 감동을 주려는 비극은 불필요하다. 모든 전쟁이 불가피한 것은 아니고, 굶주림과 가난과 절망적으로 불평등한 노동 조건도 불가피한 것이 아니다. 우리가 소설 속 주인공들의 처지에 놓여 있다는 생각으로 『어려운 시절』과 같은 소설을 읽는다면—우리의 감정은 부분적으로 이러한 종류의 감정 이입적 동일시에 기초할 것이기에—우리는 자연스럽게 최악의 상황에 처해 있는 많은 사람들에게 가장 많은 관심을 갖게 될 것이고, 그들은 어떻게 하다가 이러한 상황이 되었는지, 이보다 더 나을 수는 없었는지 등을 생각하기 시작할 것이다.

가난하거나 억압받는 자들의 상황을 대하는 매우 나쁜 방식은 그것이 다르게 될 수 있었을 것이라고 생각하는 것이다. 우리는 이 점을 부유하고 잘사는 사람들의 상황과 나란히 두고 볼 때 더욱 분명하게 알 수 있다. 이러한 식으로 우리의 사유는 극빈한 사람들의 운명을 부유하고 권력 있는 사람들의 행운과 비슷하게 만드는 방향으로 자연스럽게 선회한다. 우리 자신이 그러한 두 부류 중 한쪽의 사람이거나, 혹은 그렇게 될 수 있기에, 최저 수준을 높이고자 하는 것이다. 이것이 모든 것을 (자원, 복지, 기능할 수 있는 역량 등) 완전한 평등으로 이끌 수는 없겠지만, 최소한 정치적 사유로 하여금 끈질긴 불평등을 개선하고 모두에게 최소한의 품위를 제공하는 방향으로 이끌어갈 수는 있다. 물론 이러한 사유는 '시인'이 되지 않고도 가질 수 있다. 하지만 내가 보기에 휘트먼의 요지는 다른 사람의 고통을 정확하게 상상하여 사려 깊게 측정하고, 나아가 그것에 관여하고 또 그것의 의미를 물을 수 있는 능력은 인간의 실상이 무엇인지 알고 또 그것을 바꾸어나가는 힘을 얻는 강력한 방법이라는 것이다. 만약 스티븐 블랙풀처럼 되는 것이 어떤 것인지 상상할 수 없다면, 바운더비가 그랬던 것처럼 노동자들을 탐욕스럽고 둔감한 존재들로 그리면서 너무나도 쉽게 그들의 상황을 간과하게 될 것이다. 이와 유사하게, 다음 절에서 규명할 예를 들어보자면, 만약 여성이 직장 내 성희롱 때문에 겪게 될 것들을 상상하지 못한다면, 그러한 범행은 법이 해결해야 할 심각한 사회적 범죄 행위라는 점을 명확하게 인식하지 못할 것이다. 어느 경우건 분별 있는 관찰자는 타인의 고통이라는 경험 앞에 멈춰 서게 된다. 그리고 관찰자적 시각에서 이 고통이 그 대상에게 적절하며, 합리적인 사람이 그러한 상황에서 충분히 느낄 만한 고통, 분노, 공포인지를 물어야 한다. 하지만 그들이 실제로 겪은 것이 무엇인지 인식하는 것이야말로 매우 결정적인 단계이다. 이것 없이는 그 어떤 관찰자적 평가도 핵심을 빗나갈 것이기 때문이다.

문학적 재판관은 또한 아주 밀접하게 연관된 다른 방식으로 형평을 맞추는 자이기도 하다. 나는 소설 읽기의 경험이 각각의 삶을 다른 삶과는 분리되고 독립된 것으로 여기도록 하는 강력한 힘을 만들어낸다고 주장하였다. 사물을 보는 이러한 방식은 방금 언급한 행복에 대한 질문과 긴밀한 연관을 맺고 있다. 스티븐의 불행은 바운더비의 넘치는 행운에 의해 초래된 것이 아니다. 하지만 이들은 분명 다른 종류의 연관을 맺고 있다고 할 수 있다. 집단 혐오나 집단 억압은 흔히 개인화의 실패에 기인한다. 인종주의, 성차별주의, 그리고 다른 많은 형태의 유해한 편견은 흔히 집단 전체에 부정적인 특징을 귀속시키는 것에서 비롯한다. 때로 이는 한 집단을 싸잡아 기생충, 해충, 심지어 "짐짝" 등 인간 이하의 것으로 그리는─유대인에 대한 나치의 묘사나 미국 인종주의의 많은 '사변적' 특성처럼─극단으로 이어지기도 하는데, 이러한 태도는 구성원 한 명 혹은 그 집단의 구성원들에 대한 개별화된 앎을 존속하지 못하게 하는 것이다. 이는 설령 누군가가 그들과 개별적인 관계를 맺는다고 해서 그들을 비인간적으로 대하는 방법을 전혀 생각하지 못한다는 말은 아니다. 다만 누군가가 어떤 이유에서든 공감의 상상력이라는 문학적 태도로 개인을 대할 때, 최소한 잠시 동안이라도 인간에 대한 비인간적인 묘사가 멈출 수 있다는 것을 의미한다.[9] 이러한 형태와 관련된 인상적인 장면은 영화 〈쉰들러 리스트^{Schindler's List}〉에서 찾아볼 수 있다. 여기서 아우슈비츠 수용소의 사령관은 속옷을 입은 채 공포에 떨고 있는 유대인 하녀를 자신의 얼굴 옆에 갖다 대고는 정치적 신조와 개인적 욕망 사이에서 갈팡질팡 갈등하며 묻는다. "이것은 생쥐의 얼굴인가?"

그러므로 문학적 이해란 사회 평등으로 이끄는 마음의 습관을 고취시켜 집단 증오를 지탱하던 고정관념을 해체시키는 데 기여하는 것이다. 이러한 목적을 위해 원칙적으로 내가 1장에서 언급한 특징을 갖는 모든 문학 작품들은 소중하다 할 수 있다. 디킨스를 읽으면서 우리는—한 집단이 우리가 읽은 소설에 묘사되어 있었든 아니든—우리 앞에 있는 다른 집단에게 적용할 수 있는 '공상하는' 습관을 배웠다. 그렇지만 우리 사회의 몫 없는 자들과 억압받는 집단들에 공감하며 동일시하는 문학적 경험을 모색함으로써 이러한 문학적 이해를 확장시키는 것도 매우 중요하다. 이를 통해 우리는 우선 그들의 눈으로 세상을 보는 법을 배우게 되고, 나아가 우리가 본 것의 의미에 대해 관찰자로서 재성찰하게 된다. 만약 공적 합리성에 대한 소설의 중요한 기여 중 하나가 인간의 공통된 열망과 사회의 구체적인 환경 사이의 상호작용에 대한 묘사라고 한다면, 우리가 함께 살아가고 있고 또 이해하고자 하는 집단의 특수한 환경을 묘사하고 있는 소설—이러한 소설은 제도적 불평등으로 특징지어지는 사회적 세계 내에서 그들의 열망과 욕망의 성취 혹은 좌절을 살펴보는 습관을 형성해준다—을 찾는 것은 타당하다.

이러한 소설로는 리처드 라이트의 『미국의 아들』이 있다. 이 소설의 배경이 되는 바로 그곳에서 대다수가 백인이었던 법학과 학생들에게 이 소설을 가르치던 그때, 우리 대부분은 사실상 선하면서도 지극히 무지하고 또 공감 능력이 없으며, 이 '경계선' 너머의 삶은 어떠한지를 알고 싶어 하면서도 그러한 욕망을 행동으로 바꿀 수 있는 능력 혹은 바꾸고자 하는 의지가 없는 소설 속 인물 메리 돌턴과 같은 입장에 있음을 깨닫게 되었다. 소설을 읽고 토론하는 경험은 최소한 백인 독자에게 그들의 무지를 자각하게 하고, 만약 우리가 인종 문제에 대해 숙고하고자 한다면 반드시 길러야 할 '공상'의 습관을 알려준다.

라이트의 소설은 내가 언급한 두 가지 방식 모두에서 "형평을 맞춘다". 즉, 절망에 주의를 기울이게 하고, 개별자들에게 관심을 갖도록 하는 것이다. 첫 번째 것으로부터 우리는 특수하고도 끔찍한 불이익을 당한 개별 인물의 눈을 통해 세상을 보게 된다. 우리는 비거 토마스가 자신의 엄마, 여동생 그리고 남동생과 사는 너저분한 단칸방으로 들어간다. "햇살이 방 안을 가득 채웠고 두 개의 철제 침대 사이로 난 좁은 공간에 한 흑인 소년이 서 있는 모습이 보였다."[10] 태양에 비친 비거 토마스는—이 이미지는 휘트먼의 "무기력한 것들 주변에 떨어지는" 태양을 분명 떠올리게 한다—이미 감옥에 있는 처지다. 무심하게 죽여버린 생쥐와 같이 그는 무기력한 상태에 간힌 것이다. 옷을 갈아입을 수 있는 사적 공간이 없을 때, 그리고 방을 기어 다니는 생쥐 때문에 언제든 불쌍한 "수치심에 대항한 음모"가

나를 침범할 때, 우리는 자기 존엄과 질서를 유지하기 위해 노력하는 것이 어떤 의미인지를 이해하게 된다. 우리는 구석에 몰린 생쥐가 사납게 달려드는 방식을 알게 되고, 그때부터 비거를 둘러싼 세상과의 관계가 어떻게 흘러갈 것인지를 감지하게 된다. 요컨대 우리가 어느 정도는 비거의 눈을 통해, 또 어느 정도는 구경꾼으로 세상을 바라보듯, 우리는 어떻게 모든 지점에서 그의 희망과 공포가, 성적 욕구가, 정체성이, 그가 살고 있는 더러운 공간에 의해 좌우되는지를 본다.

더러운 공간만이 아니다. 비거의 자아 개념과 감정적 삶을 지배하는 힘은 인종적 불평등과 증오다. 그는 백인 사회가 그에게 가한 명예 훼손으로부터 도출된 이미지에서 자기 자신을 인식한다. 즉, 자신을 무가치한 존재로 정의한다. 왜냐하면 그들이 그를 그러한 식으로 규정했기 때문이다. 또한 그는 무력함과 수치로부터 벗어나고자 폭력을 사용하며 생쥐와 같이 사납게 달려들 가능성이 다분한 존재다. 소설은 처한 환경이 다름에도 불구하고 우리 모두는 본래 같은 형제들이라고 말하는 손쉬운 공감을 불러일으키려 하지 않는다. 백인 독자들은 비거와의 동일시에 어려움을 겪는다. 그의 외부적 환경뿐 아니라, 그의 감정과 욕망은 사회적·역사적 요소의 산물이기 때문이다. 하지만 손쉬운 종류의 공감 이면에는 깊은 공감의 가능성이 놓여 있다. 즉, 이렇게 말할 수 있다. "이것이 인간 존재다. 생산적인 삶을 이끌 기본적인 장비를 가진 존재. 행위의 외부적 환경뿐 아니라 분노, 공포 그리고 욕망이 인종적 증오와 그것의 제도적 발현으로 인해 어떻게 변형되었는지를 보라." 동일시를 거부하게 만드는 이질감이 이제 우리의 주요 관심 대상이 된 것이다.

여기서 독자의 경험은 감정 이입이 분별 있는 관찰자의 활동에 어떤 역할을 하고, 또 하지 않는지를 아주 분명하게 보여준다. 우리는 비거의 눈을 통해 세상을 보려 하지 않는 한 소설을 읽어나갈 수 없다. 그렇게 할 때에만 우리는 최소한 어느 정도라도 그의 분노와 수치의 감정을 껴안을 수 있다. 다른 한편으로 우리는 관찰자이기도 하다. 관찰자로서 우리는 대상을 향한 그의 몇몇 감정들의 부적절함을 인식할 수 있다. 예를 들어, 그의 피부색에 대한 수치심 그리고 백인 가정을 향한 염원과 두려움의 비극적 조합 같은 것 말이다. 이러한 감정들은 모두 그의 상황을 고려할 때 충분히 타당한 것들이지만, 소설은 그것들의 잔혹하고도 자의적인 사회적 기반을 보여준다. 이는 관찰자인 우리로 하여금 보다 넓은 범위의 감정을 느끼도록 해준다. 앞서 언급했듯이 비거의 곤경, 즉 그를 지금의 상태로 만든 인종주의의 구조에 대한 원칙적인 분노에 깊은 공감을 할 수 있게 해주는 것이다.

"그렇게 서서 그는 자신이 살인을 한 이유에 대해 결코 말할 수 없다는 것을 깨달았다. 왜 죽였는지 말하고 싶지 않아서가 아니었다. 그 이유를 해명하려면 자신의 삶 전부를 설명해야 했기 때문이다." 비거 이야기의 '분별 있는 관찰자'로서 독자는—거의 모든 다른 인물들과는 달리—비거의 생애 전체를 설명하는 데 참여하고, 결국 그의 폭력적인 성격의 기원을 이해하기에 이른다. 소설은 이러

시적 정의

한 이해가 비거의 범죄와 처벌에 있어서 정의로운 결정을 내리는 데에 필수적인 것이라고 제안한다. 내가 3장에서 배심원의 신중함에 대해 논의한 것과 같이, 범죄자는 자신만의 이야기를 가진 개별자로 여겨져야만 한다. 이러한 태도가 특정한 결과를 결정하는 것은 아니다. 그럼에도 우드슨 대 노스캐롤라이나 판결과 캘리포니아 대 브라운 판결이 말해주듯, 이는 선고 과정에서의 자비심과 관련을 맺는다. 재판관과 배심원이 다른 많은 사항들, 특히 성품에 대한 구체적인 사항들을 참작해야 한다는 것이다. 심지어 분별 있는 관찰자적 이상에 포함된 제약들까지도 특정한 법적 요구 사항에 의해 더욱 제약받을 필요가 있다. 하지만 비거를 과실이 있다고 판단하는 데 있어 (범죄성에 대해서는 분명 이론의 여지가 없다) 독자는 다른 요소들은 동등하게 고려하되, 형벌을 결정할 때, 그의 성품에서 얼마나 많은 부분이 타인에 의해 만들어진 환경의 산물인지를 참작하여 자비로운 방향으로 기울 소지가 다분하다.[11]

　하지만 소설 속 이야기가 보여주는 것은 비거 토마스가 실제로 살아가는—이동에 있어 제도적 · 법적 장벽이 있고, 인종적 분리와 상호 간의 공포 및 증오가 있는—세상이고, 이 세상은 소설을 읽는 세상과는 달리, 인종적 경계를 가로질러 한 명 한 명에게 개별화된 감정 이입의 태도를 가질 수 없도록 만든다. 비거도 백인 주인공들도 모두 다른 인종의 사람들을 각자의 이야기를 가진 개별 존재로 보지 않는다. 개별 존재에 인종적 딱지를 붙이는 행위는 개별 정체성을 지워버린다. 비거에게 백인은 "증오의 산더미"이다. 그는 그들을 분리하여 볼 수 없었고, 사실상 메리 돌턴과 개인적 관계로 발전할 징조는 오히려 그에게 공포와 수치심과 혐오감을 불러일으켜 그를 강간 직전의 단계로 이끌었고 결국 살인까지 저지르게 했다. 메리 돌턴은 한 개인으로서 비거와 친구가 되고자 애썼지만, 그를 개인으로 대하는 그녀의 인식 방식은 늘 선입견에 싸여 있었기에 어설프고 잘못된 방식이었다. 사실 그녀에게 비거는 부모님께 대항하기 위한 수단 이상의 존재였다. 이 소설은 우리로 하여금 매우 드문 환경을 제외하고는 보다 깊은 개인적 관계가 가능하다는 것을 의심하게 만든다. 그리하여 인종주의의 유산은 문학적 판단과 함께 우정이라는 희망과 건설적인 관계를 무산시킨다. 이러한 의미에서 소설은—디킨스의 소설과 같이—그 자체의 내용에 관한 것이 되고 또 그 자체의 교훈을 권하는 것이다. 즉 이 소설이 제기하는 미국 사회에 대한 가장 강력한 비판은 미국 고유의 지각 방식이 발견되지 않는다는 점이다.

이 작품은 비거의 변호사가 행하는 연설로 유명하다. 이 연설은 프란츠 파농[Frantz Fanon]의 말을 빌려와, 폭력이 비거의 탄압에 대한 불가피한 대응이자, 의미 있는 권리 주장의 한 종류라고 말한다. 하지만 소설은 이러한 주장과는 다른 결론을 맺고, 변호사는 다른 많은 백인과 같이 비거의 개인적 이야기를 마치 귀머거리처럼 신경 쓰지 않는 것으로 그려진다. 사실상 소설은 공감과 우정의 성취와 함께 끝이 난다. 오랜 수감 생활 동안 비거는—젊은 공산주의자로서 자신을 싫어할 만한 이유가 충분히 많지만 자신을 고유의 권리를 지닌 인간으로 대해주었던 잰[Jan]의 품위와 용기에 감명을 받아—소설의 독자와 같이 사유하기 시작한다. 즉, 그는 인종적 장벽 양단에 있는 사람 모두 인간 삶의 목적과 불안이라는 점에서 깊은 유사성이 있음을 생각하기 시작한 것이다. 그것은 품성과 욕망의 기준에 의해 안 보이도록 가려져 있었을 뿐이다. 마침내 갑작스러운 깨달음 속에서 그는 바로 이 보편적 인간성을 발견할 수 있게 된 것이다.

그는 궁금했다. 세상 모든 사람들이 결국 나와 같이 느낄 수 있을까? 그를 증오했던 사람들의 마음속에도 맥스로 하여금 그러한 질문들을 던지게 만든 것, 맥스가 그에게서 본 것과 같은 것이 있을까? 왜 맥스는 그러한 증오의 소용돌이를 감수하면서까지 그를 도우려 했을까? 난생처음 그는 자신을 지탱해온 감정의 정점에 올라섰고, 그러자 이제껏 단 한 번도 상상해보지 않았던 관계들이 어렴풋이 눈에 들어왔다. 이 우뚝 치솟은 증오의 산이 애당초 산이 아니라 사람들, 즉 자신이나 잭과 같은 사람들이었다는 생각이 들자, 결코 상상하지 못했던 커다란 희망과 예전에는 감당하지 못하리라 여겼던 깊은 절망이 그를 덮쳤다. (…) 그는 감방 한가운데 서서 스스로를 타인과의 관계 속에서 보려고 애썼다. 이는 그가 늘 두려워했던 일이었다. 자신을 향한 타인들의 증오가 가슴 한편에 뿌리 깊이 박혀 있었기 때문이다.

인종적 증오는 타인에 대해 개별화된, 동시에 보편적인 시선을 가로막는 얼룩이자 전염병이다. (이러한 두 가지 인식은 서로 연결되어 있는데, 왜냐하면 타인을 비슷하고 온전한 인간으로 간주하는 것은 자신만의 이야기를 지닌 개별적 존재로 간주하는 것을 포함하기 때문이다.) 백인을 증오의 무리가 아닌 인간으로 보는 것, 이것이 희망의 시작이다. 하지만 죽음을 앞둔 비거의 상황에서 이는 또한 절망이기도 하다. 그 속에 진정한 인간 삶과 인간 공동체가 있기 때문이다. 비거는 이에 대한 자신의 돌이킬 수 없는 상실을 알게 됨과 동시에 이것들의 가치를 발견한다. 또한 그의 절망은 자신을 불행에 빠뜨린 권력들이 변하지 않은 채 존속한다는 것과 희망이 그 누구를 위해서도 지금은 실현될 수 없다는 것, 그리고 타인을 위해 그러한 희망을 현실로 만들려면 대규모의 제도적·사회적 변화가 필요하다는 인식을 아우르는 것이다. 그의 마지막 말은 "잰에게 인사를 전해줘요……" 그리고 "안녕!"이라는 작별 인사가 전부다. "저 멀리서 쾅 하는 소리를 내며 철문이 철벽에 부딪히며 닫히는 소리"가 들려올 뿐이다.

독자를 이러한 사회적 무력함의 비극 속으로 끌어들이면서, 소설은 독자를 비거 토마스에 대한 분별 있고 중립적인 재판관으로 만든다. 이 재판관의 중립성은 웨슬러와는 다른 종류의 것이고, 휘트먼의 것에 훨씬 가까운 것이다. 다만 휘트먼의 관점과 다르게 이는 법관의 역할이라는 특수한 제도적 요구에 의해 한정된 것이다. 인종적 증오와 수치의 오명은 인간성과 공동체에 대한 근본적인 변형으로 드러나며, 소설 읽기의 태도는 "경계선" 양쪽에 있는 모든 시민들에게 온전한 인간성의 필수 조건으로서 정치적·사회적 평등을 요청한다.

문학적 관찰자의 태도와 평등에 대한 관심의 관계성을 보여주는 것은 이 소설에만 국한되어 나타나는 것은 아니다. 우리 시대 가장 시급한 평등의 문제 중 하나를 다루는 다른 소설의 예를 들어보자. E. M. 포스터의 『모리스』는 1913~1914년에 쓰였지만, 1971년에 이르러서야 출간되었다. 저자가 말하길 이 소설이 보다 빨리 출판될 수 없었던 것은 두 동성애자가 해피엔딩을 맞았기 때문이다. "행복은 이 소설의 핵심이다. (…) 만약 이야기가 목매달고 죽은 청년이나 두 주인공의 동반 자살 합의와 같이 불행으로 끝났다면, 다 괜찮았을 것이다. 소수자의 성적 유혹이나 포르노그래피는 전혀 없었기 때문이다. 하지만 이 연인들은 처벌받지 않은 채 떠났고 결과적으로 범죄를 조장하게 된 것이다."[12]

『모리스』의 전략은 다른 어떤 식으로도 '비정상적'이지 않은, 강하고 배타적인 동성애 성향을 지닌 남성을 영웅으로 선택한 것이다. 사실상 그는 평범한 능력과 상상력을 지닌 진부하고 속물적인 영국 중산층의 주식중개인이다. 독자는 그에게 매력을 느끼지 못하지만 그의 친절함과 착한 천성은 공감을 자극한다. 소설의 감정적 구조는 독자가 주인공 모리스를 평균적인 인물로 여기는 편안함에 의존하다가, 해가 갈수록 사회가 그의 욕망을 대하는 방식에 있어―위로를 주고 결혼에 준하는 관계에 있는 '친구'에 대한 다정한 상상을 중심으로―어떻게 그를 극도로 비정상적인 존재로 다루며 또한 불평등하게 대하는지에 대한 독자의 판단에 근거한다. 이성애의 자연스러움에 대한 젊은 선생님의 성서에 가까운 찬양이 한 소년을 자신의 '본성'과 충동을 수치스럽고 기형적인 것으로 느끼게 만든 해변에서의 해부학 강의부터, 1971년이 되어서도 동성애자의 합의된 성적 행위가 범죄로 여겨지고 있었다는 것을 알려준 후기에 이르기까지, 소설은 탄압, 공포, 죄의식 등의 상황에 처한 평균적인 인간성의 이야기를 들려준다. 이러한 불평등은 종교적 전통에서 가져온 '본성'이라는 말로 정당화되어온 사회적 편견에 의해 강제된 것이다. 독자들은 점차 모리스를 알 만한 사람, 혹은 그의 욕망이 놀랄 만하지 않고 위험하지도 않은 사람이라고 인식하게 된다. 그는 이성애자가 원하는 것과 같은 것을 원할 뿐이다. 독자들은 또한 모리스가 남성에게 이끌리는 욕망이 지극히 '자연스러운' 것임을 인식하게 된다. 어린 시절부터 느낀 것이기에 이는 그가 선택하거나 제어할 수 있는 것이 아니었다. (그를 '치료'하는 데 실패한 정신과 의사는 "영국은 늘 인간 본성을 수용하기를 꺼려해왔다"라고 말하며 프랑스로 이사 가기를 권유한다.) 스스로 이성애자임을 깨달은 사람에게 사회는 존중과 지위를 제공하지만, 자신이 이와는 다르다는 것을 깨달은 사람에게 사회는 좌절감, 수치심 그리고 지속적인 위험을 안겨준다. 모리스의 친구 클라이브가 젊은 여자와 결혼했을 때, "아름다운 전통이 그들을 환영해주었다. 반면 모리스가 방황했던 장벽 너머에서, 그의 입에서 나오는 말은 틀린 것으로, 그의 심장은 틀린 욕망으로, 그의 팔은 잘못된 허풍으로 받아들여졌다."

이 소설은 주인공들이 안정된 중산층 사회 속에서 살아가는 세련되고 또 비폭력적 인물이라는 점 등에서 『미국의 아들』과 매우 다르지만, 이 둘의 공통점은 명백하다. '장벽'의 이미지는 비거 토마스가 속한 사회에서 백인으로부터 흑인을 분리시킨 '경계선'을 연상시킨다. 두 경우 모두 어떤 이는 정상적이고 선한 반면, 어떤 이는 수치스럽고 악한 존재로 낙인찍는 사회 내의 분리가 존재한다. 두 경우 모두에서 이러한 분리는 배제된 집단을 구조적 불평등과 밀접히 연관된 방식으로 낙인찍고 오명을 덧씌운다. 모리스는 직업을 유지할 수 있었을지 모르나, 자신의 성적 욕망을 공개적으로 말할 수는 없었다. 그는 끊임없는 처벌의 위험 속에서 살았고 친구 및 동료들과 진실한 관계를 맺을 수 없었다. 진정 그는 온전히 평등한 시민이 아니었다. 또한 동성애라는 자신의 성적 지향을 포기하고 열정 없는 결혼을 선택한 클라이브도 불평등했다. 인간에게 가장 중요한 문제에 대해 근본적으로 정직하지 못한 삶을 살도록 강제되었기 때문이다. 소설의 마지막 문장은 알렉과 사랑에 빠진 모리스의 이야기를 들은 클라이브가 "자신의 규정을 정정하고, 아내인 앤에게 진실을 감추기 위한 몇 가지 방법을 고안하기 위해 집으로 돌아왔다"라고 끝맺고 있다. 포스터는 클라이브와 모리스가 오직 모리스의 하층 계급 연인이 결여하고 있는 계급적 장점 때문에 비교적 평등에 가깝다고 지적한다. 1971년 영국에서 상호 합의된 동성애가 처벌의 대상에서 제외되지 않았더라면, "재판관 자리에 앉았던 클라이브는 알렉을 피고인의 자리에 계속 앉혀두었을 것이고, 모리스는 떠났을 것이다." 이러한 식으로 계급 평등의 문제는 소설의 핵심 문제인 성 평등 문제와 관련된 것으로 보인다.

『미국의 아들』이나 『어려운 시절』과 같은 소설은 그 소설 자체에 대해 말해주는 바도 있다. 독자들은 자신들이 모리스를 둘러싼 사람들과는 아주 다른 방식으로 그를 인식한다는 것을 반복해서 의식한다. 모리스의 친구들은 그의 다름을 인정하기를 거부하거나, 혹은 인정하면서도 마치 그가 갑자기 괴물이 된 듯이 그에게 공포를 느끼고 피한다. 그야말로 그들은 자신이 모리스의 처지에 서면 어떨지에 대해 잠깐 동안이라도 상상하는 것을 허용하지 않는다. 상상을 하는 독자들은 그가 우리와 같지는 않지만 괴물 또한 아님을 완전히 깨닫고 있다. 이는 분별 있는 관찰자로서 독자가 주인공들을 사회적 편견이 씌운 낙인의 결과 혹은 무력한 존재로만 인식하지 않는다는 것을 의미한다. 소설은 모리스의 번영하는 삶과 클라이브의 위축된 삶의 묘사 속에서 자유의 깊은 가치를 보여줌으로써 성적 평등과 자유의 문제를 다룬다. 그리고 소설은 우리 자신 혹은 친구나 연인 중 누군가도 모리스가 될 수 있다는 사실을 쉽게 간파할 수 있도록 만듦으로써 그러한 평등의 지지자로서 독자의 참여를 요청하는 것이다.

시적 심판

이 책에서 밝힌 나의 논의는 이 장 처음에 인용한 스티븐 브레이어 판사의 인사 청문회 답변에 잘 드러나 있다. 브레이어 판사가 주장했듯, 인간의 삶에 대해 소설가적 방식으로 생각하는 능력은 재판을 구성하는 데 중요한 부분이다. 물론 이것이 전부인 것도, 그렇다고 중심 부분인 것도 아니지만, 필수적인 부분인 것은 확실하다. 인상적인 것은 이러한 주장이 감상주의자와는 거리가 먼 판사로부터 나왔다는 데 있다. 판사라고 하면 기술적인 전문성이 대단하고, 매사에 감정적이기보다는 지적일 것이라고 생각되기 때문이다. 심지어 그러한 기술적이고 지적인 것에 대한 깊은 책무와 함께 결코 감상적이지 않은 재판관조차 소설 읽기가 법적 상상력과 관련이 있다고 인정한 것이다. 브레이어 판사가 자신의 진술에서 묘사한 접근 방식과 같이, 나의 접근법 또한 정서와 상상력뿐만 아니라 기술적 탁월함까지 필요로 한다는 점을 강조하고자 한다. 더불어 정서와 상상력은 기술적 탁월함에 의해 끊임없이 정보를 제공받아야 하며, 또 경계 지어져야 한다는 것도 중요하다.

　이러한 논의를 진전시키기 위해 문학적 심판의 미덕을 재현하고 있거나 혹은 그렇지 못한 사법적 의견 개진의 예시들을 살펴보고자 한다. 긍정적인 판례 두 건과 부정적인 판례 한 건을 골랐다.

허드슨 대 파머[Hudson v. Palmer], 미국 연방대법원, 1984년

(스티븐스 대법관이 제기한 반대 의견[dissenting opinion]*)

이 사건은 원래 문서 위조죄, 중절도죄, 은행 강도죄로 실형을 살고

---

* 반대 의견 혹은 소수 의견Sondervotum은 다수결에 의하여 의사결정이 이루어지는 재판이나 감정에서 법정 의견 혹은 다수의 의견과 결론을 달리하는 의견을 뜻한다. 소수 의견은 개별 재판관이 단독으로 할 수 있고, 복수의 재판관에 의해서 공통 의견으로 공표되기도 한다. 소수 의견은 비록 특정 사건에 대한 판결에서

있는 교도소 수감자 파머가 자신의 감방을 강압적으로 압수 수색한 교도관 허드슨에게 제기한 소송이다.[13] 파머는 그 수색이 오직 자신을 괴롭히고 굴욕감을 주기 위한 것이었다고 주장했다.[14] 교도관은 이 수색이 밀수품을 찾기 위한 것이었다고 주장하긴 했지만, 그 과정에서 합법적으로 개인 재산에 속하는 사진과 편지들을 허드슨이 의도적으로 훼손했다는 것이다. 파머는 개인 재산에 대한 이러한 파기가 부당한 수색과 체포를 금지하는 수정헌법 제4조[**]를 위반하며, 법률의 허가를 받지 않은 재산 박탈은 수정헌법 제14조[***]의 적법절차의 요구를 위반한다고 주장했다. 대법원장 워런 버거Warren E. Burger가 낸 의견에는 다수의 판사가 감방 죄수에게는 "부당한 수색과 체포를 거부하는 수정헌법 제4조의 보호를 받을 권리와 자신의 교도소 감방 내에서의 사생활에 대한 합당한 요구 권리"(398)를 갖지 않

는 무시된 의견이지만, 시대나 상황이 변함에 따라 다수 의견이 될 가능성이 있기에 중요한 존재 의의를 가진다. 대표적인 예로는 1896년 미국 연방대법원의 흑백분리교육에 대한 8 대 1의 합헌 판결을 내린 플레시 대 퍼거슨 재판에서 '위대한 반대자the Great Dissenter'라고 불리는 존 마셜 할랜John Marshall Harlan 대법관이 홀로 제시한 소수 의견이 있다.

** 수정헌법 제4조 "부당한 수색과 체포, 압수로부터 신체, 가택, 서류 및 재산의 안전을 보장받는 국민의 권리는 침해할 수 없다. 수색과 체포, 압수영장은 정당한 사유에 근거해야 하며, 특히 수색장소와 피체포자 또는 압수될 물품을 기재하지 않고는 발부할 수 없다."(이하 수정헌법에 대한 번역은 이수형, 『미국법, 오해와 이해』 나남출판, 2006 참고.)

*** 수정헌법 제14조 제1항 "미국에서 출생 또는 귀화하여 미국의 관할권에 속하는 모든 사람은 미국과 그가 거주하는 주의 시민이다. 어떤 주도 미국시민의 특권과 면책권을 박탈하는 법률을 제정하거나 시행할 수 없다. 어떤 주도 적법절차에 의하지 아니하고는 어떠한 사람으로부터도 생명, 자유, 또는 재산을 박탈할 수 없으며, 그 관할권 내에 있는 어떠한 사람에 대하여도 법률에 의한 평등한 보호를 거부하지 못한다."

시적 정의

는다고 판단, 따라서 무작위 수색이 어떤 확립된 지침(상고법원[Court of Appeals]의 권고) 내에서 행해져야 한다는 온건한 개념조차도 교도소 당국을 지나치게 엄격하게 다루는 것이라고 간주했다. "죄수에게 자신들의 감방 내에서의 사생활 보호 권리에 대한 인정은 투옥의 개념 그리고 교도 시설의 필요와 목적에 결코 부합할 수 없다."(403) 재산에 대한 의도적인 파기에 대해서는, 당국이 "의미 있는 박탈후[post-deprivation] 구제 방법"(406)을 제공한다는 것을 고려할 때, 이는 적법절차에 위배되는 것은 아니라는 의견이다.

스티븐스 대법관(브레넌[William J. Brennan] 대법관, 마셜[Thurgood Marshall] 대법관*, 그리고 블랙먼[Harry Andrew Blackmun]** 대법관이 가담했다)은 부분적으로는 동의했지만, 반대 의견을 제시했다. 반대 의견을 낸 판사들은 적법절차의 문제와 관련해서는 동의했지만, 수정헌법 제4조에 관한 법원의

---

* 1967년 린든 존슨 대통령이 임명한 미국 최초의 흑인 대법관 서굿 마셜(1908~1993)은 미국 흑인 인권 운동의 상징적인 인물 중 한 명으로 손꼽힌다. 특히 대법관이 되기 전, 브라운 대 교육위원회 판결*Brown v. Board of Education*의 대표변호사였으며, 당시 유색인종 지위향상 협의회에서의 활동으로 인권변호사로 명성을 얻게 된다. 판사로서 마셜은 표현의 자유와 평등 보호에 대한 중요한 평결들을 썼고, 소수민족과 빈민을 위한 보호를 법원에 역설하였다. 연방대법관으로 있는 동안 그는 지속적으로 소수 의견을 썼고, 자신이 삶을 통해 흑인이자 소수자로서 경험했던 것을 판례에 반영하고, 평등을 실현하기 위해 노력하였다.

** 해리 블랙먼(1908~1999) 대법관은 재직 기간 동안 가장 물의를 많이 일으킨 연방대법관 가운데 한 사람으로 꼽힌다. 1973년 원치 않는 임신을 끝낼 수 있는 여성의 권리를 확립시킨 로우 대 웨이드*Roe v. Wade* 사건의 판결문을 쓴 판사로 잘 알려져 있다. 민권 사건에서는 소수 의견을 내는 경우가 많았다. 본문에 등장하는 바워스 대 하드윅 재판에서 사생활의 권리는 동성애까지 포괄한다는 소수 의견을 통해 동성애 권리를 옹호했다. 퇴임 직전에는 사형에 대한 반대 입장을 표명했으며, 무작위적이고 자의적인 사형 적용 방식을 비판했다.

판결 이유에는 "심각한 결함이 있으며", 나아가 "내적으로 일관성이 없다"고 주장했다.(412~413) 일관성이 없는 이유는 법원이 "문명사회에서는 용인될 수 없는 것"(413, 404 인용)이라고 말하면서 악의적인 동기에 의한 수색과 죄수에 대한 의도적인 괴롭힘의 가능성을 인정하는 동시에, "감방 수색이나 체포가 아무리 악의적이고 파괴적이며 혹은 무작위적이라도, 이것이 사회가 타당하다고 여길 만한 그어떤 사생활이나 소유권의 부당한 침해에 해당하지 않는다"고 주장했기 때문이다. 반대 의견을 낸 판사들은 이러한 비일관성의 함의에 대해 다음과 같이 상세히 설명한다.

> 자유 사회를 지배하고 있는 조건들에 비추어볼 때, 감방 안의 죄수가 보유할 수 있는 소유물 혹은 사생활이라는 일말의 잔여 재산 중 그 어떤 것도 최소한의 가치 이상을 갖지 못한다. 하지만 죄수의 관점에서 볼 때, 그 사소한 잔여 재산은 노예와 인간적 삶을 구분하는 지표가 될 수 있다. (…) 사적인 편지, 가족사진, 기념품, 카드 한 팩, 취미용 조립품, 또는 일기장이나 새로운 사업을 시작하는 초보자를 위한 교육 자료, 심지어 성경책 등과 같은 여러 종류의 값싼 물건들은 죄수에게 자신의 과거 속 한 시절과 닿을 수 있게 하거나, 보다 나은 미래의 가능성을 바라볼 수 있게 하는 것인지도 모른다. 이 모든 물품들이 과연 그러한 적대적인 감시의 손아귀에 있는 무제한적 검열, 압수, 혹은 훼손의 대상인가?(413)

이에 뒤이어 스티븐스 대법관은 법적 논의를 펼친다. 우선 그는 파머 자신의 재산에 대한 사생활 보호 권리와 소유권을 구분한다.[15] 죄수는 자신의 문서나 물품에 대한 사생활 보호 권리를 기대해서는 안 된다는 법원의 일반적인 규정을 받아들이지 않지만, 자신의 논의를 위해 이를 취한다. 그리고 나서 그는 앞선 판례에서의 '수색'과 '체포'의 정의를 인용하면서 수정헌법 제4조가 파머 본인의 재산에 대한 소유권을 보호해준다고 주장한다. 훼손된 물품에 대한 파머의 소유권이 주정부법상 전적으로 합법적이며, 그러므로 죄수로서 그가 법적인 소유권을 가질 수 없다는 법원의 결론은 틀렸다는 것이다. 파머의 적법절차에 대한 주장을 다루는 부분에서 법원은 적법절차에 관한 구절의 의미에 따라 훼손된 물품이 '재산'이라는 점을 인정한 것이고, 이것은 물품에 대한 파머의 주장이 합법적 권리 주장이라는 것을 수반한다고 지적한다.(415~416)[16]

그렇다면 허드슨의 행동은 '압류'에 해당한다. 이 압류는 '부당한' 것이었는가? 이 문제는 오직 "헌법의 보호를 받는 소유권에 대한 침해를 적법성에 이의를 제기하는 행동을 정당화하는 법적 시행 권리에 견주어 봄으로써"(417) 해결할 수 있다. 스티븐스는 이 압류에 대해 그 어떤 적법한 행형적[형벌적]penological 정당화도 가능하지 않다고 주장한다. 소유물이 밀수품이었다든지, 제도적 안전에 위협을 가했다든지 하는 어떤 주장도 없다. 허드슨은 물품을 빼앗아 파손하기 전에 이미 이를 검열했었다. 그의 행동은 다른 동기가 아닌 악의적인 의도에 의해 유발된 것이다. 법원 스스로가 죄수에 대한 고의적인 괴롭힘은 문명사회에서 용인될 수 없는 것이라고 인정한 이상, 압류 행위는 법원 스스로의 관점에서 보건대 부당한 것이 된다. 만약 우리가 파머의 소유권보다 제도적 목표가 더 중요하다고 주장하려 했다면, 이는 강력한 논의가 되지 못했을 것이다. "죄수로부터 그 어떤 사생활 보호 권리나 잔여 재산의 소유권을 박탈하는 것은 사실상 제도적 목표와는 분명 반대되는 것이다. 사회학자들에 따르면, 개별적 존엄을 박탈당한 죄수들은 자신과 타인의 존엄을 평가절하하게 되고, 그러면서 자신과 타인에 대해 폭력적인 경향을 나타낸다."(420) 비록 스티븐스 대법관이 최종 분석에서 이러한 결론을 뒷받침해주는 최근 연구들을 몇몇 인용하긴 했지만, 제도적 요구가 파머의 권리보다 중요하다는 주장을 반박하기 위해서는 그러한 사회학적 증거가 필요하지 않다. 감옥의 원칙 자체가 파머에게 소유물을 가져도 된다는 것을 허용한다는 사실이 이를 충분히 반박한다. 원칙에 따라 밀수품이 아닌 것으로 규정되는 물품에 대한 압류나 파손에 대해서는 어떤 제도적인 요구도 없다. "죄수들을 충분히 보호하지 않아도 된다는 것은 그 어떤 인간 존엄이나 개별성도 죄수들은 부여받을 자격이 없다고 선언하는 것과 마찬가지이다. 사진이나 편지, 표준 배급품인 죄수복을 제외한 그 어떤 것도 자의적인 압류와 파손으로부터 자유롭지 못하다. 바로 이것이 오늘날 법원이 취하는 관점이다. 이는 죄수들을 물건보다 하등 나을 것이 없는 존재들로 공표하는데, 내가 보기에 이러한 관점은 우리 사회가 이미 오래전에 벗어난 구태 관점이다."(420)

스티븐스 대법관은 보다 넓은 지평에 대한 숙고를 통해 끝을 맺는다. 감방의 죄수로부터 헌법적 보호를 받을 권리를 전적으로 박탈할 수 없다고 확고하게 못 박은 1974년 판례*를 인용하면서, 그는 전통적으로 법정은 단순한 편의주의에 맞서 힘없는 자들과 배제된 자들의 권리를 보호하는 특별한 의무를 지닌다고 주장했다.

> 법정은 당연히 죄수들의 권리를 보호할 특별한 의무를 갖는다. 죄수들은 진정 사회로부터 배제된 자들이다. 권리를 박탈당하고, 멸시당하며, 위협받는다. 때론 그럴 만한 이유가 있기도 하지만, 공적인 시선으로부터 격리된 이 죄수들은 분명 '배타적으로 분리된 소수자들'인 셈이다. 이 사건의 경우, 파머의 소유품을 파손한 것은 수색 행위였고, 법관들은 이것이 정당한 것이었는지를 결정할 헌법적 의무를 갖는다. (…)
> 죄수에게 자신이 가진 개별성, 즉 아이의 사진에서부터 아내가 보낸 편지에 이르기까지 그 어떤 것도 헌법의 보호 하에 있지 않다고 말함으로써, 법원은 우리가 영원히 법의 정신 속에 간직해왔다고 생각되는 윤리적 전통을 깨뜨린 것이다.(420)

스티븐스 대법관의 이 의견을 파악하는 데 있어 내가 주목하고 싶은 것은 헌법적 논의로서의 탁월함만이 아니다. 오히려 '파머에 대

• 스티븐스 대법관의 반대 의견서 마지막 장은 *Wolff v. McDonnell*, 418 U.S. 539 (1974) 인용으로 시작한다.

한 스티븐스 대법관의 고찰이 갖는 문학적 측면'이라 부를 만한 것과의 관련성이 중요한 문제 의식이다. 먼저 이러한 측면들을 몇 가지 짚어보자. 스티븐스 대법관의 의견은 분명 그 어떤 의미에서도 특별히 감정적인 것은 아니다. 수사적으로나 문체상으로 자의식이 강한 것도 아니다. 말하자면, 인상적인 문체를 가졌다는 의미에서 볼 때 '문학적'이지 않다. 하지만 이는 내가 상상했던 문학적인 '분별 있는 관찰자'의 가장 중요한 몇몇 특징을 구현하고 있다. 그의 견해에서 드러나는 파머에 대한 시각을 보라. 마치 루이자 그래드그라인드가 코크타운 "일손들"의 개별성에 직면한 것처럼, 스티븐스 대법관은 편지나 사진과 같은 사소한 물품들이 한 죄수의 인간 존엄과 보다 나은 미래에 대한 희망을 위해 얼마나 중요한 것인지를 상상함으로써 파머의 독자성과 개별성을 마주한 것이다. 죄수를 단순히 헌법 규정에 따라 지배받는 하나의 신체로 다루는 것이 아니라, 존중을 우러나오게 하는 품위와 권리를 가진 시민으로 대한 것이다. 그는 죄수의 감정과 동기를 완전히 공유하지 않고도 그의 소유권과 권리 그리고 그가 처한 특별한 환경을 바라봄으로써 (마땅히) 사회로부터 위협받고 멸시받는 한 존재의 삶에 발을 들여놓을 수 있었던 것이다. 다수 의견은 자신의 소유물에 대한 죄수의 합법적인 소유권을 고려하는 데 전혀 관심을 보이지 않았지만, 스티븐스 대법관은 죄수와 다른 시민들의 차이를 인지하면서도 동시에 그 둘을 잇는 공통된 인간의 관심, 이를테면 가족, 집에 대한 추억, 자기 개선 등에 대한 염려를 인식하는 방식으로 그의 권리를 포용하였다. 스티븐스 대법관은 스스로를 중립적이고 공정한 관찰자의 입장에 둔 것이다. 그는 자신의 논증이 즉석에서 행해진 것이 아니며, 목전의 정치적 결과에 맞추어 이루어진 것도 아님을 조심스럽게 밝힌다. 실로 그는 이 사건이 갖는 대표성의 성격과 그로 인한 자신의 판단이 갖는 보편화 가능성을 강조하면서 곳곳의 죄수들이 처한 상황을 일반화했다. 이러한 방식으로 그의 의견은, 문학적 용어를 빌리자면, 고대 비극 작품이 갖는 일반화 전략과 긴밀하게 맞닿아 있다. 예를 들면, 소포클레스가 해가 들지 않는 작은 동굴, 허름한 찻잔, 모든 일반 시민들의 반란을 촉발시킨 흉측한 상처 등 버림받은 필록테테스를 묘사하는 것을 보라.

그의 의견이 갖는 이러한 '문학적' 측면들이 어떻게 사건과 연관을 맺는가? 다수의 대법관들은 제도적 편의가 죄수의 주장보다 우선한다고 주장했다. 그렇게 주장함으로써 그들은 자신들의 관점에 의해 죄수를 헌법의 보호를 받는 다른 사회 구성원들과 이어주는 권리, 인간적 존엄, 소유권 등을 모호하게 만들었다. 그러한 인류 공통의 권리에 대한 묘사는 파머가 타당한 소유 권리를 가졌으며, 또 이것이 침해당했고, 이러한 의미에서 교도관의 수색은 '부당한' 것이라는 그의 주장을 명백히 뒷받침해준다. 이렇게 명백한 세부 사항 없이도 똑같은 주장을 했을 테지만, 이러한 정보들은 우리에게 죄수 또한 시민이며 우리와 똑같은 권리를 가지기 때문에 한낱 수단에 불과한 존재로 대해서는 안 된다는 일반적인 관점을 분명히 되새기게 한다. 다수 의견이 문명화된 사회에서는 단순히 악의적인 수색이 용인되지 않는다고 주장하면서 이러한 일반적인 정서에 동의한다는 점은 주목할 만하다. 사건에 대해 스티븐스 대법관이 발휘한 상상력은 그것이 다수 의견을 반영하는 데에 부족하다는 생각에 생명을 불어넣어주고, 나아가 그들의 의견이 갖는 비일관성의 문제를 명확하게 해준다.

동시에 이 의견의 문학적 측면은 허드슨의 악의에 대한 의문들과도 연관이 있다. 만약 우리가 철저한 수색에 의해 압수된 물품들—사진, 편지 등—을 상상할 수 있고, 그리고 파머가 이러한 물품을 합법적으로 소유하고 있었다는 사실뿐만 아니라, 이처럼 연약한 인간의 상징물을 통해 그가 가졌을 법한 소유권의 특징까지 상상한다면, 우리는 간수가 행했던 침해—사진을 파손한 그의 행위는 어떤 제도적 목적을 위한 것이 아니라 협박과 모욕의 이유뿐이었다—가 갖는 악의적 성격을 보다 확실하게 알 수 있을 것이다. 다수 의견은 의도적 괴롭힘이나 악의적인 동기에 의한 수색은 "문명화된 사회에서 용인할 수 없는 것"이라고 말했다. 사건에 대해 신중하게 상상함으로써 스티븐스 대법관은 이 사건이 정확히 그러한 종류의 것이라는 강력한 논증을 만들 수 있었다. 요컨대, 스티븐스 대법관은 내가 '문학적'이라고 부른 요소들 없이도 자신의 논거를 만들 수 있었던 것이다. 하지만 이러한 요소들은 이 수색이 부당한 것이었고, 이는 다수 의견이 용인할 수 없는 것이라고 판단한 종류의 악의적이고 의도적인 괴롭힘에 해당한다는 그의 주장을 뒷받침했다.

일반적인 고찰을 통해 스티븐스 대법관이 내린 결론은 죄수의 존엄과 인간성을 상상하는 그의 방식을 근간으로 두고 있으며, 또 이로부터 도출된 것이라 하겠다. 그는 일반적으로 헌법이 인간 존재와 무제한적 편의 사이에 서 있으며, 헌법의 원리로 여겨지는 편의에 대한 주장에 맞서서 수정헌법 제4조가 보호하는 자유권은 아주 소중한 것으로 여겨져야 한다고 생각한다. 이는 뻔한 소리가 아니라, 예를 들어 포스너의 경제학적 접근법—이에 따르면 이러한 자유권은 사실상 편의의 문제가 된다—과는 근본적으로 상충되는 헌법적 추론에 대한 이해와 같다.[17] 포스너 자신은 최근에 헌법에 의해 보호받는 자유권이 자신의 경제학 모델 안에서는 충분히 설명되지 않는다고 인정했다.[18] 스티븐스 대법관은 하나의 사건을 자유권에 대해 다시 생각해보게 하는 전통적인 방식의 사례로 만들었고, 이 판례는 쟁점이 되는 자유권의 가치를 알고 있으며 또 이를 설명하는 그의 능력 그리고 인간 개별성과 이들이 갖는 관계로 뒷받침된다.

메리 J. 카아 대 제너럴모터스[GM] **소속 앨리슨 가스 터빈 부서**_Mary J. Carr v. Allison Gas Turbine Division, General Motors Corporation_, **미 제7연방항소법원, 1994년 7월 26일(리처드 포스너 판사의 의견)** *

메리 카아는 제너럴모터스 인디애나 주 공장의 가스 터빈 부서의 양

---

* 이 사건에 대한 저자의 최근 논의는 이하 논문 참조. Martha Nussbaum ""Carr", before and after: Power and Sex in "Carr V Allison Gas Turbine Division, General Motors Corp"," _The University of Chicago Law Review_, Vol. 74, Special Issue: Commemorating Twenty-Five Years of Judge Richard A. Posner (2007), pp. 1831~1844.

철 작업장에서 일했던 최초의 여성이었다. 5년이 넘도록 그녀는 남성 동료로부터 성희롱을 당해왔다. 5년 중 4년에 걸쳐 상관에게 이를 보고했지만, 아무 소용이 없었다. 1989년 더 이상 견딜 수 없는 상황이 되었고, 직장을 그만두기로 결심했다. 그녀는 체불 임금과 다른 구제 조치를 요청하기 위해 제너럴모터스를 상대로 소송을 제기했다. 재판관재판[*]이 끝난 후, 지방법원의 래리 맥키니[Larry J. McKinney] 판사는 성희롱 혐의가 직장 내에서 흔히 일어날 수 있는 단순한 성적인 농담 수준의 행동이었고, 이러한 가벼운 장난을 제너럴모터스 측이 금지할 수는 없었다는 주장을 받아들여, 제너럴모터스에 우호적인 판결을 내렸다. 하지만 항소심에서 법원은 메리 카아에게 우호적인 판결을 내리게 된다.[19]

이 사건은 사실 입증에 있어 법원이 지방법원의 판결을 기각했다는 점에서 비교적 특이한 경우다. 평결의 서두 부분에서 포스너 판사는 카아의 변호인들이 "명백한 실수[clear-error]"의 기준이 있을 수 없는 결론을 만들어낸 것은 아닌지 우려를 표하면서, 지방법원의 판결에 법적 오류가 있었다는 주장을 통해 법정을 설득하려 했다는 점을 지적했다. 포스너 판사는 법적 오류는 인정하지 않았지만, 사실 입증에서의 오류는 인정했다. "명백한 실수"라는 기준은 "만약 우리가 그러한 사실에 입각하였을 때 사건을 다르게 판단했을 것이라고 생각하는 상황과 우리가 그렇게 했을 것이라고 굳게 확신하는 상황을

• 미국의 재판은 배심재판jury trial과 재판관재판bench trial으로 나뉜다.

구분하기 위해 항소심을 제기하도록 요구한다"는 것이다. 그리하여 포스너 판사는 서두에서 (통상적인 기준을 언급하면서) 자신의 판결이 이러한 종류의 확고한 신념에 근거한 것이라고 주장한다. 이제 사실에 대한 설명이 어떻게 그의 판결을 뒷받침해주는지 살펴보자.

　이런 경우 '사실'에 대해 말할 때 이것이 가치나 평가와 별개의 '사실'이 아님을 알아야 한다. 물론 양철 작업장에서 일어난 사건이라는 점에는 논란의 여지가 없다. 논란이 되는 것은 그것의 인간적인 의미, 즉 그것이 얼마나 위협적이었는지, 또 그것이 어떻게 카아가 일했던 곳의 분위기에 악영향을 미쳤는지 등이다. 그러니까 사건과 관련이 있는 사실이란 문학적 재판관이 알아낼 수 있는 종류의 인간적 사실인 것이다. 포스너 판사가 말했듯 자신 앞에 놓인 질문은 두 가지이다. 첫째, "원고가 그녀의 성별 때문에 자신이 처한 근무 조건에 악영향을 미친 (언어적인 것이든 비언어적인 것이든) 그러한 적대적이고, 위협적이며, 모멸감을 주는 행동을 당했는지의 여부" 그리고 둘째, "만약 그렇다면 고용인들의 행동에 대한 피고의 대응 혹은 미비한 대책이 과실이었는지 여부"(1009)이다. (지방법원이 제기한 세 번째 질문 "피해자가 반기지 않은 성희롱이었는지의 여부"는 부적격질문으로 기각되었다. "'피해자가 반기는 성희롱'은 모순어법이기 때문이다."[1008]) 이러한 '사실'에 대한 질문들을 해결하기 위해 충분한 '공상'이 필요하다고 생각할 수 있다. 여기서 우리는 이러한 질문의 타당함은 포스너 판사의 무분별한 상상에 의한 것이 아니라 민권법 제7장Title VII*에 의거한 것임을 반드시 기억해야 한다. 만약 이러한 종류의 인간적 사실 정보를 찾는 데 포스너 판사에게 권한을 부여해 줄 법률이 없었다면, 그는 이후 전개되는 그 어떤 논의에 대해서도 근거를 갖지 못했을 것이다. 한편 민권법 제7장은 서술된 바와 같이 분명 이러한 종류의 인간적 사실 정보를 확인해야 하는 판사 자신의 보완이 필요하다.

포스너 판사는 "확고한 신념"이라는 구체적^{technical} 문제에 대한 자신의 견해를 전제로 하고, 사실 정보에 대해 제기되는 질문들을 구성한 후에 메리 카아에 대한 평결을 전개한다.

메리 카아는 제너럴모터스 가스 터빈 부서의 드릴공이었다. 1984년 8월 양철공 견습생으로 그녀는 숙련공이 있는 부서로 입사했다. 그녀는 양철 작업장에서 일한 최초의 여성이었고, 그녀의 남자 동료들은 여자와 일하는 것이 불만족스러웠다. 그들은 매일 그녀에게 성적으로 경멸하는 말들(예를 들면, "나는 계집년들하고는 일 안 해")을 던졌다. 그리고 계속해서 그녀가 있는 자리에서 "창녀"; "쌍년"; "씹" 등과 같은 말로 그녀를 불렀고, 그녀의 연장통에 "쌍년"이라고 페인트칠을 하고, 그녀의 연장통을 핑크색으로 칠하거나 (그녀 몰래) 작업복의 엉덩이 부분을 잘라버리는 등 섹스나 성에 관련된 장난을 일삼았다. 그들은 그녀의 연장

• 1964년 제정된 민권법 제7장Title VII of the Civil Rights Act은 인종, 피부색, 종교, 성별 또는 출신국가에 근거한 고용차별을 금지하고자 당시 미국 대통령 린든 존슨 행정부에 의해 제정되었다. 이에 의해 설립된 것이 고용기회평등위원회EEOC이다. 1972년 고용기회균등법은 이 민권법 제7장을 개정하여 제정한 법이다. 이준일, 『차별금지법』 고려대학교출판부, 2007 참고.

시적 정의

통과 작업장을 공격적인 성적 그림, 표시, 낙서 등으로 장식해놓았고, 그녀의 연장들을 숨기거나 훔쳤으며, 연장통을 감추고, 누드 사진을 작업장에다 걸어두고, 작업복을 갈아입을 때 그녀 앞에서 속옷 차림으로 벗고 다니기도 했다. 그들 중 한 명은 수신인을 "쌍년"으로 하여 외설적인 밸런타인데이 카드를 그녀의 연장통에 두기도 했다. 카드에는 벌거벗은 여자를 거꾸로 매달고 있는 남자가 그려져 있었고, 사진 위에 내갈긴 문구에는 남자가 왜 여자에게는 두 개의 구멍이 있는지를 알아내는 내용—그리하여 여자를 마치 맥주 캔처럼 들고 다닐 수 있게—이 있었다. 베컴이라는 동료는 두 번씩이나 자신의 성기를 내보였다. 첫 번째는 서로 이야기를 나누던 중, 카아가 출구는 "앞뒤로 흔들거리기" 때문에 그도 그녀와 같이 쉽게 출입을 할 수 있다고 말한 것에 대해, 그가 자신에게도 "흔들거리는" 것이 있다고 하면서 성기를 보여준 것이다. 두 번째는 남자 동료가 베컴에게 성기 노출을 못 할 것이라고 5달러를 내기로 걸었을 때다. 비록 카아가 베컴의 앞에 있었는지 뒤에 있었는지는 분명하지 않지만, 성기를 보여준 베컴에게 그는 내기에서 졌다. 다른 때에는 베컴이 카아에게 자신이 작업장 높은 곳에서 떨어지면 "구강 대 성기" 인공호흡을 해줘야 한다고 말하기도 했다. 카아의 남자 동료들은 그녀가 보는 앞에서 작업장 지붕에서 소변을 보기도 했고, 카아에게 비교적 호의적이었던 한 흑인 동료에게 그녀가 듣는 앞에서 "백인 창녀를 졸졸 따라다니는 녀석, 어떻게든 그녀를 잡아먹으려고 안달 났다"며 몰아붙였다. 온갖 인종차별적인 언설과 짓궂은 장난으로 양철공 중에서 유일한 흑인 노동자였던 그를 쏘아붙였다. "나는 이 일을 절대 그만두지 않을 거야. 내가 나가면 검둥이나 여자에게 이 자리가 돌아갈 테니까"라는 말이 작업장 내에서 자주 들리곤 했다. 카아의 또 다른 남자 동료는 그녀에게 불이 붙은 담배꽁초를 던지기도 했다.(1009~1010)

카아는 그녀의 직속상관인 짐 루스에게 이를 고발했다.

하지만 소용없었다. 그는 자신이 보는 앞에서 그녀를 향한 공격적인 발언들이 오갔지만, 자신은 여성이 아닌 이상 그러한 발언이 여성에게 공격적인 것으로 여겨질 수 있는지 잘 몰랐다고 증언했다. 그러한 발언을 들었을 때 그가 느낀 당혹감의 표현은 그저 피식 웃거나 담배를 질끈 더 세게 무는 것이 전부였다.

어떤 의미에서 이 서술은 간단하게 보인다. 하지만 이는 문학적으로 상당히 탁월한 선택 능력과 솜씨를 보여주고 있다. 포스너 판사는 스스로를 현장 가까이에 두려 한다. 그는 엄밀하게 필요 이상으로 사실 정보를 세세하게 기술하고 있다. 또한 자신을 남자 동료의 행동에 대해 극히 비판적인 태도를 가진 분별 있는 관찰자 입장에 놓는다. 예를 들어 "장식해놓았다" 혹은 "사진 위에 내갈긴 문구"와 같이 냉소적인 단어 사용, 그리고 카아에 대한 동료들의 행동이 갖는 공격적이면서 위협적인 성격에 대한 강조, 특히 루스("그의 당혹감은 이러저러했다")에 대한 생생하고 풍자적인 묘사 등을 통해, 포스너 판사는 이 사건을 (제너럴모터스가 줄기차게 주장한 대로) 남녀 노동자가 같이 합작한 단순한 농담이나 장난과도 같은 것으로 간주하려는 데서 논쟁이 비롯된다는 점을 보여주려 했음을 알 수 있다. 그는 (루스와는 달리) 여성 노동자에 대한 이러한 행동이 미칠 수 있는 가능한 충격에 대해 상상하고자 했다.

이제 직장 내에서 이러한 공격적인 언사들이 흔한 일인 이상 양철공들의 행동은 성희롱이 아니며, 고용주들은 이러한 언사들을 몇몇 사람들만이 공격적인 것으로 받아들인다는 이유만으로 이를 직장 내에서 정화시킬 법적 의무가 없다는 지방법원의 논고를 언급함으로써 포스너 판사는 이 충격에 대한 질문을 직접적으로 풀어나간다. 포스너 판사가 주장했듯 우리는 "단지 저속하고 다소 공격적인" 행동과 "극히 공격적이고 성적으로 희롱하는" 행동 사이의 차이를 구분해야 한다. 그는 카아의 상황을 고려하여 이러한 차이를 분명히 구분하고자 한다.

> 우선 첫째로, 그녀가 토로했던 말과 행동은 이와 유사한 사건들이 갖는 정황과는 달리 그녀를 대상으로 삼고 있었고, 이러한 공격적인 말과 행동에 대한 단순한 관찰자가 아니라 직접적인 대상이 된다는 것은 훨씬 더 불쾌한 것이다. (퍼트리샤 윌리엄스^{Patricia J. Williams•}, 『인종과 권리의 연금술: 한 법학자의 일기^{The Alchemy of Race and Rights: Diary of a Law Professor}』, 1991, 129쪽.) 둘째,

---

• 퍼트리샤 윌리엄스(1951년생)는 미국 법학자이자 미국 법제도의 근본적인 결정 요인으로서 인종을 다루는 비판적 인종 이론Critical Race Theory 지지자이다. 현재 컬럼비아 대학 교수로 있다.

누군가의 소지품(업무 중에만 사용하는 것이라 할지라도)을 손상시키고 그녀의 옷(업무 중에만 입는 것이라 할지라도)을 훼손하는 것은 단순한 말보다 훨씬 더 불온하고 공격적인 모욕 행위이다.(1010)

여기서 우리는 분별 있는 평가와 관련을 맺고 있는 감정 이입을 볼 수 있다. 다른 재판관에 비해 인용이나 주석을 적게 사용하기로 유명한—그리고 자신의 의견에 사용된 인용에 대해 개인적인 책임을 지는[20]—포스너 판사가 이 문단 결론 부분의 자료로 인종 문제에 대한 법학전문가 퍼트리샤 윌리엄스의 글을 인용한 것은 흥미로운 지점이다. 그는 카아의 논쟁에 대한 자신의 완벽한 평가를 위해서는 이와 유사한 사회적 불평등 상황에 처한 사람들의 이야기와 비교해볼 필요가 있다고 제안하는 듯 보인다.(성적 희롱과 인종적 차별의 관계는 카아를 괴롭히는 일에 가담하기를 원치 않았던 흑인 동료를 대하는 양철공들의 태도에 대한 묘사에서 이미 설명되었다.) 아마 포스너 판사의 입장에서는 자신의 판단과 경험을 근거로 하여 카아가 문제 제기한 협박이 그녀의 상황에 대한 객관적 사실에 타당하게 근거하고 있는지 여부를 결정하는 것이 쉽지 않았을 것이다. 그는 해결책의 한 부분으로 희롱에 대한 다른 이야기들을 고려하고자 한 것이었다. 숙고를 통해 선택한 문학적 장치로 보이는 윌리엄스 글의 인용은—마치 이것이 사실 확인과 관련된 법적 질문에 올바른 해결책을 내놓기 위한 요소인 것처럼—불평등에 처한 사람들의 경험에 보다 가까이 접근하고자 하는 결의를 보여준다.

그리고 나서 포스너 판사는 지방법원의 평결을 다룬다. 그들의 행동이 희롱하는 것이기는 했지만 카아가 달가워하지 않은 것은 아닌데, 그녀도 "얼간이"나 "머저리"와 같은 용어를 사용했고, 한번은 남자 동료의 허벅지에 손을 올리기도 했으며, "음란한 사진을 보여주고 성감대를 가리켜보라고 했을 때, 그렇게 했기" 때문이라는 의견이다. 요컨대 지방법원의 용어를 인용하자면, 그녀가 "숙녀답지 못하기^{unladylike}" 때문에 스스로 이러한 행위를 야기했다는 것이다. 이에 대해 포스너 판사는 이렇게 기술했다.

설령 우리가 왜 "숙녀답지 못한" 행동이 통속적 반응이 아닌, 적대적이고 희롱하는 반응을 유발해야 하는지에 대한 질문은 차치하고, 설령 카아가 "사내들 중 한 사람"이 되기 위해 그런 식으로 말하고 행동했다는 증언을 (그럴듯한 이유에도 불구하고) 무시한다고 해도, 그녀의 말과 행동은 남성의 것들과 비교될 수 없고, 그들의 행동을 정당화하거나 고용인의 혐의를 면해주는 데 이용될 수는 없다. (…) 입장의 비대칭성을 고려해야 할 것이다. 그녀의 "얼간이"와 같은 용어 사용이 그렇게까지 겁을 주는 행동이 될 수 없고, 거친 남성 동료 중 한 명의 허벅지에 손을 올린 것 역시 위협적인 행동은 아니다. 그리고 '해부학 수업'을 위해 음란한 사진을 가지고 온 것도 그녀가 아니다. 남성 공장 노동자들이 말 그대로 **정당방어**를 하는 한 명의 여성을 성적으로 희롱하는 상황을 **상상**하는 것은 어려운 일이다. 하지만 이것이 본질적으로 제너럴모터스가 그곳에서 일어난 일에 대해 설명하는 방식이다.(1011)

이는 아주 침착하면서도, 감상적인 것과는 전혀 거리가 먼 진술이다. 포스너 판사는 상황을 개탄하거나 사건에 사적으로 연루된 사람처럼 감정을 과장되게 드러내지 않는다. 모든 면에서 그는 분별 있는 관찰자이다. 그런데 그는 유사-문학가 quasi-literary 라는 스미스의 개념적 역할까지 수행하고 있는 듯 보인다. 사실상 그의 검증 방식은 '공상'이다. 즉, 카아 또한 남성 노동자들이 한 것처럼 그들에게 똑같이 위협적이었고, 당신이라면 그렇게 하지 못했을 것이라고 설명하는 남성 노동자들의 상황을 상상해보려고 노력했기 때문이다.(**상상**을 고딕체로 강조한 것을 주목할 것.) 하지만 그때의 상황이 갖는 비대칭성을 그려보고, 홀로 있는 카아의 고립된 상황과 직속상관의 무관심 등을 생각해보면, 그녀가 상당히 긴 기간 동안 심한 강도로 이루어진 성희롱 행위의 피해자라는 결론에 도달하게 될 것이다. (이어지는 단락에서 포스너 판사는 카아의 양아들이 살인죄로 처형당했다는 그녀의 개인적인 어려운 상황을 논하면서 아래와 같은 말을 언급하는 것을 빼먹지 않았다. "카아에게 자신의 성기를 노출했던 동료 베컴이 그녀에게 했던 흥미로운 말들 중 하나는 사형집행을 위해서 전기세를 냈더라면 행복했을 것이라는 진술이었다.")

제너럴모터스의 대응은 부적절했는가? 포스너 판사는 제너럴모터스가 자신들은 "양철공들 간에 이루어진 침묵의 공모"(이 구절은 의심의 여지없이 독자에게 포스너 판사의 비판적 답변을 예상하게 한다)의 희생자라고 주장했음에도 불구하고 그들의 태만은 입증된다고 주장했다. 포스너 판사는 "막강한 제너럴모터스가 상스러운 욕설을 일삼는 양철공들에 대해 속수무책이었다는 것은 조금도 설득력이 없다"
고 결론짓는다. 이 지점에서 또다시 상상력에 대한 호소가 분별 있
는 관찰자의 냉소적 반응을 낳은 것을 알 수 있다. 그러고 나서 포
스너 판사는 카아의 상황에 대하여 "해고 이후의 직업 구제"를 받
기 위해서 그녀는 "그녀가 당했던 차별이 이성적인 한 사람이 직업
을 그만두게 하기에 충분히 심각한 것"—사실상 이 기준은 분별 있
는 관찰자의 대답을 사건의 해결책에 포함한 것—이었다는 것을 보
여주면 된다고 언급한다.

이제 우리는 포스너 판사의 결론에 이르게 된다.

반목질시하는 고용인들 사이에서 벌어진 성희롱 사건의 혐의와 무혐
의를 고용주가 가려내는 것은 어려운 일이지만, 지금 우리가 다루는 상
황은 수년에 걸쳐 한 여성에게 조직적으로 가해진 터무니없는 성희롱에
대해 나라에서 가장 거대한 기업 중 하나인 제너럴모터스가 스스로 속
수무책으로 효과적인 대응을 하지 못했다고 주장하는 사건이다. 그 어
떤 합리적인 사람도 제너럴모터스가 진정으로 속수무책이었고, 그들이
합당하게 취했어야 할 모든 조취를 취했다고 상상하기란 어렵다. 그들
(혹은 최소한 가스 터빈 부서)은 심지어 성희롱 문제가 면전에서 일어나
고 있었음에도 이를 풀려는 의지가 없었고, 즉각적으로 해결할 수 있는
능력이 없었다는 증거 역시 명백하다. 조사 과정에서 그들의 노력은 적
극적이지 못했고, 징계 처분의 노력은 없었으며, 구제 노력도 형식적이
었다. 미 해군이 군함 승무원에 여성을 수용하였듯이, 제너럴모터스도

여성 한 명을 양철 작업장 내에 수용할 수 있어야 했다.

　재판은 지시에 의해 원고에 대한 법적 책임을 묻는 평결로 뒤집어졌고(그 어떤 결과도 기록과 일치하지 않았음에도……), 그녀에게 부여될 구제책에 대한 결정으로 넘어갔다.(1012~1013)

　포스너 판사는 상상력과 '합리적인 인간'―스미스의 분별 있는 관찰자의 규범과 밀접하게 연결되어 있는 전통적인 보통법의 기준―의 반응에 직접 호소하는 결론을 내렸다. 자신의 의견서에서 그는 제너럴모터스의 행태에 대해 그런 관찰자가 느꼈을 법한 정당한 분노와 경멸을 보여주었다. 문학적 용어로 말하자면 그의 글은 전통적인 장치와 풍자 장르의 감정―예를 들면 고대 로마의 형태(유베날리스[*]) 혹은 조너선 스위프트[**]Jonathan Swift와 같은 보다 현대적인 작품―을 참조한 것으로 보인다.(스위프트의 묘비명에 쓰인 '맹렬한 분노saeva indignatio'가 아마 포스너 판사의 글이 구축하고자 했던 감정일 것이다.) 그는 속수무책이었다는 제너럴모터스의 핑계 섞인 주장을 맹렬히 비난했고, "심지어 성희롱 문제가 면전에서 일어나고 있었음에도"라는 은

- 유베날리스Decimus Junius Juvenalis는 1세기 후반에서 2세기 초반에 활동한 고대 로마의 풍자 시인이다. 작품 『풍자시집Saturae』은 5권으로 나뉘어 현존하고 있고, 당시의 부패한 사회상에 대한 격렬한 분노를 담고 있다.
- 아일랜드 더블린 출신의 풍자작가 겸 수필가이자 성직자였던 조너선 스위프트(1667~1745)는 인간의 위선과 야만을 풍자하고, 부패와 탐욕 그리고 허위와 위선을 낱낱이 밝힌 작가로 평가된다. 대표작으로는 『걸리버 여행기』, 『통 이야기』, 『책의 전쟁』, 『스텔라에게의 일기』 등이 있다.

유적인 표현을 통해 제너럴모터스와 양철공 양쪽에 대한 자신의 관점을 드러냈다. 제너럴모터스를 자신이 싼 똥에 코를 부벼대는 똥오줌 못 가리는 개에 비교했다. "조사 과정에서"로 시작하는 수사적 효과를 가진 문장은 점차 강해지는 비난의 삼행구tricolon를 통해 분노를 표현해준다. 또한 이어지는 문장에서 당면한 과제를 달성한 미 해군과 이를 거부한 제너럴모터스의 차이를 절실히 느끼게 해주려고 "수용"이라는 말을 병렬적으로 사용한다.

포스너 판사는 스스로를 적합한 방식으로 객관적이고 중립적인 재판관이자 관찰자로서 둔다. 또한 상상과 적절한 감정은 그의 의견을 추론하는 데 결정적인 역할을 한다. 그의 분노는 변덕스럽지 않다. 오히려 사실 정보에 견고히 근거하고 있으며, 그는 사실 정보를 서술하는 과정 중에 독자로 하여금 이를 느낄 수 있도록 한다. 사실 그의 의견은 인간이 돈의 노예가 되는 모습과 잔인함 등에 대한 신랄한 묘사를 통해 분노를 불러일으키는 유베날리스나 스위프트와 같은 종류의 훌륭한 풍자와 맞먹는다. 스티븐스 대법관의 의견에 드러난 것과 같이 여기에서도 문학적 접근 방식이 사회적 불평등에 처한 사람들의 특수한 곤경, 그리고 거기에 따르는 어느 정도의 무력함에 대해 공감하는 관심과 긴밀히 연결되어 있다. 포스너 판사는 자신의 사유가 갖는 이러한 측면, 그리고 이것이 위협과 적대에 관한 법적 질문에 답을 하는 과정과 맺는 연관성을 여러 차례 주목하게 한다. 포스너 판사가 서술하였듯, "입장의 비대칭성은 반드시 고려되어야 하는 것이다."

바워스 대 하드윅^{Bowers v. Hardwick}*, 미연방대법원, 1986년

(바이런 화이트^{Byron White} 대법관과 워런 버거 대법원장의 다수 의견**)

이 판례는 판결과 판결문 모두 잘 알려져 있기 때문에, 다른 판례들에 비해 짧게 요약해도 무방할 것이다.[21] 먼저 간단히 상황을 그려보자. 마이클 하드윅은 공공장소에서의 음주 혐의로 체포 영장을 송달하러 온 경찰에게 자신의 아파트 침대에서 다른 남성과 구강성교를 하던 중 체포되었다. 두 남성은 해당 주의 소도미법^{Sodomy Law}***을 위반했다는 혐의로 체포되어 [12시간 동안] 수감되었다가, 이후 기소 없

---

* 이 소송은 동성애에 관한 유명한 판결 중 하나로, 동성애에 대해 최초로 헌법적 권리(사생활 보호 권리)를 인정하지 않은 판례. 조지아 주 동성애 금지법에 대해 대법원이 합헌 판결을 내린 사건으로, 판결내용에 있어서도 정당한 근거를 제시하지 못했다는 많은 비난을 받았다. 하지만 바워스 대 하드윅 판결 17년 뒤, 연방대법원은 로렌스 대 텍사스^{Lawrence v. Texas}(2003)로 판결을 뒤집었다. 연방대법원은 텍사스 주의 소위 소도미법에 대한 위헌 신청을 받아들여 이를 무효화하며, 대다수가 '동성애자들의 삶을 비하한다'고 여긴 1986년 바워스 대 하드윅 판결에 대해 실질적인 유감의 뜻을 표하면서, 오늘날 동성애 남녀에게 보장된 헌법적 자유를 명확히 선언했다. 이 판결은 1954년 공립학교에서 흑백 분리를 결정한 캔자스 주 토피카 교육위원회의 조치에 대한 위헌 판결과 함께 연방대법원이 내린 가장 기념비적인 판결로 꼽힌다. 이하 이 판례와 관련해서는 리처드 포스너, 『성과 이성』 533~542쪽 참고. 강달천, 「미국 동성애자의 기본권 논쟁: Hardwick 판결과 Romer 판결을 중심으로」『中央法學』 Vol.2, 중앙법학회, 2000, 67~100쪽 참고.

** 다수 의견을 지지한 쪽은 화이트, 버거 대법원장, 파웰^{Lewis F. Powell, Jr.}, 렌퀴스트, 오코너^{Sandra Day O'Connor}였고, 반대 의견을 제시한 쪽은 블랙먼, 브레넌, 마셜, 스티븐스였다. 다수 의견은 화이트 대법관이 작성했다.

*** 소도미(비역, 수간, 남색 등을 의미)법은 동성 간의 성행위를 처벌하도록 규정한 미국 텍사스 주의 법을 말한다. 당해 조지아 주법(1984) 제16항(16-6-2)은 다음과 같이 규정하고 있다. "남성 혹은 여성이 한 사람의 성기, 그리고 다른 사람의 구강 또는 항문을 포함한 어떠한 성행위를 하는 것은 소도미죄에 해당한다. 무력을 사용하거나 타인의 의사에 반하여 소도미를 행하는 것은 소도미 중범죄에 해당한다. 일명 소도미 행위를 한 사람이 피고의 배우자인 경우 소도미 중범죄 혐의에 대한 변호가 되지 않는다."

이 풀려났다. 하드윅은 이 법이 위헌이라는 판결을 구하는 소송을 제기했다. 법 자체는 소도미를 구강 또는 항문 성교로 정의하면서 성행위 용어로 표기하고 있다. 소도미 법규에서 자주 일어나는 경우이지만, 범죄는 동성애자들에게만 제한되지 않았으며, 비록 이들의 사건이 대법원까지 가지는 않았지만 후에 '성명미상의 이성애 커플 John and Mary Doe*'이 이들의 소송에 가담했다. 지방법원은 그들이 "해당 법령의 시행으로 인해 그 어떤 직접적인 피해도 입지 않았고, 즉각적인 위험 속에 있는 것도 아니다"라는 의견을 고수했다. 항소법원은 당사자 부적격을 이유로 원고의 항소를 기각하고 지방법원의 판결을 지지했다.[22] 이런 식으로 기록은 사실상 해당 법령이 이성애자들에게 불리하게 시행되는 것이 아님을 인정했다.

바워스 판결의 다수 의견과 동조 의견은 다양한 관점에서 자주 비판받았다. 의견들의 문학적 혹은 비문학적 측면들을 살펴보는 데 있어, 먼저 이 판례는 (실제로 그렇게 다루어졌듯이) 적법절차에 관한 재판으로 보아야 한다. 그리고 나서 문학적 상상력이 이 판결 혹은 이와 유사한 판결들을 평등한 권리 보호의 측면(블랙먼 대법관의 반대 의견과 최근의 법학자들에 의해 제시된 논의의 한 부분)에서 논의하는 것

• 여기서 쓰인 John and Mary Doe는 가상적인 소송 당사자(가명)를 의미한다. '갑' 또는 '을', '홍길동' 등으로 생각할 수 있다. John Doe는 주로 남자 원고를, Jane Doe는 여자 원고를 지칭한다. 남자 피고는 Richard Roe, 여자 피고는 Jane Roe로 구별해서 칭하기도 한다. 로우 대 웨이드 사건에서 소송을 낸 당사자가 익명을 원했기 때문에 원고의 이름이 Roe가 된 것이고, 사건명도 그렇게 굳어졌다.

과 어떻게 관련을 맺는지 묻는 것이 유의미할 것이다.

이 사건이 적법절차에 관한 평결이라고 볼 때, 대법원에 주어진 문제는 소위 상호합의에 근거한 동성애적 소도미 행위를 할 권리가 사실상 이전의 수정헌법 제14조의 사생활 보호법 판례에 포함되는 프라이버시권인지 아닌지의 여부다. 대법원은 여기서 논의되고 있는 권리의 종류는 "'질서화된 자유의 개념에 함축되어 있는' 본질적인 자유와 '미국의 역사와 전통에 깊이 뿌리 내리고 있는' 자유"를 포함하는 것으로 규정된다고 언급했다. [따라서 동성애적 소도미 행위는 위의 본질적인 권리에 해당하지 않는다는 것이다.]* 이러한 제약이 재판 결과와 평결 과정에 미치는 영향에 주목할 필요가 있다. 평결 의견에 드러난 그 어떤 공감이나 상상력도 그것이 이 사건과 관련 있는 판례 사이의 관계를 밝혀주지 못하거나, 이 사건이 이전 사건들에서 유래한 기본권에 대한 두 가지 설명 모두를 충족하거나 그중 하나라도 충족하는지의 여부를 결정하는 데 도움이 되지 못한다면 무의미한 것이 될 것이다.

판례와 관련하여, 화이트 대법관은 사생활 보호권과 관련한 사건들을 검토하고 다음과 같은 사실을 발견한다.

앞선 판례들에 언급된 그 어떠한 권리도 이번 사건에서 제기된 소도미 행위에 대한 동성애자의 헌법적 권리와 유사점을 갖지 않는다. 동성

• *Bowers v. Hardwick*, 478 U.S. 186 (1986), 192~193.

애적 행위와 가족, 혼인, 출산 등은 관련 없음이 밝혀졌다. (…) 게다가 상호 동의한 성인들 사이의 어떠한 사적인 성행위도 해당 주의 금지조항으로부터 헌법적으로 독립된 것이라는 법률을 이 판견들이 지지한다는 어떠한 주장도 옹호될 수 없다.(190~191)

이는 분명 이전 판례들에 대한 그럴듯한 해석을 제공한다. 사실 그리즈월드 대 코네티컷[*] 사건이 출산에 관한 결정과 관련하여 혼인 관계의 부부가 갖는 의사결정 과정의 프라이버시에 초점을 맞춘 것은 사실이다. 그리고 비록 아이젠슈타트 대 베어드[**] 사건이 이 권리

• *Griswold v. Connecticut*, 381 U.S. 479 (1965). 성에 관계된 유명한 소송 사건 중 최초의 사건으로, 연방대법원은 이 사건에서 피임기구의 사용을 금지하는 코네티컷 주의 법을 위헌이라고 판결하고, 이 판결에서 대법관들은 "부부가 피임기구를 사용할 권리는 헌법에서 보장하는 프라이버시영역에 속한다"면서 최초로 프라이버시권을 헌법상의 권리로 인정하였다. 이 판결을 통하여 프라이버시권은 종래 수정헌법 제1조, 제3조, 제4조 등에 의해서 단편적으로 보호되던 프라이버시 이익에서 벗어나 새로운 일반적인 헌법상의 프라이버시권리로 승인되었다. 프라이버시권리가 독자적인 헌법상의 권리로 승인된 이후 연방대법원은 새롭게 선언된 권리의 적합성과 헌법적 근거, 법정의견의 논리적 힘과 일관성 등에 대한 끊임없는 논쟁 속으로 들어갔다. 이와 관련하여 리처드 포스너, 『성과 이성』, 502~532쪽 참고. 조규범, 「미국의 프라이버시 법제에 관한 연구」 『성균관법학』, Vol.17, No.3, 성균관대학교 비교법연구소, 2005, 75~113쪽. 조지형, 「프라이버시의 의미와 성의 정치: 그리스얼드 사건과 로우 사건을 중심으로」 『미국사연구』, Vol.19, 한국미국사학회, 2004, 79~116쪽. 최희경, 「프라이버시권리의 변천」, 『法曹』, Vol.53, No.12, 법조협회, 2004, 83~111쪽.
•• *Eisenstadt v. Baird*, 405 U.S. 438(1972). 앞선 그리즈월드 판결이 프라이버시권을 헌법상의 권리로 규정하기는 했지만 그것은 기혼 부부에 국한된 것이었다. 따라서 이를 확대하려는 노력이 뒤따랐는데, 낙태 문제에 프라이버시권이 적용될 수 있는 범위를 확장한 판결이라고 평가받는 아이젠슈타트 판결이 나오게 된다. 이 사건에서 연방대법원은 "의사와 약사에 의해서만 피임약을 판매할 수 있고, 미혼자에게는 판매를 금지한 메사추세츠 주법은 위헌"이라고 평결하였다. 그리하여 개인은 미혼이든 기혼이든 동등하게 피임약을 구입할 권리가 있고, 그것은 기혼여부와 상관없이, 자녀를 낳을 것인지 혹은 가질 것인지 여부에 대한 결정처럼 개인에게 근본적인 영향을 미치는 문제에 대하여 부당한 정부의 간섭으로부터 자유로운 개인의 권리라고 판

를 미혼의 개인에게까지 확대하였고, 그리하여 커플이 아닌 개인의 의사결정 과정상의 프라이버시권을 인정하였지만, 이는 여전히 아이를 가질 것인지 말 것인지에 대한 결정에만 초점을 맞추고 있었다. 이는 로우 대 웨이드[***] 판례에도 해당된다. 아이젠슈타트 판결에서 다수 의견은 "만약 프라이버시권이 어떤 의미를 가진다면, 이는 기혼자이든 미혼자이든 아이를 가질 것인지 혹은 낳을 것인지에 관한 결정과 같이 개인에게 근본적으로 영향을 주는 문제에 대하여 정부의 부당한 침해로부터 자유로울 수 있는 **개인의** 권리이다"라고 판결을 내렸다. 이러한 표현은 이 분야에서 사람에게 영향을 주는 다른 근본적인 권리가 있을 수 있음을 시사한다. 하지만 그 어떤 권리도 명시되지는 않았다. 그리고 아이젠슈타트 평결이 평등권 보호에 관한 사건으로 제기된 이상, 주장의 핵심 문장은 그야말로 기혼자들이 갖는 피임에 대한 모든 권리가 미혼 커플에게도 속해야 한다는 것이다. 아이젠슈타트 판결과 로우 판결을 거쳐, 상호 동의한 성

결했다. 이 판결을 통하여 혼인여부와 상관없이 미혼자에게도 피임에 대한 권리가 인정되었으며, 이후 침실을 넘어서 낙태와 관련한 출산영역으로 프라이버시권리가 확대되었다.

••• *Roe v. Wade*, 410 U.S. 113 (1973). 낙태를 금지하는 텍사스 주법에 대한 헌법소원 청구에 대해 연방대법원은 수정헌법 14조에 의거하여 여성의 낙태의 권리가 헌법상 프라이버시권에 속한다고 판단하여 텍사스주의 낙태 금지법이 위헌이라고 결정하였다. 낙태에 대한 권리를 인정한 이 판결 등 일련의 판결을 통해서 프라이버시권은 확고하게 보장되기 시작했다. 하지만 1980년대 중반 이후 낙태권을 제한하는 규제에 대하여 연방대법원은 과거와는 달리 이를 여성의 프라이버시권에 대한 위헌적 규제가 아니라고 판단하기 시작했으며, 1986년 동성애 행위에 대하여 프라이버시권리를 확대하려는 주장을 받아들이지 않는 판결을 내리기도 했다.

시적 정의

인이 자신의 선택에 따라 성행위를 할 권리를 인정하게 될 때까지는 그리 오래 걸리지 않았다. 하지만 이러한 발걸음은 이전에 누구도 취하지 않았던 것이라는 점을 인정해야 할 것이다.[23]

과연 이러한 조치를 취하는 결단을 내리는 데 문학적 상상력은 어떤 관련을 맺을 수 있을까? 이전의 프라이버시권 판례에서 우리가 발견할 수 있는 것은 승인된 프라이버시권이 한 개인의 인간됨에 근본적으로 영향을 주는 긴밀한 문제들에 대해 개인의 선택의 자유를 보호하는 방식을 고려했다는 점이다. 보호의 범위가 불명확하다는 점을 고려한다면, 우리는 바워스 사건과 관련된 질문을 철저하게 조사한다는 것이 하드윅이 제기한 프라이버시권이 인간에게 미치는 영향의 특성들을 면밀히 고려하는 행위를 포함해야 한다는 것을 예상할 수 있다. 하지만 다수 의견은 마이클 하드윅의 상황에 대한 사실들로부터 고상한 거리를 유지한다.[24] 거리를 두는 언어적 표현("소도미 행위에 대한 동성애자들의 헌법적 권리 주장")은 이 문제로부터 하드윅의 개인성personhood이 어떠한 영향을 받았는지 고려하는 것을 거부했다는 것을 나타내고, 심지어 이와 관련한 권리는 보호받아야 한다는 그의 주장을 다소 가소롭게 생각하는 태도를 표현하는 듯 보인다. 사실상 판결문을 보면 전체에 걸쳐 사건을 마치 우리가 알고 있는 사람 혹은 우리 자신에게도 일어날 수 있는 일로 묘사하는 것이 아니라, 인간적인 이야기로부터 거리를 두고자 하는 노력이 두드러지게 보인다. 상호합의한 성적 행위에 대해 자신의 선택이 불법적인 것이 되어버린 사람의 상황을 보다 더 감정 이입을 해서 고려했다고 해도, 그것이 판례를 어떻게 해석할 것인가에 대한 결정을 바꾸지는 못했을 것이다. 하지만 분명 프라이버시권의 적용 범위와 관련한 질문에 대해 충분하고도 전면적인 고려—비록 이 사건에서는 성공하지 못했고, 하드윅의 주장은 너무나 신속히 기각되었다—를 촉구했을 수는 있다.

개인성이라는 본질적인 문제에 대해 이 사건은 사실 보다 사소한 사건을 다룬 것(최소한 반대 의견에서라도)에 비해 훨씬 논의가 적었다는 점을 주목할 필요가 있다. 켈리 대 존슨^{Kelley v. Johnson} 사건의 경우, 문제는 경찰관의 머리카락 길이를 제한하는 경찰 규정[머리카락 길이 규제가 프라이버시권 침해가 아니라는 판결]에 관련된 것이었다.[25] 이는 개인의 외관이 자아 통합과 자기정체성, 그리고 이 모든 것이 프라이버시권과 맺는 관계에 대한 (반대자들에 의해 제기된) 본질적인 논의가 이루어진 경우다. 하드윅의 경우는 분명 중대한 인간적 절박함에 더하여, 이전 판례들에 훨씬 더 가까이 자리하고 있으며, 이러한 것들과 훨씬 더 타당하게 관련될 수 있었던 권리를 포함한다.

만약 우리가 다음의 질문, 즉 주장된 권리가 두 가지 관련 있는 일반적 설명에서 한쪽에만 적합한지 아니면 양쪽 모두에 적합한지를 살펴보면, 우리는 여기서 다시 다수 의견과 그에 대한 동조 의견 모두에서 상황으로부터 거리를 두면서, 명백히 비^非서사적인 접근법을 발견할 수 있다. 다수 의견은 이렇게 평결을 내리고 있다. "이와 같은 행위의 금지는 아주 오래된 뿌리를 갖는다." 그리고 동성애적 소도미 행위를 할 권리는 "질서화된 자유의 개념에 함축되어" 있거나

시적 정의

"미국의 역사와 전통에 깊이 뿌리 내리고" 있다는 의견을 기각하면서 말이다. 버거 대법원장의 동조 의견은 훨씬 심하다. 그는 "동성애적 행위에 대한 개인의 결정은 서구 문명사에서 줄곧 국가 개입의 대상이었다"라고 주장했다. 나아가 "[18세기 영국의 저명한 법학자] 블랙스톤^{William Blackstone}은 '자연을 거스르는 파렴치한 범죄'를 강간보다 '더 악의에 가득 찬' 범죄이자, '언급하는 것 자체가 인간 본성에 대한 치욕'인 극악무도한 행위이며, '이름 붙이기도 적합하지 않은 범죄'로 묘사했다. (…) 동성애적 소도미 행위가 어떤 식으로든 근본적인 권리로 보호받아야 한다는 주장은 수천 년 동안 이어져 내려온 도덕적 가르침을 없애버리는 것이다"라는 언급을 덧붙였다. 이러한 역사적 비난에 대한 장황한 열거와 더불어 버거 대법원장의 가혹한 언어는 법정과 독자로 하여금 사건에 거리를 두게 만들며, 심지어 온전한 인간적 삶을 살고자 애썼던 존재인 마이클 하드윅의 이야기와 관점으로부터도 더 멀리 거리를 두게 한다. 이로 인해 우리는 하드윅을 강간범과 별반 다르지 않은 위험한 범죄자로 보게 되며, 사건과 관련이 있는 어떠한 하드윅의 삶에 관한 이야기도 우리에게 알려지지 않는다.

이러한 거리 두기 전략과 밀접한 관련이 있는 사실은 이 의견들에서 일반성^{generality}의 수준에 있어 지극히 중요한 그 어떤 논의도 발견할 수 없다는 점이다. "동성애적 소도미 행위를 할 권리"라고 지극히 구체적인 수준으로 묘사된, 논란이 되는 이 권리는 분명 전통적인 것이 아니며, 전통적으로 질서화된 자유라는 개념 속에 내포된 것으로 여겨지는 것이 아니었다. 다른 한편 논란이 되는 권리가 한 개인의 성적 삶의 방향을 결정하는—타인을 해치지 않는 전제 하에—권리로서 일반적으로 이해되었다고 한다면, 이러한 권리는 최소한 한 개인이 자신의 결혼 상대를 선택할 수 있는 권리 등이 포함되는 다양한 이전 사례들 속에서 논의되었을 것이다. 반대자들은 이러한 맥락에서 자신들의 의견을 주장했다. 소도미법을 인종 간 결혼[이종족 혼인^{miscegenation}]을 금지했던 법*과 연결시키면서 말이다. (이종족 혼인은—"개인이 선택한 상대와의 결혼"이라기보다는 "다른 인종의 상대와의 결혼"을 의미—구체적인 의미에서는 물론 전통적으로 인정된 근본적인 권리는 아니었지만, 일반적인 의미에서는 그러한 권리를 포함했다.) 하지만 여기에는 이 핵심적인 주요 쟁점을 논하고자 하는 시도는 없고, 다수 의견은 동성애적 행위가 성과 결혼의 영역에서 다른 자유권과는 무관한 것이라는 점을 지극히 명백한 것으로 여긴다. 이러한 논의의 회피는 동성애자들을 사회로부터 버림받은 자들^{pariah}—수 세기 동안 비난하는 데 동의해왔던 존재들—로 간주함으로써 가능한 것이다. 만약 다른 법률들과의 관계를 적절히 풀어내는 데 있어 블랙스톤에게 이러한 행위를 언급하는 것조차 수치스럽게 여겨졌다면, 이 문제를 사유하고 논의하면서 아주 오랫동안 공을 들이지 않는 것을 정당화하는 것은 쉬운 일이다.

• 1967년 미국연방대법원은 다른 인종 간의 혼인을 금지하는 버지니아 주법에 위헌 판결을 내렸다. *Loving v. Virginia*, 388 U.S. 1 (1967).

여기서 우리는 문학적 상상력으로부터 무엇을 기대할 수 있는가? 그리고 이는 어떤 관련성을 갖는가? 다수 의견과 동조 의견이 절대적으로 결여하고 있는 두 가지를 생각해볼 수 있다. 역사와 사회적 맥락에 대한 신중한 고찰, 그리고 미국 사회에서 동성애자들이 처한 상황에 대해 공감하는 숙고가 그것이다. 먼저 역사를 보자. 의견들 속에 제시된 역사적 주장들은 정확하지 않고, 상당 부분 잘못되었다. 성의 개념과 관습의 역사에 대한 연구는 인문학과 사회과학의 많은 분야 중에서 학문적으로 급성장하고 있는 분야라 할 수 있다. 비전문가의 시선을 결코 넘어서지 못하는 책들이 쏟아지면서 이제 다수 의견이 근거하고 있는 그리스 로마 전통, 기독교 전통, 유대교 전통, 영국 전통 등의 사례 속에 드러난 이러한 비난의 역사에 대한 편협한 묘사가 폭발적으로 증가하게 되었다.[26] 세계의 주요 종교와 철학의 전통들 각각에서 현대적 논쟁은 복잡하고, 내적인 논쟁과 분쟁이 없는 집단은 없다.[27] 문학적 재판관은 그것이 가진 역사·사회적 맥락을 전적으로 고려하여 마이클 하드윅의 사례를 '읽고자' 했을 것이다. 만약 누군가가 어찌해서든 이에 대해 항변했다면 역사를 바로잡는 일이 뒤따랐을지도 모른다.

역사를 바로잡는 것이 결과에 영향을 미칠 수도 있고 그렇지 않을 수도 있다. 왜냐하면 관련 권리들을 규정하는 데 있어 적절한 수준은 매우 특수한 경우였고, 이와 관련 있는 영미법 전통은 이를테면 "질서화된 자유의 개념에 함축되어 있거나" 혹은 "미국의 역사와 전통에 깊이 뿌리 내리고 있는" 것으로 정의된 권리와 같이 논란이 되고 있는 권리의 유형을 아직 인정하지 않는다고 주장할 수 있기 때문이다. 하지만 유사한 행위를 다른 시기와 사회에서는 어떻게 보았는지를 이해하는 것은 보다 일반적인 수준의 설명이 갖는 가능한 적절성을 고찰하는 데 훨씬 요긴한 근거를 제공해줄 것이다. 이와 같은 과정은 재판에 있어 실질적으로 무엇이 하드윅에게 중대한 문제였는지를 공감하는 방식으로 고려함으로써 훨씬 더 진전될 수 있었을지도 모른다. 그러한 고려는—포스터의 작품 『모리스』는 이에 대한 생생한 예시를 제공한다—최소한 지금 우리가 다루고 있는 권리와 전통적으로 보호되어왔던 결혼 후 출산에 대한 선택을 할 수 있는 권리들 간의 문제를—여전히 해결되지 않았다 하더라도—제기했을지도 모른다.

오늘날 재판에서 문학적 요소는 사건의 면면에 대한—실제로 그것이 논의되었거나 적법절차 사건일지라도—보다 온전한 숙고를 가능하게 했을지도 모른다. 사건이 평등 보호^{equal protection}에 관한 재판이었다고 한다면, 상상력과의 관련성은 훨씬 더 명확했을지도 모른다. 반대 의견을 제시한 블랙먼 대법관은 이 사건이 중대한 평등 보호의 측면을 가지며, 이와 같은 맥락에서 논의되어야 한다는 것을 인식하고 있었다. 최근 캐스 선스타인^{Cass Sunstein}*은 적법절차 조항은 전형적으로 과거 지향적이고 전통을 존중하며, 평등 보호 조항*은 미

• 미국의 헌법학자. 오바마 정부의 규제정보국에서 활동했고, 하버드대 로스쿨 교수로 재직 중이다. 국내에서는 『넛지Nudge』, 『우리는 왜 극단에 끌리는가』 등의 저자로 잘 알려져 있다.

래 지향적이며 개혁 지향적이라는 견해를 바탕으로, 평등권을 보호하는 방식이 사건에 더 알맞은 선택인지도 모른다고 주장했다.[28] 바워스 판결은 적법절차의 길을 이제 막아버린 이상, 유사한 사건들이 여전히 평등 보호에 대한 호소를 통해 논의될 수 있다는 점을 지적하는 것은 중요하다. 평등 보호에 대한 논의는 일반적으로 어떤 집단이 겪었던 차별의 역사에 대해 고려할 필요가 있으며, 동시에 정치적으로 무력한 상황에 대한 고찰까지도 요구한다. 보다 자세하고, 구체적이며, 감정을 이입하는 형태의 고찰은 이 사건을 소외되고 멸시받은 다른 집단에 대한 박해의 역사와 연결짓도록 하는데, 이는 차별의 역사를 드러내는 데 일조한다.[29] 사실상 이런 종류의 조사는 이해를 위해 충분한 것일 뿐만 아니라 필수적인 것으로 보인다. 왜냐하면 면밀한 조사 없이는 마이클 하드윅의 상황과 정당한 이유로 처벌의 대상이 되는 (버거 대법원장이 언급한 강간범과 같은) 폭력적 범죄자의 행동 사이의 중요한 구분을 하기가 매우 어렵기 때문이다. 평등 보호에 대한 논의를 잘 사유하기 위해 우리는 진정으로 위험한 것에 대한 비난과 비합리적인 차별을 구분하여 생각할 수 있어야 한다. 다른 문화를 대하는 다양한 태도들에 대한 인식과 실제 동성애자들의 목적과 의도에 대해 공감하는 이해와 결합하여, 미국 사회가 동성애에 적대적이었던 편견의 역사를 이해해야 이 집단이 강간범이나 아동 성추행범 등이 아니라 소수인종, 여성, 소수민족

• 수정헌법 제14조에 해당.

등과 유사한 집단이라는 것을 알게 된다. 다수 의견과 동조 의견에 드러나 있듯 동성애자들을 혐오감과 거리를 갖고 대하는 상황에서 상상력을 발휘하지 않고는 이러한 결론에 도달하기 어려울 것이다.

이 사건에 관련된 헌법적 쟁점은 극도로 복잡하며 모든 지점에서 논란이 되었다. 이러한 사건을 판결하는 재판관은 문서, 역사, 판례 등 여러 방식으로 제약을 받는다. 여기서 문학적 상상력이 모든 것을 해결할 수 있다고 주장하는 것은 어리석은 일이며, 이것이 헌법적 제약 외부에서 효과적이라고 말하는 것은 부적절한 일이 될 것이다. 하지만 반대로 이러한 제약 내부에서 문학적 상상력은 관련된 사안들에 대한 온전한 고찰을 하는 데 분명 귀중한 통찰력을 제공할 수 있을 것이다.

문학적 심판은 변화를 만들어낼 수 있는가? 분명 상상 가능한 모든 경우가 그럴 수 있지는 않을 것이다. 때때로 법률적 쟁점들은 어떤 식으로든 사건을 분명히 밝힌다. 때로는 사실 정황이 아주 간단하고 논란의 여지가 없어 문학적 상상이 중요하지 않기 때문이다. 모든 경우에 우선 법이 있어야 하며, 그렇지 않다면 어떤 재판관도 아무것도 하지 못할 것이다. 파머의 사진과 편지들에 대한 스티븐스 대법관의 고려조차도 헌법 조문 없이, 구체적인 판례의 범위 없이, 다수 의견—악의적이고 괴롭히고자 하는 수색은 용인될 수 없다—의 수용 없이는 아무 소용이 없다. 포스너 판사도 본인이 성희롱을 극도로 혐오했다고 하여도 연방 민권법 제7장이 없었더라면 메리 카아를 변호하는 판결을 결코 내릴 수 없었을 것이다. 입법자, 그리고 그들을 뽑은 시민 역시 상상력을 발휘할 필요가 있다. 프라이버시권의 존재 근거 자체와 적용 범위를 둘러싼 악명 높은 난제들을 살펴보노라면 재판관들이 혁신적으로 판결을 내리는 것이—나아가 헌법이라는 명확한 문서의 틈새로 보이는 것을 메우는 것이—얼마나 어려운지 알게 된다. 심지어 사법적 개입의 역사를 고려하더라도 하드윅 사건에 대해 어떠한 분명한 결론도 내리지 못했다. 그렇기에 공감 능력을 지닌 시민은 자신들이 정의롭다고 생각하는 것을 요구하는 데 사법 제도에만 의존해서는 안 된다.

하지만 지금까지 언급한 세 사건에서—이 중 두 사건은 핵심 쟁점이 되는 헌법적 질문들을 내포하고 있으며, 세 번째 사건은 사실 정보를 어떻게 평가할 것인가에 대한 극명한 의견 불일치를 함축하고 있다—인간적인 요소들에 대한 풍부하고, 정확하며, 분별 있는 상상력을 발휘한 것은 실제로 다른 결론을 내릴 수 있게 했거나, 또는 결과에 조금의 변화를 가져다줄 수 있게 했다. 첫 번째 허드슨 판결의 경우, 이는 스티븐스 대법관에게 허드슨이 악의적으로 침해한 파머의 재산 소유권이 갖는 중요성에 대한 인식을 일깨워줌으로써 가능했던 것이다. 두 번째 메리 카아 판결의 경우에는 포스너 판사에게 카아가 겪었던 성추행에 대한 생생한 느낌, 그리고 사실에 대한 제너럴모터스 사의 진술이 갖는 납득불가능성에 대한 인식을 제공함으로써 가능했다. 마지막으로 바워스 판결의 경우, 실제로 논의된 것과 같이 가상의 문학적 재판관에게 여기에 내포된 권리와 자유,

그리고 다른 근본적 자유권과 맺고 있는 관계의 본질적인 성격을 일깨워줌으로써 가능했다. 또한 평등 보호 사건으로서 바워스 판결을 볼 때, 게이와 레즈비언들이 맞닥뜨린 특정한 불이익에 대한 이해, 그리고 소도미 법이 차별의 도구로 쓰인 역사에 대한 고찰, 그러한 법의 적용 대상이 됨과 동시에 결부된 일반적인 사회적 오명에 대한 이해 등을 재판관에게 제공함으로써 다른 판결이 가능했던 것이다.

나는 어떤 사건에서도 (판례에 대한 고찰을 명백히 포함하는) 통상적인 법적 추론이 무분별한 정서에 종속되어서는 안 된다고 생각한다. 재판관은 입법가가 아니다. 그리고 그의 상상력은 엄격한 헌법적 제약에 따라야 한다. 카아 재판과 허드슨 재판의 의견에서 표현되었던 공감과 분노의 정서는, 엄밀히 말해 그것들이 전통적인 형태의 훌륭한 법적 추론과 사실에 대한 확실한 이해에 연결되어 있다는 이유 때문에 소중한 것이다. 하지만 내가 보기에 두 사건 모두에서 문학적 재판관은 비문학적 재판관에 비해 총체적인 사실을 파악하는 능력이 보다 뛰어난 듯하다. 그렇기에 나의 주장은 문학적 심판이 결코 훌륭한 심판을 위해 충분한 것은 아니며, 만약 그것이 다른 순수한 제도적 · 법적 덕목들의 적절한 제어를 받지 못한다면 분명히 치명적일 수 있다는 것이다. 그러나 우리는 알맞은 상황 속에서, 그 어떤 다른 것들을 요구한다고 해도, 문학적 심판을 요구해야만 할 것이다.

공감 증명하기

이제 휘트먼으로 돌아가보자. 앞서 나는 휘트먼 시의 중심에 놓인 몇몇 주제들을 살펴보았다. 사회적 배제의 고통, 동성애자에 대한 소외와 성·종교·인종에 근거한 다른 배제들이 맺는 관계, 모든 시민들이 갖는 성적 자유 혹은 그 외의 자유에 대한 권리, 그리고 휘트먼이 말했듯, 시인의 "사랑으로 찬 영혼과 불 같은 말!/ 깊고 깊은 심원을 꿰뚫고 세상을 톺아보는 눈!"으로 이 권리들을 "찬찬히 살펴볼" 수 있는 정치적 합리성을 함양하는 것의 중요성 등을 언급할 수 있다. 휘트먼과 같이 나는 시민들이 갖는 다양한 자유권과 평등권의 중요성에 대한 문학적 상상력은 이러한 권리들을 다루는 데 소중한 길잡이를 제공한다고 주장했다. 그렇기에 이 모든 주제의식들이 압축적이고 날카로운 시선으로 담겨져 있는 휘트먼의 「나 자신의 노래」 중 유명한 구절에 대해 논하면서 결론을 맺고자 한다. 이 구절은 시의 화자가 도망친 노예를 자신의 집에 들여 방을 내주고 쇠고랑을 찼던 다리와 발목에 난 상처들을 보살펴주는 장면과 [뒤이어 나오는] 성적 존재로서의 온전한 포용과 평등으로부터 여성을 배제한 생생하고 서정적인 묘사인 "스물여덟 명*의 젊은이들이 강가에서 목욕을 하고

---

* "달의 여신 이시스Isis가 스물여덟 명의 청년들의 호위를 받는다는 신화와 관련된다. 이시스는 하루에 한 명씩 돌아가며 자신을 호위하게 했다고 한다." 월트 휘트먼, 『풀잎』 허현숙 옮김, 열린책들, 2011, 59쪽 각주 재인용.

있다"는 우화 뒤에 나오는 구절로 시의 중간 부분에 해당한다. "나는 공감을 증명하는 바로 그다"라고 시인은 요약한다. 그러고 나서 그는 자신의 상상력 속에서 그리고 상상력을 통해서 배제된 자들이 자신들의 목소리를 찾고, 그들의 감정은 인정받는다고 단언한다.

문에서 자물쇠를 풀라!
문들을 기둥에서 풀라!

다른 이를 저급하게 만드는 자는 누구든 나를 저급하게 만든다……그리고 어떤 일을 하고 어떤 말을 하든 결국 내게로 돌아온다, (…)

나는 태고의 암호를 말한다…… 나는 민주주의의 신호를 보낸다,
맹세코! 나는 똑같은 조건으로 상대를 받아들일 수 없는 것은 그 무엇도 받아들이지 않을 것이다.

나를 통해 오랫동안 말이 없던 목소리들이,
끝없는 노예 세대들의 목소리들이, (…)
병들고 낙담한 자들, 도둑들과 난쟁이들의 목소리들,
준비와 증강의 순환의 목소리들,
별들을 잇는 실들의 목소리—자궁의, 아비 되는 것의 목소리,
다른 이들이 경멸하는 이들의 권리의 목소리,
별 볼 일 없는 이들과 의기소침한 이들, 바보스러운 이들과 무시당하

　　　　　　　　　　　시적 정의

는 이들의 목소리,

　공기 중의 안개와 똥 덩어리를 굴려 가는 풍뎅이들의 목소리가, 나를
통해 흘러나온다.

　나를 통해 금지된 목소리들이,

　성^性과 욕정의 목소리들이…… 가린 목소리들이 흘러나온다, 나는 그
장막을 걷는다,

　상스러운 목소리들이 나로 인해 맑아지고 거룩해진다……(…)

　태양이 어찌나 빠르게 나를 죽일 수 있는지 눈부시고 놀랍다,

　내가 지금 그리고 항상 나로부터 일출을 내보낼 수 없다면.[•]

　　여기서 휘트먼은 시인이 갖는 민주화의 임무에 대한 자신의 입장
을 요약한다. 이는 곧 상상력, 포용하기, 공감하기, 목소리 내기 등의
과제를 뜻한다. 시인은 배제된 자들의 "오랫동안 말이 없던 목소리
들"이 장막을 벗고 빛 속으로 나올 수 있도록 하는 매개자다. 배제된
자들과 멸시당하는 자들, 그리고 힘 있는 자들까지 그들의 삶의 상
황과 방식에 주의를 기울이는 것, 공감을 통해 비천한 자들의 수모
속으로 스스로를 내던져 개입하기를 고집하는 것, 동등한 조건 속에
서 오직 타인이 가질 수 있는 것들만 가지는 것, 배제된 자들의 고

• 월트 휘트먼, 『풀잎』 허현숙 옮김, 열린책들, 2011, 84~88쪽.

통과 핍박받는 자들의 위협에 목소리를 되찾아주는 것. 이것이 바로 비거 토마스, 포스터의 모리스, 메리 카아, 죄수 파머, 마이클 하드윅 등이 처한 상황에 대한 지극히 적절한 민주적 심판의 규범인 것이다. 휘트먼은 특히 시인의 외침이 성적 배제와 대중의 비난에 의해 침묵해야 했던 이들의 목소리로부터 장막을 걷어낼 수 있다고 주장한다. 그는 시적 상상력의 빛이 이 모든 소외된 자들을 위한 민주적 평등의 결정적인 동인動因이라고 주장하는데, 오직 그러한 상상력만이 그들 삶의 사실들을 바로잡아줄 것이며, 그들에 대한 불평등한 대우 속에서 개인의 존엄에 대한 훼손을 발견할 것이기 때문이다.

이러한 구절들을 들여다볼 수 있는 재판관을 가진다는 것은 훌륭한 일이다. 여기에 내포된 상상력은 지금 이 시점, 이 땅에서—점점 더 우리는 서로에게 이런 방식의 포용적인 시선을 거두어 들이고 있고, 휘트먼이 열고자 했던 공감의 문을 닫고 있다—우리가 절실히 필요로 하는 공적 합리성의 한 예를 보여준다. 분별 있는 관찰자의 공감이 그 자체로 특정한 법적 재판에 대한 구체적인 결과를 가져다주는 것은 아니다. 이는 많은 면에서 법령과 판례의 구속을 받는다. 또한 상상력으로서조차 이는 단독으로 존재하지 못한다. 이미 법률의 영역 속에서 훈련된 상상력과 동정심에 의존해야 하는 필요성이 있기 때문이다. 하지만 이는 사법적 성찰에 내포되어야 하는 사고방식의 한 유형을 나타낸다.

푸른 온타리오 해변가에 서서, 휘트먼은 시인-재판관에 대한 자

시적 정의

신의 포괄적인 요청으로부터 나아가, 이 역할에 적합한 예상 후보들을 집중적으로 추궁한다. "이곳 미국에서 가르치는 자의 위치를 점하거나 시인이 되고자 하는" 이들을 향해, 그는 일련의 놀라운 질문들을 던진다.

> 미국을 말하고 노래하고자 하는 당신은 진정 누구인가?
>
> 당신은 이 대지와, 이 대지의 언어와 사람들을 탐구했는가? (…)
>
> 당신은 의회 위원들이 서명하고, 나라의 비준을 받고, 군사령부에서 워싱턴이 낭독한 독립선언 첫해 첫째 날의 자연스러운 협정에 대해 생각해보았는가?
>
> 당신은 연방 헌법을 제 것으로 만들었는가?
>
> 당신은 쏜살 같은 풍습과 인기를 재빠르게 넘어왔는가?
>
> 당신은 모든 유혹과 어리석은 행동과 혼란과 격론에 맞서 손을 맞잡을 수 있는가? 당신은 아주 강한가? 당신은 진정 국민 전체의 대표인가?
>
> 특정 집단의 대표는 아닌가? 특정 학교나 단순한 종교의 대표는 아닌가?
>
> 당신은 성숙함을 위해 담금질을 하는 이들에 대한 사랑 등을 갖고 있는가? 갓 태어난 아이에 대해서는? 작고 또 큰 이들에 대해서는? 잘못을 저지른 이에 대해서는?

나의 '시적 정의'라는 개념 속에 구축된 판단의 기준은 이 시험을 통과할 것이다. 친밀하면서도 공평하며, 편견 없이 사랑하고, 특정한 집단이나 파벌의 지지자와는 달리 전체에 대해 그리고 전체를 위해 생각할 줄 알고, '공상' 속에서 개별 시민들의 내적 세계가 갖는 풍성함과 복잡함을 이해하고 있는 문학적 재판관은, 휘트먼의 시인과 같이, 풀잎사귀들 속에서 모든 시민들의 평등한 존엄—또한 성적 갈망과 개인적 자유의 보다 신비로운 이미지들까지도—을 본다. 그는 그래드그라인드의 학교가 권장하는 시각들과는 많은 면에서 다른 이러한 상상력들을 자신의 판단과 결합한다. 그것들은 사건들의 인간적 요소들로부터 숭고한 거리를 두고 서 있음으로써 추상적 개념에 이르지도 않으며, 궁극적으로 훌륭한 이성들을 저버림으로써 회의적이 되지도 않는다.

휘트먼이 보여주듯, '시적 정의'는 꽤 많은 비문학적 장치들—전문적인 법률 지식, 법의 역사와 판례에 대한 이해, 적합한 법적 공평성에 대한 세심한 주의 등—을 필요로 한다. 재판관은 이 모든 것을 고려하는 훌륭한 재판관이어야 한다. 하지만 충분히 이성적이기 위해 재판관들은 공상과 공감에 또한 능해야 한다. 그들은 자신들의 기술적인 능력뿐만 아니라, 휴머니티를 위한 능력까지도 배워야 한다. 이 능력 없이는, 그들의 공평성은 우둔해질 것이고 그들의 정의는 맹목적이 될 것이다. 이 능력 없이는, 자신들의 정의를 통해 말할 수 있기를 추구했던 "오랫동안 말이 없던" 목소리들은 침묵 속에 갇힐 것이며, 민주적 심판의 "태양"은 그만큼 장막에 가려질 것이다. 이 능력 없이는, "끝없는 노예 세대들"이 우리 주변에서 고통 속에서 살아갈 것이며, 자유를 향한 희망은 점점 줄어들 것이다.

감사의 말

이 책은 1991년 미국 노스웨스턴 대학 로스쿨에서 진행된 알렉산더 로젠탈 강연$^{Alexander\ Rosenthal\ Lectures}$으로 시작되었다. 또한 일부는 햄린 대학의 한나 강연$^{Hanna\ Lectures}$, 예일 대학 로스쿨의 아서 레프 펠로$^{Arthur\ Leff\ Fellow}$ 강연, 더블린 트리니티 칼리지의 도널런 강연$^{Donnelan\ Lectures}$ 등에서 진행했던 강의에 기초하고 있다. 그렇기에 첫 번째 감사 인사는 마땅히 나를 초청해준 기관과 관계자 분들에게 드리고자 한다. 환대와 소중한 논평을 해준 이들, 특히 아킬 아마르$^{Akhil\ Amar}$, 론 앨런$^{Ron\ Allen}$, 오언 피스$^{Owen\ Fiss}$, 폴 게버츠$^{Paul\ Gewirtz}$, 앤서니 크런먼$^{Anthony\ Kronman}$, 빌 라이언스$^{Bill\ Lyons}$에게 고마움을 표하고 싶다. 원고를 다듬는 과정에서 많은 분들이 초안을 보고 조언을 아끼지 않았다. 그 감사함을 다 표할 길이 없지만 최소한 브라이언 빅스$^{Brian\ Bix}$, 댄 브록$^{Dan\ Brock}$, 켄 도른슈타인$^{Ken\ Dornstein}$, 엘리엇 던$^{Elliott\ Dunn}$, 돈 개릿$^{Don\ Garrett}$, 데

이비드 고먼^{David Gorman}, 톰 그레이^{Tom Grey}, 진 햄프턴^{Jean Hampton}, 린다 허시먼^{Linda Hirshman}, 샌퍼드 카디시^{Sanford Kadish}, 마이클 맥코널^{Michael McConnell}, 필립 퀸^{Philip Quinn}, 에릭 라스무센^{Eric Rasmusen}, 헨리 리처드슨^{Henry Richardson}, 아마르티아 센^{Amartya Sen}, 캐스 선스타인^{Cass Sunstein}, 제러미 왈드런^{Jeremy Waldron}, 제임스 보이드 화이트^{James Boyd White}, 버나드 윌리엄스^{Bernard Williams}에게 감사의 말씀을 전하고 싶다. 특히 1994년 시카고 대학 로스쿨에서 나의 〈법과 문학〉 강의를 함께했던 수강생들에게 고마움을 전한다.

특별히 신세를 진 한 사람이 있다. 첫 번째 로젠탈 강연 전날 밤, 나는 운 좋게도 많은 면에서 그 강연의 그레드그라인드 격에 해당하는 사람을 소개받았다. 물론 그는 이후 강연이 진행되는 동안 나의 학문적 적수가 되었다. 나의 강의 원고가 그에게 미리 제공되었다는 정보를 들은 터이기도 했고, 그러한 만남에서 상대방의 비판에 얼굴을 붉히거나 논평을 거부하는 일이 얼마나 흔한 일인지 알고 있었기에, 조금 염려하는 마음으로 저녁 식사에 참석했다. 하지만 나의 두려움은 이내 사라졌다. 그는 엄청난 삶의 환희로 가득 찬 사람이었고, 특히 의견의 불일치가 있을 때 논쟁을 주고받는 것을 꺼리지 않는, 불굴의 의지와 열린 마음의 소유자였다. 또한 나는 그가 소설을 사랑하는 아주 문학적인 재판관이라는 것을 발견하였으며, 우리의 의견 차이가 예상했던 것보다 훨씬 더 정교한 문제임을 깨닫게 되었다. 나의 희망일 수 있겠지만, 그와 논쟁을 거듭하면서 나는 나의 논의를 훨씬 정교하게 다듬을 수 있었다. 수년에 걸쳐 함께 논쟁을 벌여준 (물론 앞으로도 멈추지 않을) 그의 관대함, 지치지 않고 새로운 논의를 이끌어내는 정열, 그리고 그가 보여준 아름다운 우정에 감사하며, 애정을 담아 이 책을 리처드 포스너^{Richard Posner}에게 바친다.

옮긴이의 말

"훌륭한 문학 작품은 정의로 나아가는 문이다."

 어떤 만남은 그 순간의 느낌이 너무 강렬해서 결코 잊히지 않는다. 나에겐 하워드 진과의 만남이 그랬다. 평생 불의에 맞서 싸웠고, 소외되고 힘없는 자들의 목소리를 대변했던 실천적 지식인이자 '미국의 양심'으로 불렸던 하워드 진. 그에게서 받은 말로 다 표현할 수 없는 깊은 인간적 따뜻함과 다정함은 여전히 내 삶의 가장 '결정적 순간'으로 남아 있다.

진을 만났을 당시 그는 87세였다. 인터뷰 내내 나는 어떻게 하면 한 인간이 이토록 아름다울 수 있는지 궁금했다. 그래서 나는 물었다. 삶의 어떤 가치와 경험이 당신을 형성한 것인지. 나의 이 질문에 대해 진은 찰스 디킨스의 『어려운 시절』과 가브리엘 가르시아 마르케스의 『백 년 동안의 고독』 등 몇 권의 책으로 답했다.

아니나 다를까, 이러한 답변의 이유는 진의 어린 시절로 거슬러 올라간다. 당시 그의 집에는 단 한 권의 책도 없었다고 한다. 하지만 초등학교밖에 나오지 않은 이주노동자였던 진의 부모님은 아들이 책을 좋아한다는 것을 알고 있었고, 그러던 중 당시《뉴욕포스트》 지에 실린 한 광고를 보게 된다. 10센트와 함께 쿠폰을 보내면 찰스 디킨스 전집을 보내준다는 것이었다. 그때부터 진의 집에도 책이라 는 것이 생기기 시작했다. 진은 이 책들을 전부 읽어치우며 자신도 언젠가 디킨스처럼 많은 이들의 가난과 역경에 관한 글을 쓰는 사 람이 되고 싶다는 꿈을 품게 되었다. 진의 삶은 어린 시절의 이 꿈이 그의 삶 속에서 어떻게 실현되었는지를 보여준다.

　진과의 만남 이후, 나는 문학 작품을 읽는 것이 어떻게 정의로운 인간을 만드는지 더욱 궁금해졌다. 문학은 타인에 대한 공감 능력을 길러주는가? 문학적 상상력은 정의감을 형성하는 데 기여하는가? 과연 문학은 보다 나은 세상을 위해 기여할 수 있는가? 이러한 질문 끝에 "문학적 상상력과 공적인 삶"이라는 부제를 지닌 『시적 정의』 의 번역은 시작되었다.

　　　발터 벤야민은 카프카 작품에 대한 비평에서 훌륭한 문학 작 품은 "정의로 나아가는 문"이라는 말을 한 적이 있다. 바로 이 말 속 에 이 책의 본질이 담겨 있다. 각 장에서 말하고자 하는 핵심 내용 을 요약하면 아래와 같다. 첫째, 월트 휘트먼의 『풀잎』이나 디킨스 의 『어려운 시절』과 같은 문학 작품은 문학적 상상력을 불러일으키 며, 이는 공적 영역을 변화시키는 전복적 힘을 가지고 있다. 둘째, 소설(특히 사실주의 소설)은 다른 세계를 꿈꿀 수 있게 하며, 이러한 상상(공상)이 궁극적으로 더욱 인간적인 삶을 가능하게 한다. 셋째, 문학적 상상력에 깃든 공감과 연민 등의 감정은 공공의 합리적 추론의 근본 토대가 된다. 넷째, 개인과 사회가 문학적 상상력 및 합리적 감정 등의 요소들을 고루 갖추게 될 때 우리는 비로소 '시적 정의'에 도달할 수 있다.

요컨대 이 책은 문학의 쓸모 있음을 주장한다. 즉, 삶의 부박함과 인간의 비속함에 맞서 어떻게 생의 감각을 되살릴 수 있는지, 비통하고 억울한 자들에게 어떻게 정의를 되돌려줄 수 있는지 등을 묻는다. 문학은 본디 시대의 총체에 관여하는 것이고, 인간에 대한 깊은 이해 없이 우리는 어떤 변화도 꿈꾸기 어려울 것이다. 말하자면 문학은 폐허가 된 이 세계에서 인간의 가능성과 의미를 찾아 탐사하는 것이다. 눈에 보이는 사실과 현상들 너머엔 복잡하고 신비로운 삶의 진실이 있을 것이다. 결국 중요한 것은 진실을 피하지 않고, 오히려 그 안에서 진을 치고서 구체적 삶의 현장을 세세하게 들여다보며, 입체적으로 탐색하고, 생명 하나하나에 이름을 붙여주는 것이다. 이것이 문학의 존재 이유가 아니겠는가.

또한, 문학은 우리 삶에 인간의 얼굴을 찾아주는 것이다. 조지 오웰은 〈찰스 디킨스〉라는 글에서 이렇게 말한다. "강한 개성이 있는 글을 접할 때 사람들은 글 뒤편 어딘가에서 얼굴을 보는 듯한 느낌을 받는다. 내가 본 디킨스의 얼굴은 넓은 도량으로 분노하는 얼굴이다." 좋은 문학이란 공포, 불안, 비애, 연민, 분노, 환희 등 우리에게 격렬한 감정을 불러일으키는 것이고, 실천의 강력한 동기를 제공한다. 문학을 통해 세상의 불의와 참상을 목격한 이상, 고통받는 타인의 얼굴을 마주 본 이상, 이제껏 살아왔던 삶의 방식을 고집하는 것은 불가능하다. 시와 소설, 즉 문학의 힘은 바로 이런 것이다.

결국, 문학적 상상력이란 가능성의 사유다. 즉, 지금까지와는 완벽히 다른 삶의 양식을 창조하고, 아직 존재하지 않는 희망과 도래하지 않은 세계를 꿈꾸게 하는, 이러한 돈키호테의 망상이 우리를 새로운 세계로 이끌 것이며, 그 중심에 문학이 있을 것이다.

✎   "판사는 시인이 되어야 한다"라고 말했던 20세기 후반 영국 법조의 신화적 인물 알프레드 데닝 판사는 법관이 갖추어야 할 최대의 덕목은 시적 상상력이라고 말했다. 실제로 법의 기원이 되는 로마법 일부는 아주 시적인 언어로 이루어져 있다고 한다. 여기서 시적이라는 것을 나는 인간의 좌절과 고난에 귀를 기울인다는 뜻으로 이해한다. 즉, 법의 시선은 깊고 따뜻해야 한다. 한진중공업, 쌍용자동차 정리해고, 삼성반도체, 용산참사 등 "아무도 기억하지 않는 자의 죽음"(송경동)을 시인은 기록하고 법정은 심판해야 한다. 카프카는 "인간에 대한 무관심을 체험할 수 있는 직업을 찾기 위해서 법학을 택했다"는 의미심장한 말을 하기도 했는데, 과연 지금 우리의 법정은 어떠한가?

자기 아들을 윤리적으로 교육하는 최상의 방법을 묻는 한 아버지의 질문에 피타고라스학파 크세노필로스는 "아들을 훌륭한 법률을 가진 국가의 공민이 되게 하라"고 답했다고 한다. 훌륭한 법은 도덕적 사회의 기반이다. 그렇기에 이 땅의 법이 진실과 정의와는 결별한 듯 보이는 지금, 시적 정의는 더욱 절실하다.

이 책에서 누스바움은 휘트먼을 인용하면서 시적 재판관의 시선이란 마치 햇빛과도 같이 세상의 존재들을 구석구석 살피고 감싸안는 것이어야 한다고 설명한다. 이러한 "시적 지혜$^{sapienza\ poetica}$"는 곧 인간 존재의 역사성을 두루 살필 줄 아는 인식을 말하며, 인간의 가치를 그 본래적 의미에서부터 파악할 줄 아는 자각과도 같다. 이는 조르조 아감벤이 말하는 '동시대인'의 모습을 연상시킨다. "시인(동시대인)은 자신의 시대에 시선을 고정해야 한다. 동시대인이란 자신의 시대에 시선을 고정함으로써 빛이 아니라 어둠을 지각하는 자이다. 모든 시대는 그 동시대성을 체험하는 자들에게는 어둡다. 따라서 동시대인이란 이 어둠을 볼 줄 아는 자, 펜을 현재의 암흑에 담그며 써내려갈 수 있는 자이다." 휘트먼의 햇빛을 뛰어 넘어, 어둠까지도 지각할 수 있는 재판관, 그리고 읽을 수 없는 것을 읽고, 볼 수 없는 것을 보는 시인, 이 둘이 하나가 될 때, 법은 인간의 얼굴을 갖게 될 것이다.

물론 이 한 권의 책이 당장의 사회적 평등과 법적 정의를 가져다주지는 않을 것이다. 그러나 "어려운 시절에 희망을 품지 않는 것은 지금의 세계를 있는 그대로 놔두는 것이다"라는 하워드 진의 말처럼, 공감, 용기, 친절, 희망 등을 마음속에 품는 것은 그 자체로 변화의 진원지가 될 수 있을 것이다. 그래서 이 책은 세상의 정의와 진실이 끝내는 승리할 것이라고 믿는 이들을 위한 책이다. 또한 소설은 종말을 고했고, 시와 예술은 죽음을 선언했고, 법과 정의는 강자의 힘에 굴복해버린 이 어려운 시절에, 여전히 뜨거운 희망을 가슴 한 편에 품고 고독한 투쟁 속에서 늘 최후의 순간까지 남아 있는 자들을 위한 책이다.

주

서문

1 • 이와 반대로 많은 유럽 국가들에서는 훨씬 오랜 기간 동안 중점적으로 철학이 공적인 삶과 관련을 맺어왔다.

2 • *Woodson v. North Carolina*, 428 U.S. 280, 304 (1976).

3 • 이 수업은 1970년대 초 제임스 보이드 화이트James Boyd White에 의해 최초로 만들어졌고, 1980년대 말 리처드 포스너에 의해 다시 부활했다.

4 • Martha Nussbaum and Amartya Sen, eds., *The Quality of Life* (Oxford: Clarendon Press, 1993) 서문 참조. 같은 시리즈의 다음 책으로 Martha Nussbaum and Jonathan Glover, eds., *Women, Culture, and Development* (Oxford: Clarendon Press, 1995) 참조. 여기서 마사 첸 Martha Chen이 아름답게 쓴 인도 및 방글라데시의 시골 여성의 삶에 대한 현장 연구는 우리가 지지하는 형태의 서사적 기여를 잘 보여준다.

5 • 칸트 이론의 유연하면서도 덕에 기반한 측면을 강조한 칸트주의 윤리학의 견해에 대해서는 이하 참조. Barbara Herman, *The Practice of Moral Judgment* (Cambridge: Harvard University Press, 1993)와 Onora O'Neill, *Construction of Reason* (Cambridge: Cambridge University Press, 1989).

6 • 나의 '무지의 베일'이 걷히고 난 뒤 알게 된 1180번 학생은 소피 클라크Sophie Clark였다. 그녀는 위트 있고, 강인한 정신의 영국 여성으로 경마장의 관리자로 몇 년간 일했고, 현재는 법학 및 정치학 협동 박사 학위 과정에 있다.

7 • Henry James, *Art of the Novel* (New York, 1907), 223~224쪽.

8 • Oliver Wendell Holmes, Jr., Letter to Lewis Einstein, July 23, 1906. *The Essential Holmes*, ed. Richard Posner (Cambridge: Harvard University Press, 1991).

1장

1 • Charles Dickens, *Hard Times*, ed. David Craig (Harmondsworth: Penguin, 1969), 63쪽 (원서에서 『어려운 시절』의 모든 인용은 이 판본을 따랐다. 이후부터는 따로 출처를 밝히지 않았다). 소설에 대한 연구와 관련하여 가장 많은 영감을 준 텍스트는 Raymond Williams, *Culture and Society*,

1780~1950 (London: Penguin, 1958) 1부 5장과 디킨즈의 펭귄 출판사 판에 쓰인 데이비드 크레이그David Craig의 탁월한 서문, 그리고 F. R. Lewis, *The Great Tradition* (New York: Charles Scribner's Sons, 1948) 참조.

2 • 점차 명백해지겠지만, 여기에서는 특정한 종류의 소설들에만 초점을 맞출 것이다. 하지만 나는 장르의 특성으로 언급될 수 있는 특징들 및 특정 작가나 작품이 갖는 고유의 특징들 모두에 관심이 있다.

3 • 이러한 문제의식과 관련된 논의는 이하 참조. *Love's Knowledge: Essays on Philosophy and Literature* (New York: Oxford University Press, 1990).

4 • Aristotle, 『시학*Poetics*』 9장.

5 • Lucretius, *On the Nature of the Universe*, trans. R. E. Latham and J. Godwin (London: Penguin, 1994), 1권과 2권, 926~950쪽 참조.

6 • *Upheavals of Thought: The Intelligence of Emotions* (Cambridge: Cambridge University Press, 2003)에 있는 논의 참조.

7 • 예를 들어 Stanley Cavell, *Pursuit of Happiness: The Hollywood Comedy of Remarriage* (Cambridge: Harvard University Press, 1981) 참조.

8 • 현대 연극에 대해 의문을 제기할 수도 있겠지만, 뉴욕 극장의 상업화로 생겨난 제약들을 고려해볼 때, 이것을 대체로 살아 있는 장르로 보는 것은 지나치게 낙관적인 태도이다. 상업화가 작품의 질적 수준에 절대적인 영향을 미치지는 않겠지만, 이 경우에서는 대체로 그러한 것으로 보인다. 물론 그곳에도 훌륭한 작품들을 끊임없이 만들어내는 예술가들이 있고, 그들의 작품을 소설과 비교하는 것은 가치 있는 일이겠지만 여기서는 다루지 않기로 한다.

9 • Wayne C. Booth, *The Company We Keep: An Ethics of Fiction* (Berkeley and Los Angeles: University of California Press, 1988), 70~77쪽. 부스가 소설에 대해서만 언급하는 것은 아니지만, 그의 분석은 무엇보다 소설 장르의 독서에 적용되는 것이다.

10 • 소설의 성공에 의해 큰 영향을 받았고, 또한 그 특성을 공유하고 있다고 생각되는 현대의 사실주의 형태의 비극은 포함시키지 않았다.

11 • Ian Watt, *The Rise of the Novel* (Berkeley and Los Angeles: University of California Press, 1957), 그리고 Charles Taylor, *Sources of the Self: The Making of Modern Identity* (Cambridge: Harvard University Press, 1989) 참조.

12 • Booth, *The Company We Keep*, 6~7장, 특히 201~205쪽 참조.

13 • 이러한 방식은 존 롤스John Rawls의 『정의론*A Theory of Justice*』(Cambridge: Harvard University Press)에 나타난 '반성적 평형 상태reflective equilibrium'의 모색에 대한 묘사와 분명 관련을 맺고 있다. [번역본으로는 존 롤스, 『정의론』 황경식 옮김, 이학사, 2003]

2장

1 · 이 구분은 이하의 책에서 아주 정확하게 설명되어 있다. 통약가능성과 그것이 갖는 결함에 대한 리처드슨의 설명은 여타의 것 중 가장 뛰어나다. Henry Richardson, *Practical Reasoning about Final Ends* (Cambridge: Cambridge University Press, 1994), 5장과 6장 참조. 경제적 공리주의에 대한 다른 의미 있는 비판들은 이하 참조. Amartya Sen and Bernard Williams, *Utilitarianism and Beyond* (Cambridge: Cambridge University Press, 1988)의 서문과 센의 다른 글들 참조. 센의 글 "Plural Utility"를 포함하고 있는 Sen, *Choice, Welfare, and Measurement* (Oxford: Basil Blackwell, 1982), 그리고 *Commodities and Capabilities* (North-Holland, 1985), *The Standard of Living* (Cambridge: Cambridge University Press, 1987) 참조.

2 · 존 롤스, 『정의론』 554~560쪽. [번역본, "선택 방법으로서의 쾌락주의", 709~716쪽]

3 · 이와 관련하여 센과 윌리엄스의 *Utilitarianism and Beyond*의 서문 참조. 여기서 공리주의는 "후생주의welfarism"(이론의 관점에서 볼 때 개별적 효용에 대한 정보가 사람들에 대해 유일하게 유의미한 것이라는 입장), "결과주의consequentialism"(행동은 그것이 가져올 결과에 기초하여 결정된다는 설명), "합계원리sum-ranking"(사회적 효용은 개별적 효용들을 합산함으로써 산출된다는 것) 등 이상의 세 가지의 결합물로 정의된다.

4 · 같은 곳, 4쪽.

5 · 이러한 행동에 관한 가설들에 대한 예리한 분석과 비평은 Amartya Sen, "Rational Fools," *Philosophy and Public Affair* 6 (1976~1977), 317~344쪽 참조. 또한 Gary Becker, *A Treatise on the Family* (Cambridge: Harvard University Press, 1981)[번역본으로는 『가족경제학』 생활경제연구모임 옮김, 한터, 1994]에 나타난 가족에 대한 이론은 한 가정의 가장을 가족 구성원의 행복을 위해 노력하는 이타주의자로 상정한다. 하지만 이는 이타주의를 자신의 행복을 고취시키기 위한 수단으로서 이해하는 경제학의 기준에 부합하는 것으로 보인다. 베커의 가설에는 이와는 또 다른 두드러지는 문제점이 있는데, 최소한 그의 가설은 (제한된 의미의 이타주의에서조차) 세상의 많은 경우를 경험적으로 볼 때 틀린 것으로 보이기 때문이다. 가정에는 흔히 불화가 있고, 가장이라고 하여 언제나 자신의 배우자나 (특히 여자인) 자녀의 행복을 신경 쓰는 것은 아니다. *Women, Culture, and Development*, ed. Martha Nussbaum and Jonathan Glover (Oxford: Clarendon Press, 1995) 중 특히 센의 글 참조. 또한 Sen, "Gender and Cooperative Conflicts," *Persistent Inequalities*, ed. Irene Tinker (New York: Oxford University Press, 1990) 참조.

6 · 예를 들어, 우리는 자신의 모든 선택에 있어 행복의 총합을 극대화하려고 애쓰는 의사를 원하지 않는다. 각각의 경우마다 모든 인류를 위해 이 환자가 사는 것이 나은지 죽는 것이 나은지를 물어보는 의사를 원하지 않는다는 것이다. 즉, 공리주의적 결과 자체는 덜 계산적이면서 오히려 의무에 따라 행동하는 유형의 주체에 의해 더 증진될 수 있다. 이 모든 것에 대해서는 이하 참조. R. M. Hare, *Moral Thinking* (Oxford: Clarendon Press, 1981). [번역본으로는 『도덕사유』 김형철 외 옮김, 서광사, 2004]

7 · 예를 들어 포스너의 *The Economics of Justice* (Cambridge: Harvard University Press, 1981) 3

장에 나오는 연방대법원의 프라이버시 관련 법률에 대한 비판 참조. 이 책의 1983년 개정판 서문에서 포스너는 이렇게 쓰고 있다. "이 책은 경제학을 판이하게 다른 두 개의 방식, 즉 실증적 경제학과 규범적 경제학으로 다루고 있다. 후자의 경제학이 훨씬 더 논란이 되는 것이다. (…) 나는 이것의 집요한 적용이 양산할 수 있는 오히려 기이한 결과들에 대한 불충분한 고찰들을 통해 이 접근법을 '과장되게 말한 것'이 아니기를 바란다." 그는 자신이 "사회적 행동을 위한 청사진"이라기보다는 "사유를 위한 주제"를 제안한 것으로 해석되어야 한다고 결론짓는다(v-vi쪽). 부의 극대화 원칙의 규범적 사용에 대한 다른 예시들은 Tomas J. Philipson and Richard Posner, *Private Choices and Public Health: The AIDS Epidemic in an Economic Perspective* (Cambridge: Harvard University Press, 1993), 그리고 Richard Epstein, *Forbidden Grounds* (Cambridge: Harvard University Press, 1993) 참조.

8 · 최근 연구에 따르면 경제학 수업을 통해 이 모델을 접하게 된 학생들은 실제로 이전보다 더 자기 이익에 몰두하게 되고, 덜 이타적이 된다. 이와 관련하여 Robert Frank, Thomas Gilovich, and Dennis Regan, "Does Studying Economics Inhibit Cooperations?" *Journal of Economic Perspectives* (Spring 1993) 참조. 그리고 1993년 5월 29일자 《이코노미스트》의 "How do you Mean, 'Fair'?"라는 제목의 '포커스 경제Economics Focus' 사설 참조.

9 · Joel Waldfogel, "The Deadweight Loss of Christmas," *American Economic Review* 83 (1993).

10 · Richard Posner, *Sex and Reason* (Cambridge: Harvard University Press, 1992), 119~120쪽. [번역본으로는 『성과 이성』 이민아 외 옮김, 말글빛냄, 2007, 184~187쪽]

11 · 예를 들어 James Griffin, *Well-Being* (Oxford: Clarendon University Press, 1986)과 Richard B. Brandt, *A Theory of the Good and Right* (Oxford: Clarendon University Press, 1979) 참조.

12 · 베커의 『가족경제학』 그리고 포스너의 『성과 이성』 참조.

13 · Barbara Herrnstein Smith, *Contingencies of Value*, (Cambridge: Harvard University Press, 1988) 참조. 또한 이하를 포함한 리처드 포스너의 모든 글 참조. *Economic Analysis of Law* (Boston: Little, Brown, 1977), *The Economics of Justice*, 그리고 *Law and Literature: A Misunderstood Relation* (Cambridge: Harvard University Press, 1988). 한편 포스너는 자신의 저서 *Problems of Jurisprudence* (Cambridge: Harvard University Press, 1990)에서 "실용주의"의 한 형태를 지지하면서 자신의 접근법을 수정했다. 공적인 삶에서의 경제학적 추론에 대한 훌륭한 개괄적인 비판을 위해서는 센과 윌리엄스가 쓴 *Utilitarianism and Beyond*의 서문 참조.

14 · Posner, *Economics Analysis of Law* 그리고 *The Economics of Justice* 참조. 또한 Gray Becker, *The Economics Approach to Human Behavior* (Chicago: University of Chicago Press, 1976), 그리고 『가족경제학』 참조. 특히 유익한 글은 *The Economics of Justice*에 실린 포스너의 서문 참조. 여기서 포스너는 먼저 "사람들은 자신의 만족을 극대화하고자 하는 합리적인 존재라는 가정"을 설명하고, "경제학의 원리는 이 가설로부터 나온 연역 추론들"이라고 지적했다. 그리고 나서 그는 보다 깊은 철학적 논의 없이 "합리적"이라는 단어를 마치 단순히 "만족을 극대화하는 것"을 의미하는 것으로 계속 사용했다(1~2쪽). 개인적 진실성이 갖는 가치와 관련하여 포스너에 대

한 예리한 비판은 Margaret Jane Radin, "Market-Inalienability," *Harvard Law Review* 100 (1987), 1849쪽 이하 참조. 포스너에 대한 다른 의미 있는 비판은 James Boyd White, "What Can a Lawyer Learn from Literature" (포스너의 *Law and Literature*에 대한 리뷰) *Harvard Law Review* 102 (1989) 2014~2047쪽, 그리고 "Economics and Law: Two Cultures in Tension," *Tennessee Law Review* 54 (1986), 161~202쪽, Frank Michelman, "Norms and Normativity in the Economic Theory of Law," *Minnesota Law Review* 62 (1978), 1015쪽 이하, Arthur Leff, "Economic Analysis of Law: Some Realism about Nominalism," *Virginia Law Review* 60 (1974), 451쪽 이하 참조. 문학 작품을 사용한 포스너에 대한 비판은 Robin West, "Authority, Autonomy, and Choice: The Role of Consent in the Moral and Political Visions of Franz Kafka and Richard Posner," *Harvard Law Review* 99 (1985), 384쪽 이하 참조. 이에 대한 포스너의 답변은 "The Ethical Significance of Free Choice: A Reply to Professor West," *Harvard Law Review* 99 (1986), 1431쪽 이하 참조. 이에 대한 웨스트의 답변은 "Submission, Choice, and Ethics: A Rejoinder to Judge Posner," 같은 곳, 1449쪽 이하 참조. 그리고 이후의 포스너의 최근 논의에 관해서는 Posner, *Law and Literature*의 4장 참조.

15 • Frank Easterbook, "Method, Result, and Authority: A Reply," *Harvard Law Review* 98 (1985), 622쪽 이하, George Stigler, Convocation Address, *University of Chicago Record*, June 1, 1981, 2 (이 출처는 James White, "Economics and Law," *Tennessee Law Review*, 172에 빚지고 있다).

16 • 이러한 비판 중 몇몇은 또한 가치들을 대부분 단일한 양적 기준에 의해 측정할 수 있는 것으로 여기는 철학적 공리주의자에게도 적용할 수 있다. 예를 들어 James Griffin, "Are There Incommensurable Values?" *Philosophy and Public Affairs* 7 (1977), 34~59쪽 참조. 이에 대한 나의 비판은 이하 참조. "The Discernment of Perception," *Love's Knowledge: Essays on Philosophy and Literature* (New York: Oxford University Press, 1990).

17 • 소설의 첫 장면에 묘사된 훌륭한 대조들에 대해서는 F.R. Leavis, *The Great Tradition* (New York: New York University Press, 1948), 227쪽 이하 참조.

18 • 앞서 서문에서 언급했듯, 이는 나의 경우처럼 시험에서 공정한 평가를 이유로 학생들을 번호로 표시한 것이 아니었다. 맥초우컴차일드 선생은 오히려 학생들이 누가 누구인지를 잘 알고 있었고, 자신이 좋아하는 아이들에게 늘 발표를 시켰다.

19 • 인용된 부분 뒤에 이어지는 내용에서 루이자는 스티븐의 불행을 듣고 난 후에 그것을 이전에 듣기는 했지만 "그때는 세세한 이야기에 귀를 기울이지 않았다"라고 말했다.

20 • 예를 들어, 선택에 대한 존 롤스의 칸트적 분석과 대조해보라. 롤스에 따르면 선택 없는 만족은 도덕적 가치가 없는 것으로 간주된다. (『정의론』의 완전주의perfectionism에 대한 장 참조.)

21 • 이 이론이 단순한 허구가 아님을 베커의 『가족경제학』을 읽으면 명확히 알 수 있다.

22 • 루이자가 자신의 결혼이 "두 사람의 성격 차이에서 생긴 불화이고, 해부학자에게 제 영혼의 비밀스러운 곳 어디를 메스로 잘라보라고 지시할 수 있다면 모를까 그렇지 않으면 어떤 일반적 법칙을 가

지고 그리거나 명시할 수 없는 원인들" 때문에 실패했다는 것을 토로하는 구절과 비교해보라.

23 • 이러한 사유 방식은 일반적인 공리주의 이면의 행위 동기들에 아주 깊이 뿌리내리고 있고, 통상적인 믿음으로부터 신중하게 벗어날 수 있게 한다. 예를 들어, 헨리 시지윅은 선택에 있어 단일한 원리를 취하는 것은 곧 통상적인 믿음으로부터 벗어나는 것이라 지적했다. "만약 우리가 인간의 행위를 체계화한다고 할 때, '보편적 행복'을 공동의 목적으로 삼지 않는다면, 어떤 원리에 근거하여 이를 체계화할 수 있단 말인가?"—이러한 변화는 늘 과학의 탄생과 함께 발견된다고 지적했다. (*Methods of Ethics*, 7th ed. [London, 1907], 401, 406, 425).

24 • "무거운 소책자"에 대해 듣기 전에, 화자는 코크타운의 사람들을 "무한의 세계를 향해 전속력으로 걸어간" 사람들로 묘사했다.

25 • 아마르티아 센의 논문 "Rational Fools" 참조.

26 • 인간 행위에서 비계산적 측면, 그리고 선호와 욕망에서 자주 일어나는 비합리성에 대해서는 이하의 책에 아주 엄밀히 분석되어 있다. Jon Elster, *Ulysses and the Sirens* (Cambridge: Cambridge University Press, 1979), 그리고 *Sour Grapes: Studies in the Subversion of Rationality* (Cambridge: Cambridge University Press, 1983) 참조. 현재는 이와 관련한 문제를 다룬 문학 작품이 많이 있다. 센이 제시했듯, 헌신과 공감에 대한 경제학적 분석이 있다는 것이 필연적으로 이에 대한 반대 의견을 없애주는 것은 아니다. 왜냐하면 인간 삶의 이러한 특징들을 모델에 적용함에 있어 이 같은 분석은 늘 미묘하지만 결정적으로 그것들을 효용을 극대화하는 도구로 바꾸어버리기 때문이다.

27 • 특히 Jon Elster, *Sour Grapes* 참조. 그리고 Sen and Williams, *Utilitarianism and Beyond*, 219~238쪽에 실린 그의 논문 "Sour Grapes-Utilitarianism and the Genesis of Wants" 참조. 변형된 선호에 대해 관련된 비판은 John Harsanyi, "Morality and the Theory of Rational Behavior," 같은 책, 39~62쪽 참조. 개발경제학에 대한 센의 비판에서도 관련된 사유가 적용된다. 이에 관해서는 *Resource, Values, and Development* (Oxford: Blackwell, 1984) 참조. 감정과 욕망의 사회적 형성에 대한 분석은 David M. Estlund and Martha C. Nussbaum, *Sex, Preference, and Family: Essays on Law and Nature* (Oxford University Press, 1998)의 "Constructing Love, Desire, and Care" 부분 참조.

28 • 동시에 과학에 대한 공리주의의 독특한 개념은 자연을 기계로 보았던 데카르트적 개념에 빚지고 있다. 이는 특히 그래드그라인드 교실에서 동물에 대해 보이는 태도에서 명백하게 드러난다.

29 • 이 질문을 탁월하게 다룬 글로는 웨인 부스의 『소설의 윤리*The Company We Keep: An Ethics of Fiction*』 참조.

30 • 소설의 관점에서 코크타운의 끔찍한 특징 중 하나는 질적인 차이들을 지워버리려는 데 있다. "서로 꼭 닮은 큰길 몇 개와 한층 더 닮은 작은 거리가 많이 있었으며" 그곳의 사람들은 "같은 일을 하기 위해 출퇴근하고 (…) 그들에게 매일은 어제나 내일과 똑같았고, 매해는 작년이나 내년과 똑같았다."(『어려운 시절』, 42쪽)

31 • David Craig가 쓴 펭귄 출판사 판 서문에 있는 탁월한 논의 참조.

32 · 조지 오웰이 쓴 "Charles Dickens" 참조. Orwell, *Dickens, Dali, and Others* (New York: Harcourt Brace Jovanovich, 1946), 1~75쪽. [번역본으로는 조지 오웰, 『모든 예술은 프로파간다다: 조지 오웰 평론집』, 조지 패커 엮음, 하윤숙 옮김, 이론과실천, 2013]

33 · 이와 관련된 논의는 이하 참조. Lionel Trilling, "The Princess Casamassima," *The Liberal Imagination: Essays on Literature and Society* (New York: Charles Scribner's Sons, 1950), Nussbaum, "Perception and Revolution," *Love's Knowledge* 그리고 이 점에 대한 진전된 논의는 3장 참조.

34 · 이것이 불평등주의적inegalitarian 소설이 결코 있을 수 없다는 것을 의미하지는 않는다. 다시 말해, 이는 불평등주의가 어느 정도—독자의 관심을 이끄는 어떤 이야기에 대한 애정과 존경을 요청하는—장르의 구조와 긴장 관계를 맺고 있다는 것을 의미한다. 프루스트와 같은 소설가의 경우, 문제는 우리의 관심이 향하고 있는 삶을 사는 인간 존재들의 협소한 관계망에 있을 것이다. 이와 관련하여 이하 참조. Ian Watt, *The Rise of the Novel* (Berkeley and Los Angeles: University of California Press, 1957), 그리고 Charles Taylor, *Source of the Self: The Making of Modern Identity* (Cambridge: Harvard University Press, 1989). 특히 D.H. 로렌스와 같은 소설가들의 작품 속에 드러난 이러한 긴장 관계에 대해서는 많은 논의가 가능하다. 혹은 헨리 제임스의 『카사마시마 공주*The Princess Casamassima*』의 경우, 그가 엘리트주의자라기보다는 완벽주의자라는 것을 보여준다고 생각된다. 그는 모든 시민에 대한 인문학과 예술 교육을 제공해야 한다고 주장했다. (*Love's Knowledge*의 "Perception and Revolution" 장 참조)

35 · 또한 그래드그라인드 씨가 "선한 사마리아인은 나쁜 경제학자"라는 사실을 증명하는 구절을 보라. (『어려운 시절』 349쪽)

36 · 이러한 방식으로 소설은 가상의 독자들로 하여금 존 롤스의 "원초적 입장"(『정의론』 참조)의 당사자와 매우 흡사한 이상적인 도덕적 판단을 정립할 수 있게 한다. 하지만 독자가 발휘하도록 요청되는 능력은 롤스의 "숙고된 판단considered judgment" 개념과는 상응하지 않는다. 이에 대해서는 *Love's Knowledge*, "Perceptive Equilibrium" 장에 언급된 논의 참조.

37 · 이처럼 소설은 (오히려 아리스토텔레스적인) 쾌락의 개념—쾌락 자체가 질적인 차이를 포함하며, 다양한 종류의 활동들에 수반된다는 입장—을 구현한다. 고전적 공리주의자들은 쾌락을 극대화해야 한다고 주장한다. 그렇다면 왜 그래드그라인드 씨는 소설 읽기를 그토록 반대했는가? 이러한 반대의 명백한 근거는 소설을 읽게 될 경우 사람들이 남은 삶에서 비효율적인 방식으로 행동하게 될 것이라는 두려움 때문일 것이다. 따라서 그의 관점에서 볼 때 소설 읽기는 백해무익하다.

38 · 루이자가 공상의 발휘와 "사물의 형태와 외양"에 대한 지각을 대비시키는 부분을 보라. (『어려운 시절』 352쪽)

39 · 이에 대해서는 Richard Wollheim, "Seeing-In and Seeing-As," *Art and Its Objects*, 2d ed. (Cambridge: Harvard University Press, 1980), 그리고 *Painting as Art* (Princeton: Princeton University Press, 1987), 2장 참조.

40 · 이하의 Stanley Cavell의 책에 기술된 훌륭한 논의 참조. *The Claim of Reason: Wittgenstein, Skepticism, Morality, and Tragedy* (New York: Charles Scribner's Sons, 1979), 4장.

41 · 그렇기에 곡마단 사람들은 "존경받을" 만하고 "관대하게 해석될" 만하다고 여겨진다. (『어려운 시절』 64쪽) 또한 슬리어리의 유명한 명령인 "우리를 나쁘게 생각하지 말고 최대한 이용하쉽시오"를 보라. (『어려운 시절』 73쪽)

42 · 이는 단순한 경제적 모델은 사람들이 어떻게 행동할 것인가에 대한 신뢰할 만한 예측을 하지 못한다는 소설의 입장을 부분적으로 보여준다. 이러한 의미에서 이것의 공식은 전혀 유용하지 않다. 센의 논문 "Rational Fools" 참조.

43 · 장 자크 루소의 『에밀』 4부에서 언급된 "연민" 혹은 동정심을 다룬 에밀의 교육에 관한 논의를 비교해볼 수 있을 것이다. 여기서 루소는 인간 존재에 대한 동정심을 갖기 전에 작은 동물들의 고통에 대한 연민을 먼저 배워야 한다고 적고 있다.

44 · *Love's Knowledge*의 "Steerforth's Arm" 장 참조. 여기서 나는 데이비드 코퍼필드에 의해 이야기를 전하는 화자가 여러 차례 여성으로 그려지는 방식을 다루었다. 이는 물론 디킨스가 이 지점에 대한 모순으로부터 (에밀리를 가혹하게 다루는 점이 보여주듯) 전적으로 자유롭다는 것을 내포하지는 않는다. 여러 측면에서 디킨스는 여성보다는 남성에게 수용적이고, 유희적인 섹슈얼리티를 인정하는 것을 보다 자연스럽게 여기는 듯 보인다. 하지만 이 소설에서 예술적 상상력의 대표 격인 씨씨 주프만이 행복하고 사랑이 넘치는 결혼 생활에 성공하는 유일한 주인공이라는 사실은 주목할 만하다.

45 · 여기서 "공상을 증오를 위해 사용할 수는 없는가?"라는 물음을 충분히 생각할 수 있다. 이에 대해 나는 소설의 형식에 의해 독자가 갖도록 요청된 혹은 그렇지 않은 정서들의 범주를 논하는 3장에서 보다 자세히 언급하고자 한다. 나는 이를 애덤 스미스의 이상적인 정서적 관찰자의 시선에 대한 논의와 관련시키고자 한다. 나아가 『어려운 시절』은 우리에게 각각의 모든 삶에 대한 소설의 비심판적nonjudgmental 관여에 대해 생각하도록 만든다. 이는 모든 개별 삶은 각자의 이야기를 가지고 있다는 것에 대한 인정과 각각의 삶을 고유의 관점에서 바라보도록 하는 요청을 뜻한다. 여기서 우리는 디킨스가 "가슴속 커다란 사랑"이라는 구절을 통해 나타내고자 했던 의미를 볼 수 있다. 즉, 소설은 주인공들에 대한 그러한 비판을 허용하고 또 부추기면서도, 감정을 이입하는 이해를 촉구함으로써 자비의 마음을 싹트게 한다. 대부분의 사회적 증오는 생각 속에서 타인의 삶에 관여하는 것을 거부하고, 타인을 고유한 삶의 이야기를 가진 (누구나 그러한 존재가 될 수 있는) 개별적 인간 존재로 인정하지 않는 행위를 수반한다. 그러한 의미에서 소설은 그것이 가진 고유한 구조 속에서 증오에 반대되는 도덕적 능력을 길러준다.

46 · 그래드그라인드 씨가 루이자의 눈 속에서 불을 발견하게 되었을 때 비유적인 말들을 하기 시작하는 장면을 비교해보라.

47 · 이에 대한 보다 자세한 논의는 이하 나의 논문 참조. "Aristotelian Social Democracy," *Liberalism and the Good*, ed. R. Bruce Douglass, Gerald M. Mara, Henry S. Richardson (New York: Routledge, 1990), 203~252쪽. 그리고 "Aristotle on Human Nature and the Foundations of

Ethics," *World, Mind, and Ethics: Essays on the Philosophy of Bernard Williams*, ed. Ross Harrison and J. E. G. Altham (Cambridge: Cambridge University Press, 1995), 86~131쪽. 그리고 "Human Functioning and Social Justice: In Defense of Aristotelian Essentialism," *Political Theory* 20 (1992) 202~246쪽.

48・포스너의 『성과 이성』에 제시된 예측에 대한 나의 논의는 "'Only Grey Matter?' Richard Posner's Cost-Benefit Analysis of Sex," *University of Chicago Law Review* 59 (1992), 1689~1734쪽 참조. 토마스 필립슨Tomas Philipson과 포스너의 *Private Choices and Public Health*에 드러난 예측적 측면에 대한 비판적인 논의는 David Charney, "Economics of Death," *Harvard Law Review* 107 (1994), 2056~2080쪽 참조. 포스너는 자신의 주장이 사생활의 권리에 관한 재판에서 미연방대법원의 결정을 정확하게 예측하지 못했다는 점을 지적했지만(*Economics of Justice*), 그는 대법원의 선택이 규범적인 의미에서 합리적이지 않았기 때문이라고 결론 내렸다. 가족에 대한 베커의 논의와 관련된 비판은 Sen, "Gender and Cooperatvie Conflicts" 참조.

49・"극단적 벤담주의자Super-Benthamites"에 대한 힐러리 퍼트넘Hilary Putnam의 *Reason, Truth, and History* (Cambridge: Cambridge University Press, 1982), 139~141쪽 참조. [번역본으로는 『이성, 진리, 역사』 김효명 옮김, 민음사, 2002] 그리고 이 구절에 대한 Margaret Jane Radin의 "Market-Inalienability," *Harvard Law Review* 100 (1987), 1925~1928쪽 참조. [마거릿 제인 라딘에 대한 설명은 포스너의 『성과 이성』 653쪽 참조]

50・Stigler, Convocation Address (앞의 주석 15를 참조).

51・아마르티아 센의 이하 논문 참조. Amartya Sen, "Internal Consistency of Choice," *Econometrica* 61 (1993), 495쪽 이하. 센은 선택에 대해 맥락이 갖는 영향력으로 인해, 선택들이 이행성 transitivity과 같은 약한 합리성의 공리조차도 따르지 않는다는 것을 보여준다. (이행성은 만약 A가 B보다 선호되고 B가 C보다 선호된다고 한다면, A가 C보다 선호된다는 주장이다.) 이러한 실패가 보여주는 것은 선택 이면에 놓인 가치 평가에 대한 논의 없이 단순히 선택의 기초에 근거하여 개인의 선호에 대한 등위 순서를 매길 수 없다는 점이다.

52・Posner, *The Economics of Justice*, 231쪽 이하 참조.

53・이 논의에 대한 완벽한 설명은 이하 참조. Richardson, *Practical Reasoning*, 5부 15장.

54・Martha Nussbaum and Amartya Sen, eds., *The Quality of Life* (Oxford: Clarendon Press, 1993) 참조.

55・어느 정도는 몇몇 맥락 속에서, 활로 개척은 "기본적인 욕구"와 같은 다른 측면에서 접근이 이루어지거나, 센의 접근법에 따라 기능과 역량의 측면에서 다루어져왔다. United Nations Development Program, *Human Development Report* 1993 (New York, 1993) 참조. 다른 한편으로 여전히 다른 접근법이 지배적이다. *The Quality of Life*에서 센과 내가 쓴 서문 참조. 그리고 Sen, *Resources, Values, and Developments* (Oxford: Basil Blackwell, 1984) 참조.

56・Sen, *Choice, Welfare, and Measurement* 그리고 *The Standard of Living* 참조.

57・이 구절에 대한 Frank Raymond Leavis의 언급은 *The Great Tradition* (Chatto & Windus,

1948) 참조.

58 · 이러한 접근법에 대해서는 Nussbaum and Sen, *The Quality of Life*와 앞서 언급한 센의 다양한 글들, 그리고 앞의 47번 주석에 언급한 나의 논문들 참조. 여성의 삶의 질 측정에 대한 접근법의 함의에 대해서는 이하의 책에 상술되어 있다. Nussbaum and Glover, *Women, Culture, and Development.*

59 · Sen, *Choice, Welfare, and Measurement, The Standard of Living*, 그리고 Nussbaum and Sen, *The Quality of Life*에 있는 글 "Capabilities and Well-Being" 참조.

60 · Nussbaum and Sen, *The Quality of Life*에 있는 Rober Erikson과 Erick Allardt의 논문 참조.

3장

1 · Richard Posner, *The Economics of Justice* (Cambridge: Harvard University Press, 1981), 1~2쪽.

2 · 판결 기준에 대한 지침은 이하의 재판에 정리되어 있다. *California v. Brown*, 479 U.S. (1987), 538.

3 · 같은 곳. 브레넌 판사의 소수 의견, 554~555쪽. 다수 의견은 이러한 지침이 합헌이라 주장했는데, 왜냐하면 합리적인 배심원들에게 오직 '제멋대로의' 혹은 '부적절한' 공감의 제거를 명령하는 것으로 이해될 수 있기 때문이었다. 브레넌 판사는 이것이 사실이 아님을 명확하게 주장했다. 모든 판사들은 특정한 형태의 감정은 사실상 평결에 대한 합리적인 판단의 길잡이로서 적법한 것이라는 점에 동의한다.

4 · 법에 있어서 감정과 이성의 구분에 관해서는 이하 참조. Paul Gewirtz, "Aeschylus' Law," *Harvard Law Review* 101 (1988), 1043~1055쪽. Lynne Henderson, "Legality and Empathy," *Michigan Law Review* 85 (1987), 1574~1652쪽. Toni Massaro, "Empathy, Legal Storytelling, and the Rule of Law: New Words, Old Wounds," *Michigan Law Review* 85 (1989), 2099~2127쪽. 그리고 Martha Minow and Elizabeth V. Spelman, "Passion for Justice," *Cardozo Law Review* 10 (1988), 37~76쪽. 같은 호에 담긴 글에서 브레넌 판사의 판결문에 대해 논함. 오직 미노우와 스펠먼만이 이성과 감정 사이의 분명한 이분법을 문제 삼고, 나머지 글 중 어떤 것도 감정 자체 내에서 믿음과 판단의 역할에 대해서는 다루지 않는다.

5 · 나는 스토아 학파의 견해를 충분히 설명한 것이고, 이는 사실 극단적인 견해이다. 뒤에서 보겠지만, 감정을 과다하게 드러내는 사례들과 마찬가지로, 감정을 완전히 제거하지 않고 수정된 형태로서 그들의 견해를 받아들일 수도 있다.

6 · 믿음과 감정의 관계에 대한 다른 전통적 입장에 관해서는 다음의 9번 주석 참조.

7 · Irving Howe, *Politics and the Novel* (New York: Horizon Press, 1957). [번역본으로는 어빙 하우, 『정치와 소설』, 김용권 옮김, 법문사, 1960] 헨리 제임스에 대한 장은 *Henry James: A Collection of Critical Essays*, ed. Leon Edel (Englewood Cliffs, N.J.: Prentice-Hall, 1963), 156~171쪽에 재수록.

8 · 이러한 설명의 시도는 나의 다른 저서 참조. *Upheavals of Thought: A Theory of the Emotions*, the Gifford Lectures for 1993 (Cambridge: Cambridge University Press, 2001).

9 · 심리학에 있어서는 Richard Lazarus, *Emotion and Adaptation* (Oxford: Oxford University Press, 1991), 그리고 A. Ortony, G. Clore, and G. Collins, *The Cognitive Structure of Emotion* (Cambridge: Cambridge University Press, 1991) 참조. 인류학에 있어서는 Jean Briggs, *Never in Anger* (Cambridge: Harvard University Press, 1981), 그리고 Catherine Lutz, *Unnatural Emotions* (Chicago: University of Chicago Press, 1988) 참조. 오랜 기간 동안 철학자들은 잘못된 결론을 지지해왔다고 알려져 있는 이상, 철학자들 사이에서 지지가 없었다는 것이 그 자체로 중요한 것은 아니다. 하지만 내가 주장하고 싶은 바는 이 주장을 지지할 수 있는 그 어떠한 훌륭한 논변도 만들어지지 않았다는 점이다.

10 · 스토아 학파의 입장은 (옳든 그르든) 플라톤으로 거슬러 올라가고, 스피노자와 애덤 스미스는 스토아 학파의 입장을 기반으로 한다.

11 · 나는 이 지점을 이하의 책에서 옹호했다. *The Therapy of Desire: Theory and Practice in Hellenistic Ethics* (Princeton: Princeton University Press, 1994) 10장, 그리고 *Upheavals of Thought* 참조.

12 · Dan Kahan and Martha Nussbaum, "Two Conceptions of Emotion in Criminal Law", *Columbia Law Review* 96:2, 1996, 269~374쪽 참조.

13 · 나는 이 두 단어를 모두 사용한다. 왜냐하면 '연민'은 현대에 와서 이전에는 갖지 않았던 겸양의 함축적 의미를 갖게 되었기 때문이다. 하지만 이는 그리스어의 *eleos*, 라틴어의 *misericordia*, 혹은 루소가 말한 *pitié*의 번역어로 쓰일 때에는 아직 그런 의미가 없었다.

14 · 그래드그라인드가 비쩌를 향해 그가 받은 교육에 대한 감사함과 자신의 곤경에 대한 동정을 호소한 부분을 보라.

> "선생님이 이토록 지지할 수 없는 생각을 가지고 계시다니 정말 놀랐습니다." 옛 학생이 논쟁하는 투로 대꾸했다. "돈을 내고 배웠으니 그건 거래였고, 졸업을 했으니 거래는 끝난 겁니다."
>
> 모든 것에 대가를 지불해야 한다는 것은 그래드그라인드 철학의 기본원칙이었다. 누구에게도 공짜로 무엇을 주거나 도움을 제공해서는 절대로 안 되었다. 감사하는 마음은 제거되어야 하고 그로부터 생겨나는 미덕은 존재해서는 안 되는 것이었다. 태어나서 죽을 때까지 사람살이의 모든 면면은 계산대 위로 주고받는 거래여야 했다. 그리고 그런 식으로 해서 천당에 갈 수 없다면, 그곳은 정치경제학적인 장소가 아니므로 거기에서 볼 용무는 없는 것이었다.

15 · 이는 오직 우리가 관련을 맺는 믿음들이 감정을 경험하는 사람에게 대상의 중요성에 대한 평가를 포함한다는 것을 유념할 때에만 타당하다. 두 사람이 "소크라테스는 죽었다"고 판단할 수 있다고 하자. 만약 그중 오직 한 사람만이 "나에게 소크라테스는 세상에서 가장 중요한 사람 중 한 사람이다"라고 판단한다면, 비록 그 한 사람만이 슬픔을 경험하겠지만, 그에게 믿음은 슬픔을 위해서 충

분조건이 될 것이다. *Upheavals of Thought* 참조.

16 · 이러한 주장에 대한 중요한 비판은 이하 참조. James Rachels, *Created from Animals* (New York: Oxford University Press, 1990), Jonathan Glover, *Causing Death and Saving Lives* (Harmondsworth: Pelican, 1976), Richard Posner, *Sex and Reason* (Cambridge: Harvard University Press, 1992).

17 · 사실 우리는 루이자가 그녀의 마음속 애정 세계가 텅 비어 있었고, 또 제대로 가꾸어지지 않았기 때문에 바로 하트하우스에게 이끌렸다고 말할 수 있다. 그녀는 자신이 느끼는 공허함을 껴안는 방법을 알았던 것이다.

18 · Lionel Trilling, *The Liberal Imagination: Essays on Literature and Society* (New York: Charles Scribner's Sons, 1950).

19 · 루카치는 인도의 초기 국가주의 운동에 극도로 비판적이었던 타고르의 『집과 세상』[번역본으로는 『집과 세상』 이자경 옮김, 눈, 1993]을 "조잡한 형태의 프티 부르주아의 열망"이라고 불렀다.(이 소설의 1985년 펭귄 출판사 판에 실린 [인도 출신 소설가이자 미국 MIT 대학 교수인] 아니타 데사이Anita Desai의 추천사에서 인용. 7쪽). 그리고 『카사마시마 공주』의 경우에 대해서는 라이어넬 트릴링의 *The Liberal Imagination*과 나의 저서 *Love's Knowledge: Essays on Philosophy and Literature* (New York: Oxford University Press, 1990)의 7장 "지각과 혁명 Perception and Revolution" 참조.

20 · 가난한 상인 판추Panchu가 니킬에게 말하길, "저는 두렵습니다. (…) 당신같이 큰 사람들이 싸움을 하는 동안, 경찰을 비롯해 법을 악용하는 사람들은 아무 생각 없이 모여들 것이고, 군중들은 재미를 만끽하겠지요. 하지만 이것이 누군가가 죽어야 하는 문제가 된다면 오직 저같이 가난한 자들이 그 대상이 될 것입니다." 또한 우리는 니킬이 영국인 여자 가정교사의 해고를 거부한 데서 장르의 기여를 찾을 수 있다. "나는 길비Gilby 양을 그녀가 영국인이라는 이유만으로 추상의 안개를 통해 바라볼 수는 없소. 그렇게 오랫동안 알고 지냈는데도 그녀의 이름이 주는 장벽을 극복할 수 없단 말이오? 그녀가 당신을 사랑한다는 것을 모르겠단 말이오?" 이는 자기 지시적 순간이다. 소설의 입장 전체가 이렇게 구체화된 시각과 같은 형태라는 점이 명백하기 때문이다.

21 · Raymond Williams, *The Politics of Modernism: Against the New Conformists* (London and New York: Verso, 1989), 116쪽.

22 · 윌리엄스는 분명 이에 동의할 것이다. 소설에 대한 그의 유익한 설명은 이하 참조. *Culture and Society, 1780-1950* (London: Penguin, 1958), 1부 5장.

23 · 이 장치는 상황이나 정보의 제한 속에서 도덕 관점이 형성된다는 측면에서 많은 부분 존 롤스의 『정의론』(Cambridge: Harvard University Press, 1971)에서 제시된 '원초적 입장Original Position'이라는 장치의 기원이 된다.

24 · 스미스는 인류애뿐만 아니라 우리가 친구나 동료 시민에게 갖는 사랑 또한 포함시켰을 것이다. 하지만 그는 성적인 사랑만은 제외했는데, 그가 보기에 이는 도덕적으로 무관한 개별성에 근거하고, 그 어떤 공적 이성의 추리 과정을 통해서도 설명할 수 없기 때문이다.

25 · 성찰적 비판의 필요에 대해서는 *Love's Knowledge*의 주요 글 참조.

26 · *California v. Brown*, 538.

27 · *Woodson v. North Carolina*, 428 U.S. 280, 304 (1976).

4장

1 · 『니코마코스 윤리학*Nichomachean Ethics*』 5권, 1138b 27~32 참조.

2 · 비연역적인 실천적 판단과 관련된 논의는 이하 참조. Charles Taylor, *Sources of the Self: The Making of Modern Identity* (Cambridge: Harvard University Press, 1989). 그리고 문학적 책읽기에 관해서는 Wayne C. Booth, *The Company We Keep: An Ethics of Fiction* (Berkeley and Los Angeles: University of California Press, 1988) 참조. 아리스토텔레스의 유사한 견해에 관해서는 나의 "The Discernment of Perception," *Love's Knowledge: Essays on Philosophy and Literature* 참조.

3 · Stanley Fish의 작품 중 특히 *Doing What Comes Naturally* (Durham: Duke University Press, 1989), 그리고 *There's No Such Thing as Free Speech and It's a Good Thing Too* (Cambridge: Harvard University Press, 1993) 참조.

4 · Martha Nussbaum, "Skepticism about Practical Reason in Literature and the Law," *Harvard Law Review* 107 (1994), 714~744쪽 참조. 피시는 '회의주의자'라는 꼬리표를 받아들이지 않는데, 그는 우리가 어떤 유한한 믿음을 갖고 그에 따라 행동하는 심리와 전통에 근거하고 있으며, 그러한 의미에서 우리는 놀이를 할 때나 심지어 질문을 하는 데 있어서도 자유롭지 못하다고 주장하기 때문이다. 나는 이러한 입장이 사실상 고대 그리스 회의주의자들의 시각과 같고, 어떻게 그리고 왜 행동하는가 하는 질문에 대한 그들의 해결책과도 일치한다고 생각한다. 행위에 대한 타당한 이유를 포기하게 되면, 우리에게는 필연적인 힘으로 우리를 움직이는 행위의 원인들만 남게 된다.

5 · Benjamin Cardozo, *The Nature of the Judicial Process* (New York, 1921), 166~167.

6 · Christopher Columbus Langdell, 1887년 연설, William Twining, *Karl Llewelyn and the Realist Movement* (Norman: University of Oklahoma Press, 1985), 11쪽에서 인용.

7 · 이와 관련한 진전된 논의를 위해서는 이하 참조. 졸고 "The Discernment of Perception," *Love's Knowledge*, 그리고 "Equity and Mercy," *Philosophy and Public Affairs* 22 (1993), 83~125쪽. 이 문제들에 관한 법학에서의 탁월한 논의는 이하 참조. Cass Sunstein, *Legal Reasoning and Political Conflict* (New York: Oxford University Press, 1996).

8 · Herbert Wechsler, "Toward Neutral Principles of Constitutional Law," *Harvard Law Review* 73 (1959).

9 · Raoul Hilberg, *The Destruction of the European Jews,* student edition (New York: Holmes and Meier, 1985).

10 · Richard Wright, *Native Son* (New York: Harper, 1993), 1쪽. 이 소설의 모든 인용은 무삭제 초판

을 따랐다.

11 · Martha Nussbaum, "Equity and Mercy," reprinted in *Punishment*, A. John Simmons et al. (Princeton: Princeton University Press, 1994), 145~187쪽.

12 · E. M. Forster, "Terminal Note" to *Maurice* (New York: W. W. Norton, 1971), 250쪽. 모든 페이지 수는 이 판본을 따랐다.

13 · *Hudson v. Palmer*, 468 U.S. 517, 82 L. Ed. 2d 393, 104 S. Ct. 3194 (1984), 393 ff.

14 · 경관들은 쓰레기통에서 찢어진 베갯잇을 발견했고, 그 결과로 파머에게 국유 재산을 훼손한 혐의를 덧씌웠다. 파머는 국가에게 배상을 하라는 명령을 받았고, 이 징계는 그의 범죄 기록에 기입되었다.

15 · 시작 부분에 있는 특이한 문장에서 스티븐스 대법관은 "파머"라는 이름을 기입해야 할 곳에 "허드슨"의 이름을 사용한다. "만약 허드슨이 현재 문제가 되고 있는 소유물의 대부분에 있어 사생활에 대한 그 어떤 타당한 기대도 갖고 있지 않았다고 가정해본다면……"(413) 문학적 재판관은 한 인물을 다른 인물과 결코 혼동해서는 안 되는데, 아마 이는 녹취상의 오류인 것 같다.

16 · 여기서는 다루지 않지만, 스티븐스 대법관은 수정헌법 제8조와 제1조를 인용하여 추가적인 논변을 이어나갔다.

17 · Richard Posner, *The Economics of Justice* (Cambridge: Harvard University Press, 1981).

18 · Richard Posner, *Sex and Reason* (Cambridge: Harvard University Press, 1992), 그리고 "The Economic Approach to Homosexuality," in *Sex, Preference, and Family: Essays on Law and Nature* ed. David Estlund and Martha Nussbaum, (Oxford: Oxford University Press, 1997).

19 · *Mary Jane Carr v. Allison Gas Turbine Division, General Motors Corporation*, 32 F. 3d 1007 (7th Cir. 1994).

20 · 판결문의 대부분은 재판연구관에 의해 작성되고, 특히 인용의 경우 연구관이 선택하는 경우가 많다.

21 · *Bowers v. Hardwick*, 478 U.S. 186 (1986).

22 · 이 사건에 대한 탁월한 분석을 해놓은 포스너의 서술(『성과 이성』 533~542쪽)을 보면, 상황의 특이한 부분은 보통법에 따르면 소도미는 구강 성교는 포함하지 않고, 오직 항문 성교에만 제한된다는 점이다. 이것의 확대는 19세기 후반에 이루어졌다. 이성애의 경우, 원고 측은 소도미를 한 번이라도 해본 조지아 주 검찰청의 모든 사람들은 스스로 사퇴할 것을 요구하는 발의를 했으나 거부당했다.

23 · 포스터, 『성과 이성』 342쪽. "가족, 결혼, 생식에 관한 사건들 외에 이 사건들이 섹스에 관한 것이라고 말한 이후, 그는 이로부터 쉽게 벗어날 수 없었다." 또한 Thomas Grey, "Eros, Civilization, and the Burger Court," *Law and Contemporary Problems* 43 (1980), 83쪽 이하 참조.

24 · 화이트 판사의 이러한 거리 두기 방법의 또 다른 예로는 리처드 포스너, 『법과 문학*Law and Literature: A Misunderstood Relation*』(Cambridge: Harvard University Press, 1988), 308~309쪽 참조. 여기서 포스너는 주 당국이 강간범에 의해 살해된 피해자 가족들에게 피해자

의 이름을 언론이 공개함으로써 프라이버시 침해를 허용하지 않아야 한다는 것이 문제가 된 사건 콕스 방송사 대 코흔 *Cox Broadcasting Corp. v. Cohn*, 420 U.S. 469, 471 (1975)[살해된 강간 피해자의 성명이나 신원을 언론이 방송하지 못하도록 주 당국이 강요할 수 없다는 판결]의 진술서를 다룬다. 화이트 판사는 이렇게 시작한다. "1971년 8월, 피항소인의 17세 딸은 강간의 피해를 입었고, 생명을 잃었다." 포스너가 지적했듯, 법정은 "(피해자가 살해되었다는) 엄연한 사실을 진술하기를 회피했다."

25 · *Kelley v. Johnson*, 425 U.S. 238 (1976).

26 · 그리스 세계에 대해서는 K. J. Dover, *Greek Homosexuality*, 2d ed. (Cambridge: Harvard University Press, 1986), 현대적 문제들과의 관계에 대해서는 그의 자서전 *Marginal Comment* (London: Duckworth, 1994) 참조. 또한 필자의 "Platonic Love and Colorado Law: The Relevance of Ancient Greek Norms to Modern Sexual Controversies," *Virginia Law Review* 80 (1994) 601~738쪽. (부록 4는 필자와 케네스 도버의 공동 저술) 참조. 기독교 전통에 대해서는 다른 작품들 중에서 John Boswell, *Christianity, Social Tolerance, and Homosexuality* (Chicago: University of Chicago Press, 1980) 참조. 그리고 성경 레위기의 관련된 구절 해석에 대한 자세한 논의는 이하 참조. Saul Olyan, "And with a Man You Shall Not Lie the Lying Down of a Woman," *Journal of the History of Sexuality* 5 (1974) 179쪽 이하.

27 · 미국의 주요한 네 가지 전통 종교 내에서 양쪽의 견해에 대한 논의는 1995년 4월 7~8일 브라운 대학에서 열린 학회에서 발표되었고, 이는 이하의 책으로 출간되었다. S. M. Olyan and M. C. Nussbaum(eds.), *Sexual Orientation and Human Rights in American Religious Discourse* (New York: Oxford University Press, 1998). 전통적 규범에 대한 현대적 재고에 있어 인상적인 사례는 1993년 노르웨이 국회를 통과한 [가내 동반자domestic-partner, 시민결합civil union 등으로 불리는] 동성 커플의 결합을 허용하는 법령의 서두에 노르웨이 루터 교회 내의 다양한 그룹과 종교학자들이 쓴 부분 참조.

28 · Cass Sunstein, "Sexual Orientation and the Constitution: A Note on the Relationship between Due Process and Equal Protection," *University of Chicago Law Review* 55 (1988), 1161쪽 이하. 평등 보호에 대한 논의는 비록 현재까지 이 논의를 사용한 모든 결정이 기각되기는 했지만, 하급 법원의 동성애 권리 사건에서 사용되어왔다.

29 · 포스너의 『성과 이성』 참조.

찾아보기

시적 정의

시적 정의

시적 정의

1판 1쇄 펴냄 2013년 9월 25일
1판 9쇄 펴냄 2021년 10월 15일

2판 1쇄 찍음 2024년 10월 18일
2판 1쇄 펴냄 2024년 11월 5일

지은이 마사 누스바움
옮긴이 박용준

편집주간 김현숙 | **편집** 김주희, 이나연
디자인 이현정, 전미혜
마케팅 백국현(제작), 문윤기 | **관리** 오유나

펴낸곳 궁리출판 | **펴낸이** 이갑수

등록 1999년 3월 29일 제300-2004-162호
주소 10881 경기도 파주시 회동길 325-12
전화 031-955-9818 | **팩스** 031-955-9848
홈페이지 www.kungree.com
전자우편 kungree@kungree.com
페이스북 /kungreepress | **트위터** @kungreepress
인스타그램 /kungree_press

ⓒ 궁리, 2013.

ISBN 978-89-5820-900-3   93300

본 도서는 부산문화재단 2012 학예이론도서발간지원사업의 일부 지원으로 출간되었습니다.

 부산광역시 부산문화재단